ABoT II

ANKARA ARKEOLOJİ MÜZESİNDE BULUNAN BOĞAZKÖY TABLETLERİ II

BOĞAZKÖY TABLETS IN THE ARCHAEOLOGICAL MUSEUM OF ANKARA II

RUKİYE AKDOĞAN

Katalog ve Dizin / Catalog and Index

OĞUZ SOYSAL

CHICAGO HITTITE DICTIONARY SUPPLEMENTS • 1

THE ORIENTAL INSTITUTE OF THE UNIVERSITY OF CHICAGO

CHICAGO • ILLINOIS

Library of Congress Control Number: 2010941268
ISBN-10: 1-885923-81-3
ISBN-13: 978-1-885923-81-3

The Oriental Institute, Chicago

Published 2011. Printed in the United States of America.

THE ORIENTAL INSTITUTE OF THE UNIVERSITY OF CHICAGO
CHICAGO HITTITE DICTIONARY SUPPLEMENTS
NUMBER 1

Series Editors

Leslie Schramer

and

Thomas G. Urban

with the assistance of

Natalie Whiting

Series Editors' Acknowledgments

Foy Scalf, Oya Topçuoğlu, and Felicia Whitcomb assisted in the production of this volume.

Cover Illustration

Nr. 125. AnAr 11407 önyüz / obverse

Printed by Edwards Brothers, Ann Arbor, Michigan

The paper used in this publication meets the minimum requirements of American National Standard for Information Services — Permanence of Paper for Printed Library Materials, ANSI Z39.48-1984.

TABLE OF CONTENTS

ÖNSÖZ

Kavimler Kapısı Anadolu'nun dünya tarihindeki rolü, her geçen gün yeni buluntuların gün ışığına çıkması ile daha da artmaktadır. Anadolu medeniyetlerinin tarih sırası ile görülebileceği Ankara Anadolu Medeniyetleri Müzesi'nde, geçmişimizi aydınlatan çok sayıda eser korunmaktadır. Bunların içinde bulunan çivi yazılı tabletlerin, binlerce yıllık geçmişi günümüze yazılı olarak aktarmaları dolayısıyla ayrı öneme sahip oldukları muhakkaktır.

Hititler, Anadolu'da ilk siyasi birliği kuran kavimdir. Hititler, çivi yazısını kullanarak Hititçe, Akadca, Hattice, Hurrice, Luvice, Palaca gibi dillerde tabletler yazmışlardır. Bu belgeler, o dönemin tarihi, ekonomisi, sosyal hayatı, hukuku, edebiyatı, dini vs. hakkında bilgi vermektedir.

Hititler dönemine ait olan bu tabletlerin kopyasını yapan Rukiye Akdoğan ve katalog kısmını hazırlayan Oğuz Soysal başlıca kaynak kitaplardan biri olarak kullanılacak olan, "*Ankara Arkeoloji Müzesinde Bulunan Boğazköy Tabletleri II*" adlı eseri Hitit Bilimine kazandırmışlardır. Kendilerine bu başarılı çalışmalarından dolayı tebrik, takdir ve teşekkürlerimi sunuyorum.

Hikmet Denizli
Anadolu Medeniyetleri Müzesi Müdürü
30 Mayıs 2008
Ankara

FOREWORD

The role of Anatolia, the "Gate of the Nations," in world history is being augmented by the new finds that steadily come to light each day. In the Ankara Anadolu Medeniyetleri Müzesi where one can chronologically view the civilizations of Anatolia, a large number of archaeological finds are preserved that shed light on our past. Among these, without any doubt, the cuneiform tablets possess a very special importance since they transmit the past in written form over the millennia to the present days.

The Hittites are the first people to have established political unity in Anatolia. Using the cuneiform script they composed texts in Hittite, Akkadian, Hattian, Hurrian, Luwian, and Palaic. These documents yield information about the history, economy, social life, law, literature, and religion of that period.

Rukiye Akdoğan, who has prepared the cuneiform copies of these tablets from the Hittite period, and Oğuz Soysal, who has supplied a catalog, have now delivered the *Ankara Arkeoloji Müzesinde Bulunan Boğazköy Tabletleri II*, a would-be reference book, to the field of Hittitology. Let me express my congratulations, appreciation, and thanks to both of them for their succesful work.

Hikmet Denizli
The Director
Museum of the Anatolian Civilizations
May 30, 2008
Ankara

SUNUŞ

Anadolu Medeniyetleri Müzesi Tablet Arşivi'nde korunan Hitit tabletlerinin çoğunluğunu, kazılardan elde edilen tabletler oluşturmaktadır. Bunun yanı sıra arşivde, satın alma veya hibe yolu ile kazandırılan tabletler de yer almaktadır.

Boğazköy'de bulunmuş olup, Alacahöyük kazı heyetine bağışlanan ve oradan da Ankara Arkeoloji Müzesi'ne devredilmiş olan Hitit tabletlerinin neşre değer olanları 1948 yılında, Kemal Balkan tarafından "*(A)nkara Arkeoloji Müzesinde Bulunan (Bo)ğazköy (T)abletleri*" adı altında yayınlanmıştı. ABoT serisinde toplam 65 adet tabletin kopyası bulunmaktadır.

Müze kayıtlarında satın alma veya hibe yolu ile müzeye kazandırılan en eski tabletin yılı 1932 olarak görülüyor. Daha sonra 1937, 1940, 1941, 1942, 1944 ve sonraki yıllarda da zaman zaman müzeye, çeşitli yerlerden satın alma veya hibe yolu ile tabletler gelmeye devam etmiştir. Bunların önemli bir kısmının geliş yeri envanter defterine Boğazköy olarak kaydedilmiştir; beş adet parçanın geliş yeri ise Kuşsaray (Çorum) olarak kaydedilmiştir; az bir kısmının geliş yerinde soru işareti bulunmaktadır. Ayrıca AnAr 10753 nolu tablet parçasının geliş yerinde, "Emirbaş Köyü" (ancak il adı bulunmamaktadır) ibaresi yer almaktadır.

Yayınlanmamış tabletlerin kopyasını yapmaya karar verdiğimde kitabın adı da hazırdı: ABoT II. Eskiden "*Ankara Arkeoloji Müzesi*" olan müzenin adı, şimdi "*Anadolu Medeniyetleri Müzesi*" olarak değişmiştir. Fakat günümüzde de hâlâ literatürde veya adres kullanımında "*Ankara Arkeoloji Müzesi*" kullanılmaktadır; bu durumda ikinci cildin adının birinci cildin devamı olması açısından "*Ankara Arkeoloji Müzesinde Bulunan Boğazköy Tabletleri II*" şeklinde verilmesinin daha uygun olacağı düşünüldü ve bu isimde karar kılındı.

AnAr numaralı 390 tablet parçasının ilk önce transkripsiyonları, daha sonra kopyaları, yaklaşık altı sene süren çalışmanın sonucunda tarafımdan yapıldı. ABoT II cildinde ise, 389 tablet parçasının kopyası yer almaktadır. Çünkü, AnAr 10285 nolu tablet parçasının, yazılı yüzeyinin çok dökülmüş olmasından dolayı kopyasının yapılmasına gerek görülmemiş, onun yerine burada fotoğrafı verilmiştir. "*Ankara Arkeoloji Müzesinde Bulunan Boğazköy Tabletleri*" adı ile literatürde yer alan bu tabletlerin, kazılardan elde edilen tabletlerden ayrılması amacıyla, envanter numaraları "*(An)kara (Ar)keoloji*"nin kısaltması olan "*AnAr*" şeklinde kullanılmaktadır.

390 adet AnAr tabletinin transkripsiyonlarından oluşan kitap tarafımdan yayınlandı: Hethitische Texte in Transkription: Ankara Arkeoloji Müzesinde Bulunan Boğazköy Tabletleri II (ABoT 2), Dredner Beiträge zur Hethitologie 32, Herausgegeben von Johann Tischler, Wiesbaden 2010.

ABoT II'nin hazırlanması sırasında her türlü desteğinden dolayı, 25.08.2008 tarihinde ne yazık ki beklenmedik bir anda aramızdan ayrılan Müze Müdürü Sayın Hikmet Denizli'ye sonsuz teşekkürler. Müdür Yardımcıları Sayın Emel Yurttagül'e ve Sayın Nihal Tırpan'a da teşekkürlerimi sunuyorum.

Bu cildin yayınlanmasını sağlayan Sayın Prof. Dr. Gil Stein, Sayın Prof. Dr. Theo van den Hout ve Sayın Thomas Urban ve çalışma arkadaşlarına çok teşekkür ediyorum.

Tabletlerin kopyalanması işinde profesyonel olan Sayın Christel Rüster'ten teknik destek alarak bu işe başladım. İlerleyen safhalarda, Sayın Prof. Dr. Gernot Wilhelm'den de destek gördüm. Her ikisine de bundan dolayı içtenlikle teşekkür ediyorum.

Ayrıca müze laboratuvarında, tablet parçalarının temizlenmesini büyük bir titizlikle yapan Sayın Cengiz Özduygulu'ya ve Sayın Sinan Asılkazancı'ya teşekkür ediyorum. Bu cildin hazırlanması sırasında bana büyük destek olan aileme teşekkürlerimi sunuyorum.

Rukiye Akdoğan
26 Şubat 2011
Ankara

INTRODUCTION

The majority of Hittite cuneiform documents deposited in the tablet archive of the Anadolu Medeniyetleri Müzesi are finds from excavations. In addition to these, some tablets were also acquired by purchase and donation.

Some Hittite tablets unearthed at Boğazköy were donated to the excavation team of Alacahöyük and then handed over to the Ankara Arkeoloji Müzesi. In 1948 Kemal Balkan published the best preserved of these tablets in a volume with the title *(A)nkara Arkeoloji Müzesinde Bulunan (Bo)ğazköy (T)abletleri*. In this publication, known by the abbreviation ABoT, sixty-five fragments were given in cuneiform copies.

According to the inventory records of the museum the earliest accession date of those purchased or donated tablets appears as 1932. Later, in 1937, 1940, 1941, 1942, 1944, and also in the following years tablets from different sources have occasionally been brought to the museum through purchase or donation. The inventory records show that the origin of a large group of these fragments is Boğazköy; five pieces came from Kuşsaray (Çorum); and a few have only a question mark in regard to their origin. Furthermore, the fragment with the siglum AnAr 10753 is marked as coming from "Emirbaş Köyü," however, without naming the province.

When I decided to prepare the copies of the unpublished tablets, the title of the work was already available: ABoT II. The former name of the museum, Ankara Arkeoloji Müzesi, has in the meantime changed to Anadolu Medeniyetleri Müzesi. However, the designation Ankara Arkeoloji Müzesi is still current in the scholarly literature and also in the mailing address of the museum. Therefore, the present edition has been entitled *Ankara Arkeoloji Müzesinde Bulunan Boğazköy Tabletleri II* in order to remain consonant with the title of the first volume of this series.

After nearly six years of labor I finished the transliterations and copies of 390 fragments with the siglum AnAr. In this volume, cuneiform copies of 389 fragments are present and, since the surface of AnAr 10285 (Text no. 140) is abraded and unreadable, a photo of the tablet is given here instead. The fragments published in the volumes entitled *Ankara Arkeoloji Müzesinde Bulunan Boğazköy Tabletleri* are tagged with the siglum "AnAr," which is the abbreviation for (An)kara (Ar)keoloji, to differentiate them from those tablets found in the course of the regular excavations.

The book that contains the transliterations of 390 AnAr tablets is published by me: Hethitische Texte in Transkription: Ankara Arkeoloji Müzesinde Bulunan Boğazköy Tabletleri II (ABoT 2), Dredner Beiträge zur Hethitologie 32, Herausgegeben von Johann Tischler, Wiesbaden 2010.

I am deeply indebted to the director of the museum, Mr. Hikmet Denizli, who sadly and unexpectedly passed away on August 25, 2008, for his enourmous support and encouragement during the preparation of ABoT II. I would like to thank also the deputy directors of the museum Mrs. Emel Yurttagül and Mrs. Nihal Tırpan.

I am very grateful to Prof. Dr. Gil Stein, Prof. Dr. Theo van den Hout, and Mr. Thomas Urban and his team who made the publication of this book possible.

I started this project with the technical support of Mrs. Christel Rüster who is a distinguished authority in copying tablets. Later on, Prof. Dr. Gernot Wilhelm also supported me in this regard. My sincere thanks go to both of them.

Finally, I want to express my thanks to Mr. Cengiz Özduygulu and Mr. Sinan Asılkazancı in the museum laboratory who conducted a careful cleaning of the fragments, and to my family who greatly supported me during the preparation of this volume.

Rukiye Akdoğan
February 26, 2011
Ankara

LIST OF ABBREVIATIONS

ABoT	Kemal, Balkan. *Ankara Arkeoloji Müzesinde bulunan Boğazköy Tabletleri: Boğazköy-Tafeln im archäologischen Museum zu Ankara.* Eski Eserler ve Müzeler Genel Müdürlüğü yayınlarından 3/3. İstanbul: Millî Eğitim Basımevi, 1948
Akdoğan, *AMMY* 2005	Akdoğan, Rukiye. "Boğazköy Tabletlerinde İlk Kez Belgelenenler İle Birlikte Bazı Şehir İsimleri." *Anadolu Medeniyetleri Müzesi Yıllığı* (2006): 197–206, 216–20
Akdoğan, *AMMY* 2006	Akdoğan, Rukiye. "Bayram Törenine Ait Çivi Yazılı Hititçe Bir Tablet Parçası." *Anadolu Medeniyetleri Müzesi Yıllığı* (2007): 163–77
Akdoğan, DBH 32	Akdoğan, Rukiye. *Hethitische Texte in Transkription: Ankara Arkeoloji Müzesinde Bulunan Boğazköy Tabletleri II (ABoT 2).* Dresdner Beiträge zur Hethitologie, 1619–0874, 32. Wiesbaden: Harrassowitz Verlag, 2010
Akdoğan, *SMEA* 49	Akdoğan, Rukiye. "Gurparanzah Destanına Birleşen Yeni Bir Tablet Parçası." *Studi Micenei ed Egeo-Anatolici* 49 (2007). VI Congresso Internazionale di Ittitologia Roma, 5–9 Settembre 2005, Parte I: 1–20
Akdoğan-Soysal, *AMMY* 2002	Akdoğan, Rukiye, and Oğuz Soysal. "Yayınlanmamış Boğazköy AnAr Fragmanlarından Değişik İçerikli Metinler." *Anadolu Medeniyetleri Müzesi Yıllığı* (2003): 172–85
Akdoğan-Wilhelm, *AMMY* 2001	Akdoğan, Rukiye, and Gernot Wilhelm. "Ankara Anadolu Medeniyetleri Müzesi'nde Bulunan Hititçe ve Hurrice Yazılmış 4 Çivi Yazılı Tablet." *Anadolu Medeniyetleri Müzesi Yıllığı* (2002): 238–47
Akdoğan-Wilhelm, *ZA* 93	Akdoğan, Rukiye, and Gernot Wilhelm. "Hethitische und hurritische Keilschrifttafeln aus dem Besitz des Museums für Anatolische Kulturen in Ankara." *Zeitschrift für Assyriologie und Vorderasiatische Archäologie* 93 (2003): 214–30
AnAr	Ankara Arkeoloji Müzesi Tabletleri
B. Dinçol, *SMEA* 49	Dinçol, Belkıs. "Ein mittelhethitischer Brief." *Studi Micenei ed Egeo-Anatolici* 49 (2007). VI Congresso Internazionale di Ittitologia Roma, 5–9 Settembre 2005, Parte I: 235–45
Bo	Inventory numbers of Boğazköy tablets excavated 1906–1912
CTH	Laroche, Emmanuel. *Catalogue des textes hittites.* Second edition. Paris: Klincksieck, 1971
CTH Premier supplément	Laroche, Emmanuel. "Catalogue des textes Hittites: Premier supplément." *Revue hittite et asianique* 30 (1972): 84–127
Edel, *ÄHK*	Edel, Elmar. *Die ägyptisch-hethitische Korrespondenz aus Boghazköi in babylonischer und hethitischer Sprache.* 2 volumes. Abhandlungen der Rheinisch-Westfälischen Akademie der Wissenschaften 77. Opladen: Westdeutscher Verlag, 1994
FsKošak	Groddek, Detlev, and Marina Zorman. *Tabularia Hethaeorum – Hethitologische Beiträge: Silvin Košak zum 65. Geburtstag.* Dresdner Beiträge zur Hethitologie, 1619–0874, 25 Wiesbaden: Harrassowitz, 2007
FsWilhelm	Fincke, Jeanette C. *Festschrift für Gernot Wilhelm anlässlich seines 65. Geburtstages am 28. Januar 2010.* Dresden: Islet, 2009
Groddek, *AoF* 25	Groddek, Detlev. "Fragmenta Hethitica dispersa V/VI." *Altorientalische Forschungen* 25 (1998): 227–46
HT	*Hittite Texts in the Cuneiform Character from Tablets in the British Museum.* London: The British Museum,1920

IBoT 1	Bozkurt, Hatice, and Hans G. Güterbock *İstanbul Arkeoloji Müzelerinde Bulunan Boğazköy Tabletlerinden Seçme Metinler – Boğzköy-Tafeln im Archäologischen Museum zu İstanbul*. İstanbul: Maarif Matbaası, 1944
IBoT 2	Bozkurt, Hatice; Muazzez Çığ; and H. G. Güterbock. *İstanbul Arkeoloji Müzelerinde Bulunan Boğazköy Tabletleri II. – Boğazköy Tablets in the Archaeological Museums of İstanbul II*. İstanbul: Millî Eğitim Basımevi, 1947
IBoT 3	Çığ, Muazzez, and Hatice Kızılyay (Bozkurt). *İstanbul Arkeoloji Müzelerinde Bulunan Boğazköy Tabletleri III. – Boğazköy Tablets in the Archaeological Museums of İstanbul III*. İstanbul: Maarif Matbaası, 1954
IBoT 4	Eren, Mustafa. *İstanbul Arkeoloji Müzelerinde Bulunan Boğazköy Tabletleri IV - Boğazköy Tablets in the Archaeological Museums of İstanbul IV*. Türk Tarih Kurumu yayınları. VI. dizi. sa. 27. Ankara: Türk Tarih Kurumu Basımevi, 1988
KBo	*Keilschrifttexte aus Boghazköi* (vols. 1–22 are a subseries of WVDOG). Leipzig, Berlin. 1921–
Konkordanz	Košak, Silvin. *Konkordanz der hethitischen Keilschrifttafeln*. 5 volumes. Hethitologie Portal Mainz, Materialien, 1862–202X. Wiesbaden: Harrassowitz, 2005
Koşay, "Kuşsaray"	Koşay, Hamit Z. "Kuşsaray (Çorum) Sondajı." *Türk Arkeoloji Dergisi* 15/1 (1966): 89–97
KUB	*Keilschrifturkunden aus Boghazköi*. Berlin: Akademie-Verlag, 1921–
Kümmel, StBoT 3	Kümmel, Hans M. *Ersatzrituale für den hethitischen König*. Studien zu den Boğazköy-Texten 3. Wiesbaden: Otto Harrassowitz, 1967
Laroche, *GLH* 1	Laroche, Emmanuel. *Glossaire de la langue Hourrite: Première partie (A–L). Revue hittite et asiantique* 34 (1976). Special issue
Laroche, *GLH* 2	Laroche, Emmanuel, *Glossaire de la langue Hourrite: Deuxième partie (M–Z, Index). Revue hittite et asiantique* 35 (1977). Special issue
Neu-Otten, *IF* 77	Neu, Erich, and Heinrich Otten. "Hethitsch "Mann," "Mannheit." *Indogermanische Forschungen* 77 (1972): 181–90
Riemschneider, DBH 12	Riemschneider, Kaspar K. *Die akkadischen und hethitischen Omentexte aus Boğazköy*. Dresdner Beiträge zur Hethitologie, 1619–0874, 12. Dresden: Technische Universität, 2004
Riemschneider, StBoT 9	Riemschneider, Kaspar K. *Babylonische Geburtsomina in hethitischer Übersetzung*. Studien zu den Boğazköy-Texten 9. Wiesbaden: Otto Harrassowitz, 1970
Salvini-Wegner, ChS I/6	Salvini, Mirjo, and Ilse Wegner. *Die mythologischen Texte*. I. Abteilung, Die Texte aus Boğazköy 1126–7313, 6; Corpus der hurritischen Sprachdenkmäler, I. Abteilung, Texte aus Boğazköy, 6. Rome: CNR, Istituto di studi sulle civiltà dell'Egeo e del Vicino Oriente, 2004
Soysal, *HWHT*	Soysal, Oğuz. *Hattischer Wortschatz in hethitischer Textüberlieferung*. Handbuch der Orientalistik, Erste Abteilung, Nahe und der Mittlere Osten 74. Leiden: Brill, 2004
Soysal, *JCS* 50	Soysal, Oğuz. "A Forgotten Hittite Fragment of the 'KI.LAM' Festival." (1998): 59–65
Trémouille, ChS I/8	Trémouille, Marie-Claude. *Texte verschiedenen Inhalts*. I. Abteilung, Die Texte aus Boğazköy, 8. Rome: CNR, Istituto di studi sulle civiltà dell'Egeo e del Vicino Oriente, 2005
VS	Vorderasiatische Schriftdenkmäler der Staatlichen Museen zu Berlin
WVDOG	Wissenschaftliche Veröffentlichungen der Deutschen Orient-Gesellschaft

GUIDE TO TURKISH-ENGLISH TERMS

Turkish	English
alt kenar	lower edge
arkayüz (ay.)	reverse (rev.)
kenar	edge
levha (lev.)	plate
önyüz (öy.)	obverse (obv.)
sağ kenar	right edge
sağ sütun	right column
satır (st.)	line
sol kenar	left edge
sol sütun	left column
sütun (sü.)	column
üst kenar	upper edge
yazısız	uninscribed

KATALOG

1948 yılında Kemal Balkan tarafından hazırlanan "*Ankara Arkeoloji Müzesinde Bulunan Boğazköy Tabletleri* (ABoT)" çivi yazılı metin yayınına burada sunulan ikinci cilt (ABoT II) ile devam edilmektedir. Ankara Anadolu Medeniyetleri Müzesi'ne satın alma, hediye ve yüzey buluntusu olarak ulaşan ve "AnAr" envanter numarası taşıyan Hitit tabletlerinden iyi durumda ve içerikçe önemli olanları yukarıda bahsedilen ABoT yayını ile bilim dünyasına kazandırılmış, diğer fragmanlar ise zamanında yayına değer bulunmamıştır. Sonraları, ABoT serisine devam edilmediği için, çoğunlukla kullanılabilir durumdaki bu tür tablet parçaları uzun yıllardan beri müzede beklemekteydi.

Meslektaşım Rukiye Akdoğan, yayınlanmaya değer dörtyüze yakın AnAr fragmanının kopyalarını yapıp bunları ABoT II olarak bilim dünyasına sunmaya karar verdiğinde, eser kataloğunun hazırlanması konusunda işbirliği yapmamız gündeme geldi. Diğer benzeri yayınlar ABoT ve IBoT I–IV'deki çivi yazılı kopyalar her ne kadar yine Türk araştırmacılar (K. Balkan, M. Çığ, H. Kızılyay ve M. Eren) tarafından yapılsa da, özellikle kataloglarının hazırlanmasında yabancı Hititologlar'ın (H. G. Güterbock ve H. A. Hoffner) katkı ve yardımlarına gerek duyulmuştu. Buna karşılık, ABoT II bir Ankara - Chicago ortak çalışması sonucunda bütünüyle Türk araştırmacıları tarafından hazırlanan bir çivi yazılı yayın olma özelliğini taşımaktadır.

Fragmanların genellikle çok küçük boyutlarda olması, metin türlerinin saptanması ve CTH numaralarının verilmesinde zorluk oluşturmuştur. Yine de, yaklaşık iki yıla yakın yoğun bir çalışma sonucu ve Chicago Hittite Dictionary Project'e ait Hititçe kelime fişleri arşivinin de kullanılması ile bir hayli duplikat saptanmıştır. Bu tür metinlerin, bilinen kompozisyonlara küçük de olsa içerikçe katkı sağlayacağı kanaatındayız.

Burada kopyası verilen 389 adet tabletle, müzede yayınlanmaya değer başka AnAr fragmanı hemen hemen kalmamıştır. ABoT II'de kopyaları bulunmayan beş AnAr metni hakkında ise şu açıklamalar yararlı olacaktır:

1) AnAr 8655 (CTH 209). *Košak, Konkordanz*'da CTH 832 vasfıyla anılan bu fragman aslında ABoT 64 olarak yayınlanmıştır, ancak oradaki envanter numarası Al/D 164 (Alaca Höyük) şeklinde verilmektedir.

2) AnAr 10285 (ABoT II 140). Kopyası yapılamayacak kadar aşınmış olduğundan, burada fotoğrafının verilmesiyle yetinilmiştir (lev. 27).

3) AnAr 10590 (CTH 188). Orta Hititçe bu mektup, yakın zamanda B. Dinçol tarafından SMEA 49, 235–245'de incelenmiş, ve orada tabletin fotoğrafı ile çivi yazılı kopyası da verilmiştir.

4) AnAr 10605 (CTH 540.I.4). Doğum ominası. K. K. Riemschneider tarafından StBoT 9, 9 n. 1'de incelenmiş ve Textbeilage II'de de kopyası verilmiştir. Ayrıca krş. Riemschneider, DBH 12, 159.

5) AnAr 10753 (CTH 540.II.6). Doğum ominası. Daha E. Laroche, CTH Premier supplément'de Nr. 540 altına alınmıştır. K. K. Riemschneider tarafından StBoT 9, 39 vdd. incelenmiş ve Textbeilage II'de de kopyası verilmiştir. Ayrıca krş. Riemschneider, DBH 12, 159. Müze envanter kayıtlarında tabletin geliş yeri olarak Emirbaş Köyü belirtilmektedir.

Bu kitabın baskıya hazırlanışı sırasında, ABoT II metin transkripsiyonları Rukiye Akdoğan tarafından ayrı olarak DBH 32'de yayınlanmıştır. Orada sonradan bulunan bazı yeni joinler —ki teknik nedenlerle burada dikkate alınamamıştır— ve kullanılan değişik transkripsiyon metni nedeniyle, ABoT II çiviyazısı yayınına göre ufak metin genişlemeleri ve özel isimlerde de okunuş farklılıkları oluşmuştur.

ABoT II katalog çalışmaları sırasında, The Oriental Institute'deki Hititçe kelime fişleri arşivinden yararlanmama olanak veren Hittite Dictionary Project'e, ve 2007 yılında sağladığı ek bir ödenek ile iki hafta kadar Ankara'daki çalışmalarımı sürdürmemde yardımcı olan The Oriental Institute'ye teşekkürü bir borç bilirim. İngilizce bölümleri okuyup düzeltmeler yapan Chicago'dan meslektaşım Richard H. Beal'e, ve katalog ayrıntıları ile ilgili bazı yararlı tekliflerde bulunan Gary Beckman'a (Ann Arbor) bu nazik yardımlarından dolayı müteşekkirim.

Oğuz Soysal
10 Şubat 2011
Chicago

Katalog

Tablet	*Levha*	*Tanımlama*
		Tarihsel Metinler (CTH 1–216 "Textes Historiques")
Nr. 1	1	AnAr 12194 (CTH 51.I.C). 4,0 × 2,4 cm. Akkadça Šattiwaza Antlaşması; CTH 51.I.C nüshasına aittir ve öy. 45–55. satırlar KBo 1.1 öy. 43–51'e duplikattır; Akdoğan, *AMMY* 2005, 200–02.
Nr. 2	1	AnAr 4220 ı (CTH 53.E). 2,2 × 3,7 cm. Akkadça Tette Antlaşması; KBo 28.98 ile indirek join ve öy. 2′–6′. satırlar KBo 1.4 II 6–11'e duplikattır.
Nr. 3	1	AnAr 11621 a (CTH 71.C). 4,8 × 3,9 cm. "^{MUNUS}AMA.DINGIR-*LIM* Meselesi"; 2′–10′. satırlar KBo 4.8 II 17′–22′ ve III 1–3'e duplikattır.
Nr. 4	1	AnAr 11386 (CTH 186 ?). 3,7 × 5,0 cm. 3. satırda [LUGAL$^{?}$ KUR] *Kar-ga-miš* anılır. Metin içerikçe, bir mektup olan KBo 18.48 ay.'e benzemektedir; krş. orada LUGAL ^{KUR}*Kargamiš* ve BAL-*nu-* ay. 9′–10′, 13′.
Nr. 5	1	AnAr 8916 (CTH 212 ya da 275). 7,0 × 4,8 cm. Özellikle *ištamaš-* ... *UL tekkušnu-* "duymak ancak belli etmemek" (öy. 5′–6′) kullanımı dolayısıyla antlaşma veya protokol olabilir.
Nr. 6	1	AnAr 14932 (CTH 216). 2,6 × 2,6 cm. Akkadça bir antlaşma fragmeni. $^{\text{LÚ.MEŠ}}$DAM.GÀR *ŠA* KUR [*Ḫatti*] (st. 6′) kullanımı KBo 1.4 II 2'yi (CTH 53.A) anımsatmaktadır.
		İdarî ve Teknik Metinler (CTH 221–287 "Textes Administratifs et Techniques")
Nr. 7	2	AnAr 11401 (CTH 238 ?). 7,9 × 5,3 cm. Şehir isimleri listesi.
Nr. 8	2	AnAr 9722 (CTH 239). 4,2 × 4,3 cm. Arazi metni.
Nr. 9	2	AnAr 12928 (CTH 242). 5,4 × 5,4 cm. Cam imalat tarifi. Metin için bkz. Akdoğan-Wilhelm, *AMMY* 2001, 242–43; ve *ZA* 93, 220–22.
Nr. 10	2	AnAr 12131 d (CTH 275 ?). 5,9 × 3,5 cm. Herhalde enstrüksiyon; 6′. satırdaki *ḫalziaši* ifadesi için krş. KUB 26.12 III 23.
Nr. 11	2	AnAr 14921 (CTH 275 ?). 4,5 × 5,1 cm. Enstrüksiyon ?
Nr. 12	3	AnAr 9469 (CTH 276). 5,5 × 6,1 cm. Katalog tablet.
Nr. 13	3	AnAr 9134 (CTH 287). 5,6 × 4,7 cm. Hippoloji metni; I$^{?}$ 4′ [*IŠTU* É ^{LÚ}KUŠ$_7$ *p*]*arā uwadanzi* ve I$^{?}$ 7′ [... *gip*]*eššar arnuanzi*. Metin Orta Hitit yazısı karakteri göstermektedir.
		Okul Metinleri (CTH 299–316 "Textes Scolaires")
Nr. 14	3	AnAr 15162 (CTH 309). 5,5 × 2,2 cm. Bir vokabular metnin Sumerce kısmı.
Nr. 15	3	AnAr 21630 (CTH 309). 4,8 × 3,9 cm. Bir vokabular metnin Hititçe kısmı.
		Mitoloji (CTH 321–370 "Mythologie")
Nr. 16	3	AnAr 80-1-74 (CTH 335 ?). 4,2 × 4,4 cm. Telipinu Efsanesi'ndeki (CTH 324) tanrıyı sakinleştirme işlemlerini hatırlatıyor; bkz. st. 8′: [^{d}*Te-l*]*i-pí-n*[*u*].
Nr. 17	4	AnAr 96-6-76 (CTH 348.27.B). 2,6 × 3,0 cm. Ḫedammu Efsanesi. "Kuşsaray" tabletlerinden olup (diğerleri ise ABoT II 143, 388–90′dur; genel olarak bkz. Nr. 143 altına) H. G. Güterbock tarafından "Çorum 1" ismiyle ve KBo 26.109 numarası altında transkripsiyonu verilmiştir (krş. KBo 26 p. VII). Anılan fragman, KBo 26.79 ile duplikattır; Groddek, *AoF* 25, 231 vd. (Nr. 44). Bu tür Hurri kökenli bir efsane metninin Boğazköy dışında ele geçmesi ilginç bir durum olarak beliriyor.
Nr. 18	4	AnAr 12165 (CTH 361.II.). 4,9 × 6,6 cm. Hurrice Kešši Hikayesi.

Katalog

Tablet	*Levha*	*Tanımlama*
Nr. 19	4	AnAr 12164+ (CTH 362.A.1). 3,6 × 9,6 cm. Gurparanzaḫ Efsanesi. KUB 36.67 III 12′ vdd. ile direkt join olmaktadır. Metin için bkz. Akdoğan, *SMEA* 49, 1–20.
Nr. 20	4	AnAr 10869 (CTH 370). 4,5 × 5,7 cm. Hurri$^{?}$ miliyösünden mitolojik bir metin; öy. 2′–7′. satırlar Fırtına Tanrısı ve Ištar'ın anıldığı konuşmaları içermektedir. Bu iki tanrının beraber anılmaları konusunda krş. KUB 33.92 IV 12′–14′, KUB 33.113 I 16′–22′ (Ullikummi Şarkısı).

İlâhi ve Dualar (CTH 371–389 "Hymnes et Prières")

Tablet	*Levha*	*Tanımlama*
Nr. 21	4	AnAr 11621c (CTH 376.II.K). 4,0 × 2,8 cm. II. Muršili'nin Arinna şehri Güneş Tanrıçası'na yönelik duası; 1′–8′. satırlar KUB 24.3 III 11′–18′e duplikattır.
Nr. 22	4	AnAr 11398 (CTH 378.II.D). 3,7 × 3,3 cm. II. Muršili'nin ikinci veba duası; 2′–8′. satırlar KUB 14.11 III 17′–23′e duplikattır.
Nr. 23	5	AnAr 12177 (CTH 378.?). 3,8 × 3,7 cm. II. Muršili veba dualarından; 2$^{?}$ sayılı tablet kolofonunu da içeren fragmanın bu metin grubu içindeki kesin yeri şimdilik belli değildir.

Ritualler (CTH 390–500 "Rituels")

Tablet	*Levha*	*Tanımlama*
Nr. 24	5	AnAr 10591 (CTH 400). 6,2 × 6,2 cm. "Iriya Rituali"; öy. 6′–11′. satırlar KUB 39.104 IV 1′–6′ya duplikattir.
Nr. 25	5	AnAr 12183 (CTH 402). 3,2 × 4,0 cm. "Malli Rituali"; 1′–6′. satırlar KUB 24.9 II 7′–14′e duplikattir.
Nr. 26	5	AnAr 14915 (CTH 404.5.II.A). 3,0 × 7,4 cm. AnAr 14915 ile Bo 2738 (= KUB 58.79) aynı tablete aittirler, ancak aralarında direkt bir bağlantı yoktur.
Nr. 27	6	AnAr 12131 b (CTH 412 ?). 7,3 × 4,5 cm. Ritual / büyü seslenişleri; Zuwi Rituali'ne benzer. Öy. 14′ vdd. sayılan zararlı şeyler KBo 24.51 ay.$^{?}$ 5′–7′ ve KBo 24.52:7'dekileri hatırlatmaktadır.
Nr. 28	6	AnAr 11613 a (CTH 430 ya da 470). 5,7 × 3,3 cm. Yerin Güneş Tanrıçasına ritual / dua, ya da bir doğum rituali; krş. KBo 17.60 ay.
Nr. 29	6	AnAr 11246 a (CTH 446). 5,0 × 3,8 cm. Ay.$^{?}$ 1′–11′. satırlar KUB 41.8 II 29′–37′ye paralel gitmektedir.
Nr. 30	7	AnAr 21626 + KBo 10.45 (CTH 446.B). 6,1 × 6,9 cm. Metin çalışması Akdoğan-Wilhelm, *AMMY* 2001, 238–42 ve *ZA* 93, 214–20. AnAr 21626 + KBo 10.45 IV 37 vdd. ile paralel KBo 53.34 ve diğerleri için bkz. J. L. Miller, KBo 53, s. V (nr. 34 altı).
Nr. 31	7	AnAr 11503 a+d (CTH 448). 3,8 × 4,0 cm. 1′–5′. satırlar KUB 60.161 II 7′–10′a paralel gitmektedir; ayrıca krş. KUB 17.18 II 26′ vdd.
Nr. 32	7	AnAr 14966 (CTH 449 ya da 790). 4,3 × 2,2 cm. Öy. II$^{?}$ 2′–7′. satırlar KUB 58.88 II$^{!}$ 4′–11′+ KUB 38.22 ay. 5′–8′e duplikattır.
Nr. 33	7	AnAr 8926 (CTH 450 ?). 3,8 × 2,6 cm. Krş. KUB 39.8 + KBo 34.58 II 28′ vdd., KBo 25.184 II 18 vdd.
Nr. 34	7	AnAr 4220 m (CTH 470 ?). 3,0 × 2,3 cm. 4′–5′. satırlar için krş. KUB 7.60 II 13, 15 (CTH 423).
Nr. 35	7	AnAr 4220 o + s (CTH 470). 4,1 × 4,1 cm. Ritual ve mitoloji ?
Nr. 36	7	AnAr 6993 (CTH 470 ?). 2,7 × 2,1 cm. St. 5″: *ŠI-PAT*.
Nr. 37	8	AnAr 8357 (CTH 470). 4,8 × 2,5 cm. St. 6′: [*pé*]-*e-da-an-z*[*i*].
Nr. 38	8	AnAr 9146 (CTH 470 ?). 3,5 × 1,9 cm. St. 3′de *ḫimma-* kelimesi yer alıyor ise metin bir ritual olabilir.
Nr. 39	8	AnAr 10308 (CTH 470 ?). 8,1 × 7,6 cm. Ay. 4′ ve 13′: *ni-ni-ik* ? Krş. KUB 59.26 IV 7′.
Nr. 40	8	AnAr 10312 (CTH 470 ?). 5,5 × 5,5 cm. Ay. 3′ ve 8′: DUMU-*an-na-aš ḫu-i-pa-at-ta-an*; krş. KUB 12.58+ II 35′: DUMU-*la-an-na-aš ḫu-i-pa-i̯a-ta-an*.

Katalog

Tablet	*Levha*	*Tanımlama*
Nr. 41	8	AnAr 10320 (CTH 470). 3,2 × 4,1 cm. 5′. satırda [*idalu*]*š*$^{?}$ GISKIM-*iš* "[köt]ü belirti"den bahseder; krş. KBo 13.101 I 27′–31′ ve ay. 19′–20′ (CTH 435.2).
Nr. 42	9	AnAr 10589 (CTH 470). 6,5 × 5,0 cm. Kötü dillere karşı ritual / büyü.
Nr. 43	9	AnAr 10594 (CTH 470). 3,2 × 5,2 cm. Bir ritualin eşya listesini(?) vermektedir; 4′. satırdaki *šuppiyaḫḫ-* için bkz. yine bir liste içeren KBo 43.176 ay. 2′ vdd., 6′.
Nr. 44	9	AnAr 10602 (CTH 470). 3,1 × 3,8 cm. St. 3′: [EN].SÍSKUR-*m*[*a*]; 5′: [*i*]-*i̯a-at-ta-*[*ri*$^{?}$].
Nr. 45	9	AnAr 10868 (CTH 470). 6,5 × 3,8 cm. 6′–15′. satırlar KBo 24.10 öy.$^{?}$ I 3′–11′e duplikattır.
Nr. 46	9	AnAr 11498 (CTH 470). 7,2 × 5,5 cm. Öy.$^{?}$ 4′: *ḫa-ri-i̯a-az-*[*zi*].
Nr. 47	10	AnAr 11501 (CTH 470). 4,0 × 2,7 cm.
Nr. 48	10	AnAr 11503 e (CTH 470 ?). 2,4 × 3,2 cm. St. 3′: *PA* Š[E]; 4′: *ša-mi-ši-i̯a-nu-z*[*i*]; 5′: [*I*]*Š*-⸢*TU*⸣ KAŠ *šu-un-n*[*i-i̯a*$^{?}$*-az*$^{?}$*-zi*].
Nr. 49	10	AnAr 11503 g (CTH 470). 2,3 × 1,8 cm. 3′–4′. satırlar için krş. KUB 43.60 I 21–22 (CTH 457.6).
Nr. 50	10	AnAr 11620 b (CTH 470). 3,7 × 1,1 cm. St. 4′: *iš-ḫ*[*i-i̯a*$^{?}$-...].
Nr. 51	10	AnAr 12171 (CTH 470). 7,0 × 6,1 cm. Öy. 10. satırdaki 2$^{?}$/3$^{?}$-*ŠU* 9 ^{GIŠ}GAG ^{GIŠ}MA.NU KUB 35.142 ay.$^{?}$ IV 21'i (CTH 772.4) anımsatıyor.
Nr. 52	10	AnAr 14916 (CTH 470). 4,2 × 4,0 cm. Kötülüklerin mıhlanması (yani pasivize edilmesi) ile ilgili majik ritual; 6′–7′. satırlarda kralın ordusu ve düşmanın [ordusu$^{?}$] anılmaktadır.
Nr. 53	11	AnAr 14989 (CTH 470). 1,7 × 2,0 cm. Kötülük ve büyüye karşı ritual ?
Nr. 54	11	AnAr 21813 (CTH 470 ?). 2,4 × 1,6 cm.
Nr. 55	11	AnAr 64-1-65 (CTH 470). 4,6 × 4,2 cm. Öy. 9′: DINGIR-*LUM*.
Nr. 56	11	AnAr 14973 (CTH 470 ya da 448 ?). 1,7 × 2,2 cm. St. 3'deki *tarpalli-* için krş. AnAr 11503 a+d (ABoT II 31) st. (2′), 6′, KUB 17.18 II 27, III (5), KUB 60.161 II 5, 8 (hepsi CTH 448).
Nr. 57	11	AnAr 4220 r (CTH 470 ya da 530). 3,0 × 4,2 cm. St. 1′: ḪÁD.D[U.A]; 2′: BAPPIR.
Nr. 58	11	AnAr 14951 (CTH 470 ya da 530). 3,1 × 3,0 cm. (Bayram) ritualine ait malzemeyi sayar; krş. KBo 5.2 I 17 vdd. (CTH 424), KUB 7.20 öy. 7 vdd. (CTH 426), KUB 32.129 I 7, 9–10 (CTH 474), KUB 32.133 I 11–13 (CTH 431).
Nr. 59	11	AnAr 6992 (CTH 470 ya da 670). 4,3 × 3,3 cm. Ritual ya da bayram tasviri.
Nr. 60	12	AnAr 8360 ı (CTH 470 ya da 670). 2,5 × 3,4 cm. Ay. 2′: [*d*]*a-m*⸢*e-e-d*⸣*a-ni pí-*[*di*]; 4′: ⸢*PA*⸣-*NI* ^{NA}[^{4}ZI.KIN].
Nr. 61	12	AnAr 8365 f (CTH 470 ya da 670). 1,8 × 2,5 cm. St. 1′: ^{GIŠ}ERIN-*i̯*[*a*] ya da ^{GIŠ}ERIN.⸢TUR⸣ ?
Nr. 62	12	AnAr 9138 (CTH 470 ya da 670). 3,8 × 3,5 cm. I$^{?}$ 4′: [*ḫur-* ya da *ú*]*-nu-u̯a-an*; 7′: [*p*]*í-ra-an*.
Nr. 63	12	AnAr 9166 (CTH 470 ya da 670). 4,0 × 6,8 cm. St. 3′: ⸢*pé-e-d*⸣*a-a*[*n-zi*].
Nr. 64	12	AnAr 9465 (CTH 470 ya da 670). 2,9 × 3,6 cm. St. 5′–6′ Hititçe olmayabilir. St. 1′: I UDU; 3': ^{d}É.⸢A⸣ ?
Nr. 65	12	AnAr 9715 (CTH 470 ya da 670). 2,0 × 2,7 cm. St. 4′: [... Ḫ]I.A *ḫar-t*[*e-*...].
Nr. 66	12	AnAr 10322 (CTH 470 ya da 670). 3,2 × 2,5 cm.
Nr. 67	13	AnAr 10592 (CTH 470 ya da 670). 6,4 × 3,4 cm. St. 6″: [*me*]*-ma-al*; 8″: [^{SÍ}]^{G}*mi-ti-iš*.
Nr. 68	13	AnAr 10598 (CTH 470 ya da 670). 6,4 × 2,6 cm. Öy.$^{?}$ 6″: [DU]G.KAŠ XII ⸢NINDA⸣.GU[R_4.RA.ḪI.A].
Nr. 69	13	AnAr 10603 (CTH 470 ya da 670). 2,8 × 3,1 cm.
Nr. 70	13	AnAr 11246 d (CTH 470 ya da 670). 3,0 × 3,3 cm. St. 5′: [*u̯a*]*-ra-a-ni*.
Nr. 71	13	AnAr 11246 e (CTH 470 ya da 670). 3,3 × 2,0 cm. St. 2′: "LXXX"; 4′: KU_6.ḪI.A.

Katalog

Tablet	*Levha*	*Tanımlama*
Nr. 72	13	AnAr 11391 (CTH 470 ya da 670). 4,5 × 1,9 cm. Öy.$^{?}$ 4′: *a-aš-k*[*i*] (foto).
Nr. 73	13	AnAr 11396 (CTH 470 ya da 670). 1,5 × 3,7 cm.
Nr. 74	14	AnAr 11614 a (CTH 470 ya da 670). 4,3 × 3,9 cm. St. 6′: [*d*]*a-pí-an ME-E*.
Nr. 75	14	AnAr 11616 b (CTH 470 ya da 670). 3,6 × 2,0 cm. Ay.$^{?}$ 5′: *i-i̯a-an-na-*[*i*].
Nr. 76	14	AnAr 14453 (CTH 470 ya da 670). 5,6 × 6,8 cm. II$^{?}$ 7′: *nu-uš-*⸢*ma*⸣*-*[*aš*].
Nr. 77	14	AnAr 12131 f (CTH 470 ya da 670). 2,9 × 3,0 cm. St. 2′: [*an-t*]*u*$^{?}$*-uḫ-ša-aš-š*[*a*$^{?}$].
Nr. 78	14	AnAr 12131 h (CTH 470 ya da 670). 3,0 × 1,9 cm.
Nr. 79	14	AnAr 12131 k (CTH 470 ya da 670). 1,7 × 2,2 cm.
Nr. 80	14	AnAr 14931 (CTH 470 ya da 670). 2,1 × 4,1 cm. St. 4′ Hititçe değil.
Nr. 81	15	AnAr 14933 (CTH 470 ya da 670). 3,3 × 2,1 cm. 6′. satırdaki tanrı ismi ^{d}*A-la-w*[*a-*...] belki ^{d}*Alawayaimi*'ye ait olacaktır; krş. KUB 30.56 III 18.
Nr. 82	15	AnAr 14958 (CTH 470 ya da 670). 3,9 × 3,0 cm.
Nr. 83	15	AnAr 14965 (CTH 470 ya da 670). 3,0 × 3,7 cm. St. 8′: ⸢*a-ru*⸣*-um-ma-aš-*⸢*ša*⸣ (foto).
Nr. 84	15	AnAr 14994 (CTH 470 ya da 670). 3,1 × 3,0 cm. 5′–6′. satırlar için krş. KUB 56.55 I 12 (CTH 456).
Nr. 85	15	AnAr 15155 (CTH 470 ya da 670). 4,0 × 4,3 cm.
Nr. 86	15	AnAr 21631 (CTH 470 ya da 670). 3,2 × 3,4 cm.
Nr. 87	15	AnAr 21730 (CTH 470 ya da 670). 2,3 × 2,3 cm.
Nr. 88	15	AnAr 4220 e (CTH 470 ya da 670). 3,1 × 3,0 cm.
Nr. 89	16	AnAr 28-1-66 (CTH 470 ya da 670). 4,2 × 2,9 cm.
Nr. 90	16	AnAr 16-5-68 (CTH 470 ya da 670). 7,2 × 3,2 cm. İçerikçe bir Kizzuwatna ritualine (CTH 500) benzemektedir. Fragman, 1968 yılında diğer tablet parçaları ile beraber (ABoT II 144, 214–17, 219–21 ve 230) D. Owen tarafından Boğazköy'de satın alınıp, Ankara Anadolu Medeniyetleri Müzesi'ne hediye edilmiştir.
Nr. 91	16	AnAr 80-4-74 (CTH 470 ya da 670). 2,0 × 2,3 cm. St. 2′: SILA$_{4}$.G[E$_{6}$] (foto); 3′: [^{MUNU}]^{S}*kat-ri-iš-ša* (krş. KUB 32.133 IV 2′).
Nr. 92	16	AnAr 9464 (CTH 474.C). 5,7 × 6,2 cm. Laroche, CTH, s. 82'ye alınmıştır.
Nr. 93	17	AnAr 11618 (CTH 475). 4,9 × 3,4 cm. 1′–9′. satırlar KBo 9.119A I 9′–16′ ve Bo 69/630 öy.$^{?}$ sağ sütun 4′–10′a duplikattır.
Nr. 94	17	AnAr 6984 (CTH 500 ?). 4,3 × 4,6 cm. Herhalde bir Kizzuwatna rituali fragmanı; 3′. satır için krş. KBo 21.45 I 16′.
Nr. 95	17	AnAr 6987 (CTH 500 ?). 3,7 × 3,6 cm. St. 2′–6′ için krş. KBo 33.35 ay.$^{?}$ 6′–9′ (CTH 790).
Nr. 96	17	AnAr 7007 (CTH 500 ?). 3,5 × 4,8 cm.
Nr. 97	17	AnAr 8358 a+b (CTH 500 ?). 3,4 × 2,9 cm.
Nr. 98	17	AnAr 8360 a (CTH 500 ?). 2,7 × 3,5 cm.
Nr. 99	17	AnAr 8363 (CTH 500). 8,1 × 3,2 cm. St. 13′–14′ için krş. KUB 29.7 ay. 47′–48′ (CTH 480).
Nr. 100	17	AnAr 8847 (CTH 500 ?). 3 × 2 cm. St. 1′: [*ki*$^{?}$*-i*]⸢*š-ša-r*⸣[*a-*...]; 3′: *nu-uš-š*[*a-an*].
Nr. 101	18	AnAr 9157 (CTH 500 ?). 11,8 × 2,7 cm. Bu fragman, KBo 41.114 (*Konkordanz*'da CTH 832 olarak verilmektedir) ile direk join olmuştur (R. Akdoğan). Kizzuwatnalı kutsal varlıklara sunulan hayvan kurban ve yakılan kuş listesini içerir; benzerleri ABoT 19 (CTH 706), KBo 33.169 (CTH 705)

Katalog

Tablet	*Levha*	*Tanımlama*
		ve KBo 2.18 (CTH 787.1)'dir. Ancak, AnAr 9157 ile ABoT 19 (= AnAr 9161) aynı tablete ait değildirler.
Nr. 102	18	AnAr 10310 (CTH 500). 5,7 × 4,3 cm. II$^?$ 9′: I *ŠU-Š*[*I*].
Nr. 103	18	AnAr 10313 (CTH 500 ?). 4,5 × 4,5 cm. Öy. 3: *da-*[*an-zi*]; 6–7: I ^{DUG}*kap-*[*pí-iš* ...] / [*k*]*a-ap-pa-ru-ma-aš* ^{GI}[^{Š} ...] (krş. VBoT 89 I 12′–13′).
Nr. 104	18	AnAr 10587 (CTH 500). 4,0 × 5,3 cm. 4′–5′. satırlar için krş. KBo 10.20 IV 2–3 (CTH 604.A).
Nr. 105	19	AnAr 10865 (CTH 500 ?). 8,0 × 6,2 cm. Kizzuwatna rituali (CTH 790) ya da Kizzuwatnalı kutsal varlıklar için kurban listesi (CTH 705).
Nr. 106	19	AnAr 11246 g (CTH 500). 1,8 × 3,7 cm. 2′. satırda ^{d}*Kulitta* anmaktadır.
Nr. 107	19	AnAr 11388 (CTH 500). 2,6 × 3,5 cm. St. 1′: [*še-pí-i*]⌜*t-ta*⌝; 3′: [*ši-pa-a*]*n-ti*.
Nr. 108	19	AnAr 11408 (CTH 500 ?). 4,3 × 4,6 cm.
Nr. 109	19	AnAr 11620 a (CTH 500). 3,7 × 3,7 cm. 3′. satır için krş. KUB 32.129 I 9. AnAr fragmanındaki "8" sayısının ilginç yazımı (üstüste yazılmış dörder dikey şeklinde) dikkati çekmektedir.
Nr. 110	19	AnAr 14919 (CTH 500). 3,9 × 4,9 cm. Öy. 2–3. satırlar için krş. IBoT 3.99:4′–5′ ve KUB 9.34 I [3′]–4′ (CTH 760).
Nr. 111	20	AnAr 14955 (CTH 500). 2,7 × 1,9 cm. St. 2′–4′ için krş. KBo 24.45 ay. 10–11 ve KBo 27.202:5′–10′ (CTH 479).
Nr. 112	20	AnAr 90-4-68 (CTH 500). 2,0 × 4,3 cm. St. 3′: [SÍG].SA$_5$; 4′: [*A-NA*] ⌜EN⌝.SISKUR *še-er ar-ḫa* [*u̯a-aḫ-nu-zi*].
Nr. 113	20	AnAr 11615 (CTH 500 ya da 530). 3,2 × 2,8 cm. Kizzuwatna rituali ya da kült envanteri.
Nr. 114	20	AnAr 14922 (CTH 500 ya da 628 ?). 4,9 × 5,6 cm. Bir Kizzuwatna ritual ya da bayramı; *Ḫišuwa* Bayramı'na da ait olabilir.

Din Hayatı ile İlgili İdarî Metinler (CTH 501–530 "Administration Religieuse")

Nr. 115	20	AnAr 6964 + 6991 (CTH 523 ?). 7,5 × 6,4 cm. Erzak / *MELQĒT*-listesi ? Benzer listeler için ayrıca krş. KBo 11.36 IV 4–7 (CTH 523) ve KUB 58.27 II 1–17 (CTH 635).
Nr. 116	20	AnAr 10326 (CTH 530 ?). 2,7 × 1,7 cm. Kült envanteri ?
Nr. 117	21	AnAr 10606 (CTH 530). 8,0 × 8,5 cm. Öy. 8′: ⌜II⌝ DUG.KAŠ; 9′: *pé-e*[*š-kán-zi*]; ay. 2′: [LÚ.M]EŠ URU-*LIM*.
Nr. 118	21	AnAr 10871 (CTH 530). 6,4 × 2,9 cm. Öy. 6′: *ma-al-li-iš-ká*[*n-zi*].
Nr. 119	22	AnAr 11499 (CTH 530). 5,4 × 4,5 cm. 1′. satırda [^{UZU}*Ḫ*]*A-KU-RA-TU*$_4$ anar; krş. KBo 22.222 III (5′) (CTH 530).
Nr. 120	22	AnAr 14913 (CTH 530; *Konkordanz*: CTH 670). 8,3 × 3,7 cm. Krş. CTH 506, 525.3 ve özellikle 511.1. Metin, Akdoğan-Soysal, *AMMY* 2002, 176′–79′da incelenmiştir.
Nr. 121	22	AnAr 3544 (CTH 530). 7,3 × 4,9 cm. ^{d}*Šu-ú-i-ta* ve ^{m}*Up-pa-ti-ši-pa* (öy. 7′) anmaktadır. Tanrı adı için bkz. ^{d}*Šu-ú-i-en-ta-an* (KUB 57.102 IV$^?$ 4′).
Nr. 122	23	AnAr 10315 (CTH 530 ya da 670). 3,4 × 4,3 cm. Bkz. Akdoğan, *AMMY* 2005, 199–200.
Nr. 123	23	AnAr 11613 c (CTH 530 ya da 670). 4,5 × 5,2 cm. Bayram tasviri, kült envanteri ya da bayram hakkında fal olabilir; öy. 2′. satır için krş. ABoT 14 V 8′ (CTH 568) ve KUB 51.12 öy. 3 (CTH 670). Bkz. Akdoğan, *AMMY* 2005, 205–06, 220.

Katalog

Tablet	*Levha*	*Tanımlama*

Kehanet Metinleri (CTH 531–590 "Divination")

Nr. 124	23	AnAr 14920 (CTH 538.I). 7,2 × 4,9 cm. Akkadça kehanet metni; bkz. Akdoğan-Soysal, *AMMY* 2002, 181–83.
Nr. 125	24	AnAr 11407 (CTH 547.I). 8,6 × 11,6 cm. Akkadça karaciğer modeli; Riemschneider, DBH 12, 159'da bahsedilir. 1. satır için bkz. KBo 9.63 öy. A 2 ve KBo 9.64 A 1.
Nr. 126	24	AnAr 8357 b+c+d+e+g+h (CTH 560). 5,6 × 4,4 cm. Türü kesin olarak saptanamayan bir kehanet metni. Eski Hititçe örneğe geri gittiğini *takku* giriş kelimesi göstermektedir.
Nr. 127	24	AnAr 10609 (CTH 570). 4,7 × 2,7 cm. 2′–12′. satırlar KUB 5.6 III 24′–38′e duplikattır.
Nr. 128	25	AnAr 10872 (CTH 570). 5,0 × 3,4 cm. "SU" falı. St. 4′: [EGIR-*Š*]*Ú šu-ri‹-iš›* XII [ŠÀ *TIR* ...]; 6′: [EGIR-*Š*]*Ú*; 9″: ^{GIŠ}⌈TUKUL⌉.
Nr. 129	25	AnAr 8357 a (CTH 572). 4,1 × 1,9 cm. "KIN" falı. St. 6′: [EGIR$^{?}$-*p*]*a* DU-*u-e-ni* (= *paiweni*).
Nr. 130	25	AnAr 8840 (CTH 572 ?). 3,8 × 3,2 cm. Öy. 6′: *x x* KI.GUB.
Nr. 131	25	AnAr 9163 (CTH 572). 4,9 × 5,0 cm. III$^{?}$ 4′: *da-p*[*í-an*]; 6′: ḪU[L-*lu*]; IV$^{?}$ 4′: [*mi-nu-m*]*ar*$^{\text{ḪI.A}}$.
Nr. 132	25	AnAr 11246 l (CTH 572 ?). 2,6 × 2,2 cm.
Nr. 133	25	AnAr 11387 (CTH 572). 2,9 × 5,0 cm.
Nr. 134	25	AnAr 12174 (CTH 572). 3,7 × 2,2 cm.
Nr. 135	25	AnAr 12216 (CTH 572). 3,0 × 2,2 cm. St. 4′: [*d*]*a-pí-an* Z[I-*an*].
Nr. 136	26	AnAr 10757 (CTH 574). 6,5 × 6,6 cm. "MUŠEN *ḪURRI*" falı; ay. 5′, 10′, 11′de sıkça tekrarlanan ^{DUG}*ḫaršiyalli* için krş. KUB 5.7 öy. 2, 12.
Nr. 137	26	AnAr 15151 (CTH 580) 6,9 × 7,2 cm. "MUŠEN" ve "KIN" falı. AnAr 15151 ile KUB 5.17 öy. I join olmaktadır (Y. Sakuma).

Bayram ve İbadet Metinleri (CTH 591–720 "Fêtes et Cultes")

Nr. 138	26	AnAr 90-6-68 (CTH 591). 4,5 × 2,4 cm. EZEN.ITU Bayramı. St. 3′ vdd. için krş. KBo 20.67 IV 16 vdd., KBo 17.88 III 10′ vdd., 23′ vdd., KBo 22.201 III 1′ vdd., IV 3 vdd.
Nr. 139	26	AnAr 70-1-76 (CTH 627) 5,9 × 8,8 cm. KI.LAM Bayramı. O. Soysal tarafından H. G. Güterbock'un 1934'de yaptığı transkripsiyona dayanılarak "Ankara 1934" ismiyle *JCS* 50, 59–65'de yayınlanan fragman. Bu parçanın şimdi AnAr metinleri arasında ortaya çıkmasına rağmen, aynı tablete ait olması gereken "İzmir 1270++" parçasının akıbeti henüz belli değildir; tabletin hikayesi için bkz. O. Soysal, a. g. y. 63.
Nr. 140	27	AnAr 10285 (CTH 628). 6,3 × 7,7 cm. *Ḫišuwa* Bayramı. Laroche, CTH, s. 112'ye "*autres fragments*" altında alınmıştır. Tablet yüzeyi çok döküldüğünden işaretler iyi seçilememektedir. O nedenle burada, kopya yerine tabletin fotoğrafı verilmiştir.
Nr. 141	28	AnAr 12157 (CTH 628). 4,7 × 4,7 cm. I 2′–9′. satırlar KUB 32.128 I 9–15′e duplikattır.
Nr. 142	28	AnAr 8360 i (CTH 634). 3,0 × 2,9 cm. 1′–7′. satırlar için krş. KBo 8.121:6′–9′, KBo 46.142 sağ sü. 5′–9′ve KUB 25.3 öy. III 21–26.
Nr. 143	28	AnAr 96-2-76 (CTH 635). 3,7 × 2,7 cm. Öy. 2′–6′. satırlar KUB 11.30 + KUB 44.14 IV 22′–27′ye duplikat ya da paraleldir. Bu fragman, "Kuşsaray" tabletleri arasında bulunmaktadır. Koşay, "Kuşsaray," s. 89'da Kuşsaray ile ilgili şu bilgileri verir:

> *"Milli Eğitim Bakanlığı 24 Mayıs 1966 tarihli buyruğu üzerine Alacahöyük kazı heyeti Çorum'un 15 km. doğusunda, birkaç parça kırık Hitit tableti de bulunduğu söylenen Kuşsaray Höyüğünde 18–25 Temmuz 1966 tarihleri arasında Bakanlık ve Türk Tarih Kurumu adına 14 işçi ile sondaj ve araştırmalar yapmıştır".*

Katalog

Tablet	*Levha*	*Tanımlama*
Nr. 144	28	AnAr 16-6-68 (CTH 643; bkz. *Konkordanz*). 3,6 × 3,7 cm. D. Owen tabletlerinden. 2′–7′. satırlar KUB 25.33 I 3–8'e duplikat olmaktadır.
Nr. 145	28	AnAr 9723 (CTH 645). 4,5 × 4,3 cm. II$^?$ 8′–9′. satırlar KUB 58.38 II 2′–3′, 8′–9′, 15′–16′ ve (23′)'e paraleldir .
Nr. 146	28	AnAr 12156 (CTH 645 ya da 458). 4,8 × 5,2 cm. 2′–11′. satırlar 942/z (krş. Neu-Otten, *IF* 77, 183) öy.$^?$ 1′–5′ ve ay.$^?$ 1′–3′e duplikattır. St. 5′deki [DINGIR *p*]*išeneš* ve DINGIR *maliašmiš* dolayısıyla KUB 43.30 III 10′–11′ ve KBo 43.75:6′–7′ (CTH 645) ya da KUB 41.23 III 12′ (CTH 458.10)'yi çağrıştırmaktadır.
Nr. 147	28	AnAr 11502 c (CTH 647). 2,1 × 2,5 cm. 1′–5′. satırlar KBo 11.45 öy. III 13′–17′ye duplikattır.
Nr. 148	29	AnAr 10311 (CTH 648). 5,8 × 5,9 cm. Ay. 4′ vdd. için krş. KBo 25.67 sağ sü. 12′ vdd., KBo 30.99 I 2′ vdd., KUB 54.50 I$^?$ 11′ vdd.
Nr. 149	29	AnAr 10300 (CTH 649). 3,2 × 4,5 cm. NIN.DINGIR rahibesini anan bayram tasvirlerinden. Öy. 5′de [^{GIŠ}*ḫul*]*uganni* anmaktadır; krş. KBo 17.101 öy. III 11′, 15′.
Nr. 150	29	AnAr 12176 (CTH 649). 3,0 × 4,5 cm. St. 1′: ⌈*kar-ap-zi*⌉; 2′: NIN.DINGIR-*i* IGI-[*an-da*]; 3′: NIN. DINGIR *tu*-⌈*u*⌉-[*u̯a-az*].
Nr. 151	29	AnAr 4220 d (CTH 649). 2,6 × 3,0 cm. 3′. satırdaki [NI]N.DINGIR-*i parā ē*[*pzi*] için krş. KBo 24.98:10′, KUB 53.28 öy. 6′.
Nr. 152	29	AnAr 70-2-76 (CTH 664). 6,3 × 4,0 cm. Bkz. Akdoğan-Soysal, *AMMY* 2002, 180–81.
Nr. 153	29	AnAr 10299 ([CTH 669] *Düzeltme eki*: Büyük olasılıkla CTH 448). 4,6 × 4,0 cm. 2′–10′. satırlar için krş. duplikat, paralel ya da benzer KBo 39.94 öy.$^?$ 1′–8′ (CTH 448.4.5), KBo 15.16 öy.$^?$ II 2′–6′ (CTH 448.4.3.b; metin için bkz. Kümmel, StBoT 3, 138), KBo 16.103:2′–5′ (CTH 832) ve IBoT 3.129 öy. 1′–10′ (CTH 448.4.6).
Nr. 154	29	AnAr 3137 (CTH 670). 5,4 × 2,7 cm. St. 2′: [*ki-i*]*t-kar-za*; 3′: [*ša*]*-aš*-⌈*ti*⌉.
Nr. 155	29	AnAr 6995 (CTH 670 ?). 4,4 × 3,2 cm. St. 5′: *ma-a-n*[*a-aš*(-)...].
Nr. 156	30	AnAr 8357/f (CTH 670). 3,0 × 2,4 cm.
Nr. 157	30	AnAr 8360 c+ğ+m (CTH 670). 3,3 × 3,0 cm. St. 5′: [^{LÚ}GU]DU$_{12}$.
Nr. 158	30	AnAr 8360 f (CTH 670). 3,0 × 3,1 cm. St. 6′: ⌈*pa-iz-zi*⌉.
Nr. 159	30	AnAr 8360 h (CTH 670). 2,8 × 2,5 cm. St. 2′: [*u̯a-a*]*l-ḫa-an-ni-a*[*n-zi*]; 4′: [*ḫ*]*u-ke-eš-kán-z*[*i*].
Nr. 160	30	AnAr 8360 n+s+ş (CTH 670, belki de 651). 2,4 × 2,9 cm. Satır 2′de [$^{\text{MUNUS.MEŠ(?)}}$*ḫ*]*a-az-ka$_4$-ra-i* anar; krş. KUB 9.30:5′–7′, KUB 58.4 V 11′–14′ ve KUB 58.1 I (1′–4′) (hepsi CTH 651).
Nr. 161	30	AnAr 8365 b (CTH 670 ?). 2,4 × 1,6 cm.
Nr. 162	30	AnAr 8857 (CTH 670, ya da büyük olasılık ile 824). 4,4 × 3,7 cm. Pekçok yönüyle KBo 22.242 (CTH 824) metnini hatırlatmaktadır. St. 6′: $^{\text{LÚ.MEŠ}}$KUŠ$_7$.GUŠKIN.
Nr. 163	30	AnAr 8911 (CTH 670). 5,3 × 5,4 cm. Ay. 4′: ⌈*na-at*⌉ GE$_6$*-an ḫu-u-ma-*[*an-da-an*].
Nr. 164	31	AnAr 8919 (CTH 670). 3,8 × 4,3 cm. 1′–6′. satırlardaki tasvir KUB 57.99 IV 3′–7′ (CTH 618.5)'e benzer; ayrıca krş. KBo 39.86 II 14′–16′ (CTH 660.4).
Nr. 165	31	AnAr 9145 (CTH 670 ?). 3,8 × 3,6 cm. Bayram tasvirine benzemekle beraber, öy.$^?$ II 2′–3′de ikinci şahısa bir seslenme durumu vardır; o nedenle fragman başka bir metin grubuna da ait olabilir (dua, adak vs. gibi).
Nr. 166	31	AnAr 9716 (CTH 670). 3,1 × 2,2 cm. St. 2′: ^{d}UTU ^{UR}[^{U}Arinna] ?
Nr. 167	31	AnAr 9720 (CTH 670 ?). 2,4 × 2,3 cm. Bkz. Akdoğan, *AMMY* 2005, 204–05, 219.

Katalog

Tablet	*Levha*	*Tanımlama*
Nr. 168	31	AnAr 9730 (CTH 670). 4,9 × 3,3 cm. Öy. 3′: [*ša*$^{?}$*-r*]*a-a*; 4′: [*gal-gal-tu-u*$^{?}$]*-ri*; 5′: [*ḫa-az-zi-i*]*k-kán-zi*.
Nr. 169	31	AnAr 10301 (CTH 670). 2,6 × 3,2 cm. LUGAL, GAL *MEŠEDI* ve *memal* konteksli 3′–4′. satırlar için krş. KBo 23.79 II 1–2 (CTH 675), KBo 11.52 VI 22′–23′ (CTH 634.1.B) ve KUB 34.69 + KUB 34.70 öy. 11′–12′ (CTH 609).
Nr. 170	32	AnAr 10309 (CTH 670). 7,6 × 5,0 cm.
Nr. 171	32	AnAr 10325 (CTH 670). 3,2 × 2,0 cm. St. 2′: I GÍN; 3′: *da-pí-i̯*[*a-an*$^{?}$]; 4′ ve 6′ EGIR-*ŠU-ma a-*[*la-an-ni* ...] (krş. KBo 33.201 öy.$^{?}$ III 13′–15′) ya da *A-*[*NA* ^{d}...] olarak mı tamamlanacak ?
Nr. 172	32	AnAr 10588 (CTH 670 ?). 6,4 × 2,6 cm. St. 13′: [*te*]*-li-pu-u-ri*.
Nr. 173	32	AnAr 10593 (CTH 670). 5,2 × 5,6 cm. II$^{?}$ 7′ ve 9′. satırlardaki ^{d}Karzi ve *irḫāuwar* kelimesi için krş. KBo 21.64 III 5, (12) ve KUB 2.13 V 5.
Nr. 174	33	AnAr 10596 (CTH 670 ya da daha çok 651). 6,2 × 4,4 cm. II$^{?}$ 1′–12′. satırlar KUB 58.1 I 6′–17′ (CTH 651)'ye duplikat ya da paraleldir.
Nr. 175	33	AnAr 10597 (CTH 670). 4,2 × 5,5 cm. Öy. 3′. satırdaki *nu* MUNUS.LUGAL *arāi* için bkz. KUB 32.87 ay. 26 (CTH 646.1.A) ve ayrıca krş. KBo 29.188 IV 14′ (CTH 694).
Nr. 176	33	AnAr 10604 (CTH 670). 3,3 × 3,6 cm.
Nr. 177	33	AnAr 10611 (CTH 670). 3,5 × 3,3 cm. St. 3′: [*me*$^{?}$]-⸢*e*⸣*-mi-iš-ki-iz-z*[*i*].
Nr. 178	34	AnAr 10758 (CTH 670). 9,6 × 9,4 cm. 9′–10′. satırlar KBo 24.103 V 2′–4′ (CTH 670)'e duplikat ya da paraleldir; ayrıca krş. KBo 15.36 III 10′–12′ (CTH 330.3.A). Metnin yazısı, Orta Hitit duktusu özellikleri göstermektedir.
Nr. 179	34	AnAr 10866 (CTH 670). 5,1 × 5,9 cm. St. 4′: *ta-ma-iš*; 5′: ^{GIŠ}ERIN BIR$_9$.R[A] "yanmış sedir odunu".
Nr. 180	34	AnAr 11246 h (CTH 670 ?). 2,8 × 2,2 cm. Ekmek (kurban) listesi içerir. St. 1′: [NINDA.GUR$_4$.R]A.
Nr. 181	34	AnAr 11288 a (CTH 670). 8,4 × 3,4 cm.
Nr. 182	34	AnAr 11288 b (CTH 670). 5,0 × 3,3 cm. Büyük olasılıkla ABoT II 181 (AnAr 11288 a) ile aynı tablete aittir, ancak aralarında direkt birleşme bulunmamaktadır.
Nr. 183	34	AnAr 11385b (CTH 670). 2,3 × 2,9 cm.
Nr. 184	35	AnAr 11402 a (CTH 670 ya da 738). 2,3 × 2,6 cm. St. 1′: [*ḫa-a*]*z-*⸢*ze*⸣*-eš-kán-z*[*i*]; 1′–3′. satırlar KBo 19.138 öy. 5′–7′ (CTH 738.I.7.B)'ye duplikat ya da paraleldir; ayrıca krş. KBo 24.98:1′–2′ (CTH 738.I.7.A).
Nr. 185	35	AnAr 11503 b (CTH 670). 3,3 × 2,2 cm.
Nr. 186	35	AnAr 11504 (CTH 670). 3,1 × 1,9 cm.
Nr. 187	35	AnAr 11619 a (CTH 670). 3,8 × 4,1 cm.
Nr. 188	35	AnAr 11621 b (CTH 670 ?). 3,2 × 3,2 cm. 3′–4′. satırlar için krş. KUB 2.6 II 1–2 (CTH 598.1.A).
Nr. 189	35	AnAr 12166 (CTH 670). 7,7 × 4,5 cm. St. (1′), (12′), (14′): ^{LÚ}*ḫa-mi-na*(*-aš*); 8′: I *ú-i-ri-i̯a-a*[*š-ša*$^{?}$*-an*$^{?}$]; (13′), (19′), (20′): ^{NINDA}*ši-lu-ḫa-a-an*(*-ma*); 22′: *ku-ri-*⸢*u̯a*$^{?}$⸣*-nu-uš-ša*.
Nr. 190	35	AnAr 12169 (CTH 670). 3,2 × 3,9 cm. Tanrılara kurban listesi içermektedir; bkz. Akdoğan, *AMMY* 2005, 198–99.
Nr. 191	35	AnAr 12178 (CTH 670 ?). 3,6 × 1,7 cm.
Nr. 192	35	AnAr 12186 (CTH 670). 2,1 × 0,8 cm. Sol kenar 2′. satırda ^{URU}*Da-a-ú-*[*ni-i̯a*] şehri anılır. Yazısı Orta Hitit duktusunu andırmaktadır.
Nr. 193	36	AnAr 12188 (CTH 670). 3,7 × 3,4 cm.

Katalog

Tablet	*Levha*	*Tanımlama*
Nr. 194	36	AnAr 14839 b (CTH 670). 6,2 × 5,7 cm. Öy. 2′–4′ satırlar için krş. VS 28.33 III 25–26, 28–29; bkz. Akdoğan, *AMMY* 2005, 204, 218.
Nr. 195	36	AnAr 14839 c (CTH 670). 3,5 × 2,5 cm. 1′–7′. satırlar için krş. KUB 53.44 IV 1′ vdd., 4′–6′ (CTH 647.16).
Nr. 196	36	AnAr 14923 (CTH 670). 5,9 × 4,2 cm. Öy.$^{?}$ I$^{?}$ 10′: *ir-ḫa-[iz-z]i*.
Nr. 197	36	AnAr 14926 (CTH 670). 6,3 × 3,5 cm.
Nr. 198	36	AnAr 14927 (CTH 670). 4,0 × 2,2 cm. St. 6′: [^{LÚ}ALAN.Z]U$_{9}$.
Nr. 199	36	AnAr 14928 (CTH 670 ?). 4,8 × 4,6 cm. Öy. 2. satır [^{UR}]^{U}*Zi-ip-pal-an-da* yazımı ile dikkat çekmektedir.
Nr. 200	36	AnAr 14936 (CTH 670 ?). 3,5 × 2,5 cm.
Nr. 201	37	AnAr 14939 (CTH 670 ?). 2,7 × 1,9 cm. St. 1′: [^{N}]$^{\text{A}_4}$ZI.KIN.ḪI.⸢A⸣.
Nr. 202	37	AnAr 14942 (CTH 670). 2,6 × 2,2 cm.
Nr. 203	37	AnAr 14967 (CTH 670). 2,6 × 2,3 cm.
Nr. 204	37	AnAr 14970 (CTH 670). 2,0 × 4,2 cm.
Nr. 205	37	AnAr 14971 (CTH 670 ya da 663 ?). 4,6 × 2,7 cm. Burada 5′ satırdaki gibi $^{\text{LÚ.MEŠ}}$DUGUD(*-TIM*) içeren kült tasvirleri için bkz. HT 19:7′–9′ (CTH 663.4.A), IBoT 2.65:10′–11′ (663.4.B), IBoT 3.23 öy.$^{?}$ III$^{?}$ 10′–13′ (CTH 663), KUB 28.97 III 9′–10′ (CTH 744).
Nr. 206	37	AnAr 14972 (CTH 670). 2,4 × 2,1 cm. 2′–3′. satırlar için krş. KBo 20.74 ay.$^{?}$ III 10′–11′ (CTH 635 ?).
Nr. 207	37	AnAr 14984 (CTH 670 ?). 1,6 × 2,3 cm. St. 1′: ⸢^{LÚ}*ki-ta-a*⸣-[*aš*]; 3′: DINGIR.LÚ.MEŠ.
Nr. 208	37	AnAr 15160 (CTH 670 ?). 3,4 × 0,9 cm.
Nr. 209	37	AnAr 21627 (CTH 670). 3,4 × 5,6 cm. Ay. 2′: XXIV-⸢*ŠU*⸣. Ay. 4′–8′. satırlar KUB 33.79 ay.$^{?}$ IV 4′–9′ (CTH 332.4)'e benzer.
Nr. 210	38	AnAr 21632 (CTH 670). 4,2 × 3,3 cm. Öy. 4: [*ar-ḫ*]*a*; 6: *BÉ-EL* S[ISKUR$^{?}$].
Nr. 211	38	AnAr 21633 (CTH 670). 2,8 × 3,8 cm. St. 7′: ⸢LUGAL-*uš*⸣. 2′–7′. satırlara benzeyen tasvirler için krş. KBo 34.146 IV 2′–5′(CTH 591.I.b.C), KBo 41.86 II 2′–5′ (CTH 650), KBo 25.105 ay. 2′–4′ (CTH 669.25.C).
Nr. 212	38	AnAr 28-3-66 (CTH 670 ?). 2,9 × 3,0 cm.
Nr. 213	38	AnAr 151-1-67 (CTH 670). 6,8 × 4,6 cm. Krş. CTH 669, 675 ve 744.19. Metin çalışması için bkz. Akdoğan-Soysal, *AMMY* 2002, 172–76.
Nr. 214	38	AnAr 16-1-68 (CTH 670; bkz. *Konkordanz*). 5,2 × 4,3 cm. D. Owen tabletlerinden. Öy. I$^{?}$ 2: [*a*]*n-da*; 3: [*p*]*é-e-di ti-it-ta-nu-u̯*[*a-an-zi*].
Nr. 215	38	AnAr 16-2-68 (CTH 670; bkz. *Konkordanz*). 4,2 × 3,2 cm. D. Owen tabletlerinden.
Nr. 216	38	AnAr 16-3-68 (CTH 670; bkz. *Konkordanz*). 3,9 × 3,2 cm. D. Owen tabletlerinden.
Nr. 217	39	AnAr 16-4-68 (CTH 670; bkz. *Konkordanz*). 3,2 × 1,5 cm. D. Owen tabletlerinden. Tanrılara ekmek kurban listesi içerir; krş. KBo 47.14 öy. 1′ vdd. (CTH 470), KBo 53.146 öy. 1 vdd. (CTH 670), KUB 27.1 I 54 vdd. II 46 vdd. (CTH 712.A). *Düzeltme eki*: ABoT II 217 şimdi KBo 54.222 (CTH 712) ile direkt join olmuştur.
Nr. 218	39	AnAr 16-8-68 (CTH 670; bkz. *Konkordanz*). 2,8 × 4,8 cm.
Nr. 219	39	AnAr 16-9-68 (CTH 670 [bkz. *Konkordanz*] ya da 790). 3,1 × 4,2 cm. D. Owen tabletlerinden. 2′. satırdaki [$^{\text{LÚ.MEŠ}}$]^{Š}*zuppariyalle*[*š*] ve 3′. satırdaki $^{\text{d(!)}}$*apir*[*eš*] için krş. KBo 39.187 + KBo 34.187 sağ sü. 11′–12′, 14′–15′ (CTH 670), KBo 39.190 II 4′ (CTH 790), KUB 45.49 IV 3 (CTH 790).
Nr. 220	39	AnAr 16-10-68 (CTH 670). 3,8 × 6,6 cm. D. Owen tabletlerinden.

Katalog

Tablet *Levha* *Tanımlama*

Nr. 221 39 AnAr 16-11-68 (CTH 670). 3,9 × 1,8 cm. D. Owen tabletlerinden. Sol kenar 1′–2′ [*ANA* GIŠ].ḪUR-*kán* / [*ḫa-an-d*]*a-a-an* okunacaktır.

Nr. 222 39 AnAr 90-2-68 (CTH 670). 4,9 × 3,3 cm. Öy. II$^{?}$ 3′, 7′–11′ için krş. KBo 30.56 V 11′, 15′, 22′–29′ (CTH 669).

Nr. 223 40 AnAr 87-2-06 (CTH 670). 7,5 × 8,3 cm. Metin çalışması için bkz. Akdoğan, *AMMY* 2006, 163–77 ve eadem FsWilhelm'de, 17–26. Öy. II 8'deki *taknaš* ^{d}UTU(-*waš* É) ve ay. V 2'deki ^{LÚ}*ḫamina*-'nın beraber belgelenmesi için krş. KBo 11.49 I 5′, 9′–10′ (CTH 592.2.II?.1.A) ve özellikle IBoT 3.44 öy. 3–4, ay. 5–6 (CTH 635 ?).

Nr. 224 40 AnAr 4038 (CTH 670). 7,6 × 4,2 cm. Öy. 10′: [*ḫal*]-*za-a-*⸢*i*⸣; 13′: LUGAL-*i* ⸢*pa-a*⸣-[*i*]. Öy. 3′–13′. satırlar için krş. KUB 25.9 III 4′–18′ (CTH 634.2.B), KUB 1.17 I 2–12 (CTH 591.II.A), KBo 14.31 I 2–5 (CTH 670).

Nr. 225 40 AnAr 11619 b (CTH 670 ya da 685 ?). 2,3 × 2,9 cm. Dinsel konulu. 2′. satırda ^{d}LAMMA anar ve bu nedenle bayram, ritual hatta mitolojik bir metin de olabilir.

Nr. 226 41 AnAr 11202 (CTH 678). 16,0 × 8,4 cm. Ay. 9′: [^{d}*Ḫat*]*epuna* ya da [^{d}*Tel*]*ipuna*; 23″: ^{LÚ}⸢SANGA⸣ ^{d}U; 26″: [GIŠ ^{d}INANN]A.GAL; 27″: [^{d}*Me-ez-zu-ul-l*]*a* ⸢TUŠ⸣-*aš*; 28″ ve 30″: [S]ÌR-*RU*; 29″: [^{d}U ^{URU}*Zi-i*]*p-la-an-*⸢*t*⸣*a*.

Nr. 227 42 AnAr 12131 a (CTH 691). 4,7 × 6,6 cm. *Witaššiya* Bayramı. Öy. I$^{?}$ 5′: [*me*]-⸢*e*⸣-*ḫu-ni*. Fragman Orta Hitit yazısı karakteri göstermektedir. Öy. II$^{?}$ 1–5. satırlar KUB 27.59 I 6′–9′a paraleldir.

Nr. 228 42 AnAr 10307 (CTH 692). 7,0 × 5,8 cm. *Witaššiya* Bayramı. Fragman Orta Hitit yazısı karakteri göstermektedir. Öy. 8′ vdd. ve ay. 6′ vdd. pasajlar için krş. KBo 24.22:2′ vdd. AnAr 10307 büyük olasılık ile KBo 29.130 ile aynı tablete aittir. Her ikisi de tabletin sağ kenarını oluşturmaktadır ve KBo 29.130′un önyüzü tabletin sonu olduğu için AnAr 10307'nin, KBo 29.130 öy. 1′. satırının yukarısında bir yere denk düşmesi beklenir.

Nr. 229 43 AnAr 26-1-68 (CTH 693 ?). 4,2 × 4,8 cm. St. 2′ vdd. için krş. KBo 24.24 III 4′ vdd. (CTH 693), KBo 14.89 + I 13′ vdd. (CTH 693).

Nr. 230 43 AnAr 16-7-68 (CTH 701; bkz. *Konkordanz*). 4,8 × 3,4 cm. D. Owen tabletlerinden. Öy. 7′ vdd. için içerikçe krş. KBo 27.162 sağ sü. 4′ vdd. (CTH 701.b_2.F), ay. 1′–4′ için krş. KBo 23.45 IV 4, 12–16 (701.b.VII.A).

Nr. 231 43 AnAr 21629 + KBo 11.5 + KBo 11.58 (CTH 703.2.B). 9,4 × 13,3 cm. Metin çalışması için bkz. Akdoğan-Wilhelm, *AMMY* 2001, 244–245; *ZA* 93 (2003) 223–27.

Nr. 232 44 AnAr 9150 (CTH 704 ya da 705). 1,4 × 1,9 cm. Kizzuwatna (bayram) rituali ya da Hurri tanrılarına kurban listesi. Öy. 1′. satır [*tūn*]*i tapri* okunmalıdır; bunun için bkz. KUB 25.44 II 4′ (CTH 704), KBo 23.67 II 9′ (CTH 704) ve KBo 14.138:9 (CTH 705). Öy. 2′. satırdaki yer adı [^{URU}*D*]*ašimūwa* için krş. KUB 60.148 I 11′deki ^{URU}*Tašimuaz*.

Yabancı Diller (CTH 725–791 "Langues Étrangères")

Nr. 233 44 AnAr 12168 (CTH 732; *Konkordanz*: CTH 745). 4,8 × 4,6 cm. Hattice "Ḫutuši Rituali". Bkz. Akdoğan-Soysal, *AMMY* 2002, 183–84. Soysal, *HWHT*, 68'de bahsedilmiş ve kelimeleri eserde kullanılmıştır.

Nr. 234 44 AnAr 3136 (CTH 735; *Konkordanz*: CTH 745) 5,0 × 7,3 cm. Tek dilde yazılmış Hattice fragman. Eski Hitit yazı özellikleri göstermekte ve kompozisyon olarak KUB 28.23 (CTH 735)'e çok benzemektedir. Soysal, *HWHT*, 68'de bahsedilmiş ve kelimeleri eserde kullanılmıştır.

Nr. 235 44 AnAr 10610 (CTH 738; *Konkordanz*: CTH 650). 3,0 × 3,9 cm. Daha Laroche, CTH Premier supplément'de Nr. 738.5 altına alınmıştır. *Zintuḫi* kadınlarının söylediği Hattice *taššaninna* şarkısını

Katalog

Tablet	*Levha*	*Tanımlama*
		içerir; 2′–6′. satırlar KBo 19.163 I 9′–11′, KBo 21.95 I 8′–10′, KBo 21.96:7′–10′, KBo 21.100 öy. 11′–13′, KBo 21.102 ay. 10′–12′, KBo 21.106 öy. 9′–12′, KBo 44.136 öy.$^{?}$ 12′–15′e paraleldir.
Nr. 236	44	AnAr 12175 (CTH 745). 2,6 × 3,7 cm. Hattice. Bkz. Akdoğan-Soysal, *AMMY* 2002, 184–85. Soysal, *HWHT*, 68'de bahsedilmiş ve kelimeleri eserde kullanılmıştır.
Nr. 237	44	AnAr 11502 b (CTH 758). 3,6 × 3,0 cm. "Puriyanni Rituali". 1′–3′. satırlar için krş. KUB 35.54 III 3–5.
Nr. 238	44	AnAr 8918 (CTH 760). 3,9 × 2,9 cm. "^{MUNUS}ŠU.GI Rituali". 1′–5′. satırlar için krş. KUB 9.34 I 30′–33′, IV 8′–12′, IBoT 3.102:8′–13′ ve KBo 24.3 I 9–12.
Nr. 239	45	AnAr 11621 d+g (CTH 760). 3,8 × 2,5 cm. 2′–3′. satırlar için bk. KUB 35.59 + KBo 29.13 II 4′–5′ (CTH 760 II 3).
Nr. 240	45	AnAr 14917 (CTH 760 ?). 6,4 × 4,1 cm. St. 3′ ve 6'da *ŠA* ^{d}*Pann*[*unta* ŠAḪ.TUR] anılmaktadır; krş. KUB 9.4 III 22′, 25′, IV (21′), (29′)–30′ ve KBo 29.196 ay.$^{?}$ 3′.
Nr. 241	45	AnAr 14839 a (CTH 763). 6,1 × 3,8 cm. Luvice pasajlar içeren ritual.
Nr. 242	45	AnAr 14914 (CTH 763). 4,5 × 3,2 cm. Herhalde ritual ve öy. 7′–8′. satırlarda Luvice içeriyor; st. 6′–7′ için krş. KUB 32.70 sağ. sü. 4′–5′ (CTH 763). Benzer içerikli pasajlar ise şunlardır: KUB 17.15 II 9′ vdd. (CTH 767.2.C), KUB 9.4 III 42′ (CTH 760.I.2), KUB 35.145 öy. 3′–4′ (CTH 767.2.A).
Nr. 243	46	AnAr 9251 (CTH 764.I). 7,5 × 5,8 cm. Mitoloji ve büyü. Orta Hitit yazısı ile yazılmıştır. Metin çalışması için bkz. Akdoğan, FsKošak'da, 1–12. Öy. 10′ için krş. KBo 12.89 III 9′–10′.
Nr. 244	46	AnAr 12170 (CTH 767). 4,8 × 3,0 cm. Luvice etkisindeki büyü metni. 3′–9′. satırlar KUB 35.143:4′–12′ (CTH 767.2.B)'ye duplikat ya da paraleldir.
Nr. 245	46	AnAr 10319 (CTH 780). 4,8 × 3,2 cm. "Allaituraḫi Rituali". 2′–9′. satırlar VS 28.57 IV 5′–12′ye duplikattır.
Nr. 246	46	AnAr 12131 c (CTH 788 ?). 3,3 × 6,2 cm. "Šalašu Rituali"ni andırmaktadır.
Nr. 247	46	AnAr 42-2-66 (CTH 789). 3,5 × 3,9 cm. Hurrice "Serbest Bırakma Şarkısı"na ait Hititçe fragman. Öy. 2′: ^{m}*Me-ge-e*[*š*]. 5′. satırdaki "*da*" işaretine göre Yeni Hititçe yazı karakteri gösteriyor; krş. KBo 57.180 ve bununla ilgili yorumlar: J. L. Miller, KBo 57, s. IX–X.
Nr. 248	47	AnAr 14918 (CTH 790). 5,4 × 4,9 cm. Hurrice içeren ritual. 4′. satır için krş. KBo 11.19 öy. 13′ (CTH 788.2.A).
Nr. 249	47	AnAr 10318 (CTH 791; *Konkordanz*: CTH 370.II). 4,7 × 3,8 cm. Hurrice. Öy. II$^{?}$ 4′–5′. satırlar KUB 47.17:2′–3′e paraleldir. Laroche, *GLH* 1, 144'de *gešḫena* kelimesi altında site edilmiş, transkripsiyonu da Salvini-Wegner tarafından ChS I/6, 53'de (Nr. 22) verilmiştir.
Nr. 250	47	AnAr 10595 (CTH 791). 4,9 × 4,5 cm. Hurrice. Kelimeleri Laroche, *GLH*'ye alınmış, transkripsiyonu da Trémouille tarafından ChS I/8, 84'de (Nr. 163) verilmiştir.
Nr. 251	47	AnAr 11616 a (CTH 791). 2,9 × 2,6 cm. Hurrice, ancak metin türü belli değil.
Nr. 252	47	AnAr 12155 (CTH 791). 7,4 × 8,3 cm. Hurrice. Metin çalışması için bkz. Akdoğan-Wilhelm, *AMMY* 2001, 246–47 ve *ZA* 93, 227–30; ayrıca krş. Trémouille, ChS I/8, 16 (Nr. 19).

Sumer-Akkad Edebî Eserleri (CTH 792–819 "Littérature Suméro-Akkadienne")

Nr. 253	48	AnAr 8915 (CTH 819). 8,0 × 5,3 cm. Akkadça. Metin olarak krş. ABoT II 262 (AnAr 11619 c+e); ancak bunlar farklı tabletlerdir.
Nr. 254	48	AnAr 8917 (CTH 819). 4,5 × 5,2 cm. Tarihsel konulu olabilir; böylece Akkadça bir antlaşma ya da mektup (CTH 208 ya da 216 ?).

Katalog

Tablet	*Levha*	*Tanımlama*
Nr. 255	48	AnAr 9167 (CTH 819). 7,5 × 7,4 cm. Sumerce.
Nr. 256	48	AnAr 10321 (CTH 819). 3,4 × 3,3 cm. Akkadça omina / kehanet metni ?

Değişik Konular, Dili ve Türü Saptanamayan Metinler (CTH 820–833 "Varia")

Tablet	*Levha*	*Tanımlama*
Nr. 257	48	AnAr 8360 d (CTH 831). 2,1 × 3,0 cm. Hititçe değil, herhalde Hurrice.
Nr. 258	49	AnAr 10873 (CTH 831). 4,4 × 7,1 cm. Hititçe değil. *Düzeltme eki*: G. Beckman'a göre (şifahen) Sumerce bölüm başlıklı (KA.INIM.MA) Akkadça büyü; bu durumda daha çok CTH 819.
Nr. 259	49	AnAr 11246 ı (CTH 831). 3,4 × 4,0 cm. Hititçe olmayan bir dil.
Nr. 260	49	AnAr 11617b (CTH 831). 3,9 × 4,1 cm. Herhalde Hititçe değil.
Nr. 261	49	AnAr 11616 c (CTH 831). 3,4 × 2,9 cm. Hurrice ya da Hattice ?
Nr. 262	49	AnAr 11619 c+e (CTH 831). 4,3 × 2,1 cm. Hititçe değil, herhalde Akkadça. ABoT II 253 (AnAr 8915)'deki kompozisyona ait olabilir.
Nr. 263	49	AnAr 14935 (CTH 831). 3,5 × 2,0 cm. Herhalde Hurrice.
Nr. 264	49	AnAr 6966 (CTH 832). 4,4 × 5,7 cm.
Nr. 265	50	AnAr 6968 (CTH 832). 2,8 × 2,9 cm. St. 3′: *a-ap-*⸢*pa*⸣.
Nr. 266	50	AnAr 6988 (CTH 832). 2,2 × 3,0 cm.
Nr. 267	50	AnAr 6996 (CTH 832). 2,9 × 1,8 cm. Herhalde dinsel konulu. St. 5′: [*IŠ*]-*TU* ⸢^{UZU}⸣Ì.
Nr. 268	50	AnAr 7002 (CTH 832). 4,9 × 6,0 cm.
Nr. 269	50	AnAr 7004 (CTH 832). 2,2 × 3,0 cm.
Nr. 270	50	AnAr 8354 (CTH 832). 6,4 × 4,0 cm.
Nr. 271	50	AnAr 8355 (CTH 832). 7,6 × 5,4 cm. Omina / kehanet metni ?
Nr. 272	51	AnAr 8358 c (CTH 832). 1,9 × 1,8 cm.
Nr. 273	51	AnAr 8360 b (CTH 832). 5,7 × 3,0 cm.
Nr. 274	51	AnAr 8360 ç (CTH 832). 2,5 × 2,1 cm. Sol sütuna ait yukarı doğru kavisli tek satır eğer [*ma*]-*al-di* okunacak ise, dinsel konulu olacaktır.
Nr. 275	51	AnAr 8360 e (CTH 832). 2,8 × 2,5 cm. Bkz. R. Akdoğan, *AMMY* 2005, 202, 216.
Nr. 276	51	AnAr 8360 g (CTH 832). 1,7 × 2,5 cm.
Nr. 277	51	AnAr 8360 j (CTH 832). 2,1 × 2,1 cm. St. 1′: [*p*]*é*-⸢*en-na*⸣-[*i*?].
Nr. 278	51	AnAr 8360 k (CTH 832). 1,5 × 2,5 cm. Rüya ve adak (CTH 584, 590) ya da fal metni (CTH 577–579). St. 2′: MUNUS.L[UGAL]; 3′: AŠ ^{URU}*Kum*-[*ma-an-ni*(?)].
Nr. 279	51	AnAr 8360 r (CTH 832). 3,2 × 2,5 cm. Tarihsel içerikli olabilir; mektup ya da antlaşma ? St. 4′: [E]N-*KA-ma*.
Nr. 280	51	AnAr 8364 (CTH 832). 6,1 × 5,2 cm.
Nr. 281	52	AnAr 8365 a (CTH 832). 2,8 × 2,5 cm. Tarihsel içerikli olabilir. St. 2′: [*l*]*i-in-kir*; 5′: ^{GIŠ}TUKUL.GÍ[D. DA].
Nr. 282	52	AnAr 8365 ç (CTH 832). 2,7 × 1,8 cm.
Nr. 283	52	AnAr 8365 ğ (CTH 832). 2,4 × 1,6 cm. St. 3′: MUNUS.LUGA[L].
Nr. 284	52	AnAr 8844 a (CTH 832). 2,3 × 2,3 cm. St. 4′ herhalde ^{URU}*Kum*[*manni*] olarak tamamlanacaktır. Fragmanın yazısı ABoT II 285 (AnAr 8844 c) ile aynı; böylece herhalde aynı tablete aitler.

Katalog

Tablet	*Levha*	*Tanımlama*
Nr. 285	52	AnAr 8844 c (CTH 832). 1,4 × 1,9 cm. Belki de envanter metni. St. 1′: KISLAḪ LUGAL ? ABoT II 284 (AnAr 8844 a) ile aynı tablete ait olabilir.
Nr. 286	52	AnAr 8845 (CTH 832). 4,4 × 3,0 cm.
Nr. 287	52	AnAr 8846 (CTH 832). 3,4 × 4,6 cm.
Nr. 288	52	AnAr 8850 (CTH 832). 2,1 × 2,6 cm. St. 1′: É-⸢*ir-za-ma*⸣.
Nr. 289	52	AnAr 8852 (CTH 832). 3,3 × 3,1 cm.
Nr. 290	52	AnAr 8853 (CTH 832). 2,4 × 2,2 cm.
Nr. 291	52	AnAr 8856 (CTH 832). 3,6 × 5,6 cm.
Nr. 292	53	AnAr 8913 (CTH 832; *Konkordanz*: CTH 215.?). 4,0 × 2,4 cm. Bkz. Akdoğan, *AMMY* 2005, 202–04, 217.
Nr. 293	53	AnAr 8920 (CTH 832). 5,5 × 3,6 cm.
Nr. 294	53	AnAr 8921 (CTH 832). 2,9 × 2,0 cm.
Nr. 295	53	AnAr 8922 (CTH 832). 4,8 × 3,2 cm.
Nr. 296	53	AnAr 9143 (CTH 832). 5,3 × 4,1 cm.
Nr. 297	53	AnAr 9144 (CTH 832). 4,9 × 6,7 cm.
Nr. 298	53	AnAr 9460 (CTH 832). 2,5 × 2,4 cm. Herhalde dinsel konulu.
Nr. 299	54	AnAr 9461 (CTH 832). 2,3 × 2,4 cm.
Nr. 300	54	AnAr 9462 (CTH 832). 3,2 × 1,9 cm. Akkadça. Olası bir Hitit-Mısır mektuplaşması (CTH 170 ?). 5′–6′. satırlardaki *ša-ni-e* ve *a-ḫi-i̯a* kelimeleri için krş. KUB 3.69 ay. 6 (*ša-ni-i*), 8 (ŠEŠ-*i̯a*); bkz. Edel, *ÄHK* I, 90.
Nr. 301	54	AnAr 9463 (CTH 832). 1,8 × 2,9 cm.
Nr. 302	54	AnAr 9467 (CTH 832). 3,7 × 2,0 cm.
Nr. 303	54	AnAr 9470 (CTH 832). 2,3 × 4,5 cm. Herhalde dinsel konulu. 4′. satırdaki GE$_{6}$-*ti-ma* yazımı için krş. KUB 33.102 II 13′deki GE$_{6}$.KAM-*ti-i̯a*.
Nr. 304	54	AnAr 9718 (CTH 832). 3,7 × 2,3 cm.
Nr. 305	54	AnAr 9719 (CTH 832). 3,8 × 2,0 cm. Bir tabletin kolofon kısmı. St. 3′: INIM ⸢*x*⸣[...].
Nr. 306	54	AnAr 9728 (CTH 832). 4,6 × 3,9 cm. 4′. satırda geçen Akkadça *IKRŪB* kelimesi nedeniyle bir rüya ve adak metni olabilir (CTH 590 ?).
Nr. 307	54	AnAr 9729 (CTH 832). 2,8 × 2,3 cm.
Nr. 308	55	AnAr 9731 (CTH 832). 4,0 × 4,7 cm. Herhalde dinsel konulu.
Nr. 309	55	AnAr 9732 (CTH 832). 2,1 × 2,9 cm.
Nr. 310	55	AnAr 10314 (CTH 832). 4,4 × 4,5 cm. St. 2′: [LUGAL$^{?}$]-*u-iz-zi-i̯*[*a*-...]; 5′: [^{m}...]-*li-in-na* LUGAL-*iz-ni* "ve [...]li'yi krallığa [...]".
Nr. 311	55	AnAr 10316 (CTH 832). 3,4 × 3,9 cm. Ritual ya da tıbbî metin ?
Nr. 312	55	AnAr 10317 (CTH 832). 3,4 × 4,0 cm. 4′. satırda bir ^{m}*Muršili* anmaktadır ve tarihsel içerikli olabilir; antlaşma ya da protokol (CTH 212, 275) ?
Nr. 313	55	AnAr 10323 (CTH 832). 4,0 × 2,5 cm.
Nr. 314	55	AnAr 10324 (CTH 832). 2,3 × 2,6 cm. St. 4′ belki de [DINGIR.M]EŠ *ŠA* <KUR> *Kar-an-d*[*u-ni-i̯a*] okunacaktır.
Nr. 315	55	AnAr 10601 a (CTH 832). 3,5 × 2,0 cm.

Katalog

Tablet	*Levha*	*Tanımlama*
Nr. 316	55	AnAr 10601 b (CTH 832). 3,2 × 2,6 cm.
Nr. 317	56	AnAr 10607 (CTH 832). 4,5 × 3,1 cm. Enstrüksiyon ya da dua ?
Nr. 318	56	AnAr 10608 (CTH 832). 3,0 × 3,2 cm. "KIN" falı ya da bir rituale ait büyü sözleri ?
Nr. 319	56	AnAr 10759 (CTH 832). 7,4 × 6,6 cm. Eski Hitit yazısı karakterleri göstermektedir. Öy. 2′: [*ut-n*]*i-i̯a-an-ta-an*.
Nr. 320	56	AnAr 11240 a (CTH 832). 2,3 × 2,1 cm. St. 2′: [*š*]*u-up-pí-iš*.
Nr. 321	56	AnAr 11240 b (CTH 832). 3,1 × 2,4 cm.
Nr. 322	56	AnAr 11246 f (CTH 832). 1,6 × 1,9 cm. Özensiz$^{?}$ yazısı nedeniyle fal metni olabilir.
Nr. 323	57	AnAr 11246 i (CTH 832). 3,1 × 3,4 cm. St. 4′: [*ḫ*]*u-i-nu-mi*; 6′: [*š*]*u-un-*⸢*na-an-z*⸣[*i*].
Nr. 324	57	AnAr 11385 a (CTH 832). 4,8 × 2,8 cm. G. Beckman'a göre (şifahen) büyü içeren bir ritual.
Nr. 325	57	AnAr 11390 (CTH 832). 2,3 × 3,0 cm.
Nr. 326	57	AnAr 11392 (CTH 832). 3 × 3 cm. Dinsel konulu olabilir.
Nr. 327	57	AnAr 11393 (CTH 832). 2,4 × 3,9 cm.
Nr. 328	57	AnAr 11404 (CTH 832). 2,5 × 2,2 cm. Dua ya da adak ? St. 1′: [*ne-p*]⸢*í-š*⸣*a-aš* ⸢^{d}⸣[...].
Nr. 329	57	AnAr 11500 (CTH 832). 5,2 × 4,9 cm. Tekrarlanan maddeler içermektedir. St. 7′: *pé-eš-š*[*i-i̯a-az*$^{?}$*-zi*].
Nr. 330	57	AnAr 11617 a (CTH 832). 5,5 × 4,4 cm.
Nr. 331	58	AnAr 11621e (CTH 832). 3,0 × 2,2 cm.
Nr. 332	58	AnAr 12131 g (CTH 832). 2,8 × 1,5 cm.
Nr. 333	58	AnAr 12163 (CTH 832 ya da 212, 275; *Konkordanz*: CTH 470). 3,0 × 4,5 cm. Tarihsel içerikli ya da daha çok enstrüksiyon / protokol ? Metin için bkz. Akdoğan, *AMMY* 2005, 197–98.
Nr. 334	58	AnAr 12180 (CTH 832). 2,0 × 1,4 cm.
Nr. 335	58	AnAr 12181 (CTH 832). 4,0 × 2,7 cm.
Nr. 336	58	AnAr 12182 (CTH 832). 5 × 3 cm.
Nr. 337	58	AnAr 12189 (CTH 832). 2,5 × 3,5 cm.
Nr. 338	58	AnAr 12196 (CTH 832). 2 × 2 cm. Envanter metni ?
Nr. 339	58	AnAr 12197 (CTH 832). 2,6 × 3,3 cm. Bayram tasviri ? St. 3′: *kar-š*[*a-an-zi*]; 5′: *ku-in*.
Nr. 340	59	AnAr 14455 (CTH 832). 2,3 × 1,8 cm. St. 2′: *KI-LI-LI*[$^{\text{ḪI.A}}$] ?
Nr. 341	59	AnAr 14924 (CTH 832). 3,0 × 3,3 cm.
Nr. 342	59	AnAr 14925 (CTH 832). 5,4 × 4,3 cm. Tarihsel ya da idarî konulu bir metin ?
Nr. 343	59	AnAr 14929 (CTH 832). 4,6 × 3,4 cm.
Nr. 344	59	AnAr 14930 (CTH 832). 4,9 × 4,9 cm. St. 3′: [*t*]*u-el* É-*KA*.
Nr. 345	59	AnAr 14937 (CTH 832). 3,7 × 3,5 cm.
Nr. 346	59	AnAr 14938 (CTH 832). 3,2 × 1,9 cm. St. 6′: Ì-*it*.
Nr. 347	60	AnAr 14941 (CTH 832). 2,8 × 2,1 cm.
Nr. 348	60	AnAr 14944 (CTH 832). 4,9 × 2,0 cm. Tarihsel konulu olmalıdır. Ay.'deki çift paragraf çizgisinden sonra başlayan satır eğer [... LUGAL.GA]L LUGAL KU[R ^{URU}...] okunacak ise, bir kral ismi de içeren giriş kısmı olabilir.
Nr. 349	60	AnAr 14947 (CTH 832). 2,3 × 2,2 cm. St. 2′: GEŠTIN.SIG$_5$.

Katalog

Tablet	*Levha*	*Tanımlama*
Nr. 350	60	AnAr 14954 (CTH 832). 2,8 × 2,4 cm. Dinsel konulu olabilir.
Nr. 351	60	AnAr 14957 (CTH 832). 2,4 × 3,1 cm.
Nr. 352	60	AnAr 14964 (CTH 832). 2,8 × 2,5 cm.
Nr. 353	60	AnAr 14968 (CTH 832; *Konkordanz*: CTH 238 ?). 2,5 × 3,1 cm. Bkz. Akdoğan, *AMMY* 2005, 199. Şehir adları sayılmaktadır. 5′. satırdaki URU*Šanap*[*ra*?] KUB 26.43 öy. 26 (CTH 225.A)'da da geçer.
Nr. 354	60	AnAr 14969 (CTH 832). 4,4 × 2,2 cm. Dinsel konulu olabilir; ritual ?
Nr. 355	61	AnAr 14974 (CTH 832). 2,8 × 2,1 cm.
Nr. 356	61	AnAr 14975 (CTH 832). 2,3 × 1,9 cm.
Nr. 357	61	AnAr 14978 (CTH 832). 4,5 × 3,5 cm. Dinsel konulu. 10′. satırda [*nu*]-*ut-ták-kán* 2. şahısa seslenişi işaret etmektedir.
Nr. 358	61	AnAr 14981 (CTH 832). 3,3 × 2,0 cm.
Nr. 359	61	AnAr 14982 (CTH 832). 3,6 × 1,7 cm.
Nr. 360	61	AnAr 14983 (CTH 832). 2,9 × 3,5 cm. Sıkça 2. şahıs (tekil ve çoğul) emir kipi içermektedir; enstrüksiyon, antlaşma ya da protokol ?
Nr. 361	61	AnAr 15154 (CTH 832). 3,8 × 4,4 cm. Görünüşe göre uzun bir deri / post listesi; böylece bir envanter metni olabilir. Krş. KUB 60.29 öy.? 7′–11′ (CTH 250).
Nr. 362	61	AnAr 15156 (CTH 832). 3,7 × 3,0 cm.
Nr. 363	62	AnAr 15159 (CTH 832). 3,2 × 2,8 cm. Korunduğu kadarıyla Orta Hitit yazısı özellikleri göstermektedir.
Nr. 364	62	AnAr 15161 (CTH 832). 2,8 × 2,2 cm.
Nr. 365	62	AnAr 21624 (CTH 832). 4,2 × 2,6 cm.
Nr. 366	62	AnAr 21625 (CTH 832). 2,2 × 2,7 cm.
Nr. 367	62	AnAr 21720 (CTH 832). 5,4 × 3,1 cm.
Nr. 368	62	AnAr 21721 (CTH 832). 2,6 × 2,1 cm. Herhalde dinsel konulu.
Nr. 369	62	AnAr 21731 (CTH 832). 2,4 × 2,0 cm.
Nr. 370	62	AnAr 21733 (CTH 832). 3,9 × 2,0 cm.
Nr. 371	62	AnAr 21740 (CTH 832). 2,4 × 2,1 cm. Envanter metni ?
Nr. 372	62	AnAr 21766 (CTH 832). 3,7 × 3,1 cm.
Nr. 373	63	AnAr 21771 (CTH 832). 2,7 × 2,4 cm.
Nr. 374	63	AnAr 21829 (CTH 832). 4,5 × 2,6 cm.
Nr. 375	63	AnAr 4220 b (CTH 832). 2,9 × 2,8 cm.
Nr. 376	63	AnAr 4220 c (CTH 832). 2,7 × 3,6 cm.
Nr. 377	63	AnAr 4220 h (CTH 832). 2,2 × 2,6 cm.
Nr. 378	63	AnAr 4220 k (CTH 832). 2,2 × 2,0 cm.
Nr. 379	63	AnAr 4220 ö (CTH 832). 2,8 × 2,4 cm.
Nr. 380	63	AnAr 68-3-65 (CTH 832). 2,6 × 2,6 cm.
Nr. 381	63	AnAr 28-2-66 (CTH 832). 3,2 × 3,6 cm.
Nr. 382	63	AnAr 26-2-68 (CTH 832). 4,6 × 4,4 cm. Dinsel konulu.
Nr. 383	64	AnAr 26-3-68 (CTH 832). 4,7 × 3,0 cm.

Katalog

Tablet	Levha	Tanımlama
Nr. 384	64	AnAr 90-5-68 (CTH 832). 2,3 × 4,1 cm.
Nr. 385	64	AnAr 90-7-68 (CTH 832). 2,3 × 3,0 cm.
Nr. 386	64	AnAr 80-2-74 (CTH 832 ya da 500). 2,8 × 2,7 cm. Dinsel konulu. St. 2′de [d*Minki*]*n* ve d*Amu*[*nkin*] anılıyor ve bu nedenle Kizzuwatna kaynaklı bir ritual olabilir.
Nr. 387	64	AnAr 80-3-74 (CTH 832). 3,1 × 3,2 cm.
Nr. 388	64	AnAr 96-3-76 (CTH 832). 3,1 × 2,5 cm. "Kuşsaray" tabletlerinden.
Nr. 389	64	AnAr 96-4-76 (CTH 832). 4,2 × 1,4 cm. "Kuşsaray" tabletlerinden.
Nr. 390	64	AnAr 96-5-76 (CTH 832). 3,8 × 2,0 cm. "Kuşsaray" tabletlerinden. 7′. satırda [m*Ḫ*]*ešni* ve m*Piḫa*-A.[A] anar.

CATALOG

The second volume presented here (ABoT II) is the continuation of the cuneiform edition *Ankara Arkeoloji Müzesinde Bulunan Boğazköy Tabletleri* (ABoT) published by Kemal Balkan in 1948. The Hittite tablets, which were acquired by the Ankara Anadolu Medeniyetleri Müzesi by purchase and donations, or came as surface finds, bear the siglum "AnAr." The best-preserved and interesting ones among these tablets have been made accessible to the scholarly public through the publication of ABoT, the others, however, were not considered for publication at that time. Since the series of ABoT was later discontinued, such fragments, mostly still useful and in reasonable condition, remained untouched in the Ankara Museum for years.

When my colleague Rukiye Akdoğan decided to make copies of nearly four hundred AnAr fragments and publish them as ABoT II, an agreement of cooperation for the preparation of the catalog of this work was made in 2005. Although the cuneiform copies in other similar works like ABoT and IBoT I–IV were made by Turkish scholars (K. Balkan, M. Çığ, H. Kızılyay, and M. Eren), the support of foreign scholars (H. G. Güterbock and H. A. Hoffner) was still sought for the catalogs. ABoT II, on the other hand, is a fully Turkish cuneiform edition as a welcome result of a joint Ankara-Chicago effort.

The small size of most of the fragments made it particularly difficult to determine the text genres and to place them in the text categories assigned in E. Laroche's *Catalogue des textes hittites* (CTH). Nevertheless, after two years of intensive work and with the support of the Chicago Hittite Dictionary Project's lexical files, it has been possible to find many duplicates of well-known compositions from Boğazköy. We believe this volume will certainly enrich the Hittite text corpus.

With the present edition of 389 hand copies and photographs of one other tablet, almost no other AnAr fragments in the Ankara Museum would be worth publishing. The following information concerns five AnAr texts, whose hand copies are not included in ABoT II:

1) AnAr 8655 (CTH 209). This fragment, which is cited in Košak's *Konkordanz* as CTH 832, was actually edited as ABoT 64, where, however, its inventory number is given differently as Al/D 164 (Alaca Höyük).

2) AnAr 10285 (ABoT II 140). A large part of the surface of this fragment is heavily abraded and unreadable, so a hand copy would not be worthwhile. Photographs of the tablet are given here instead (pl. 27).

3) AnAr 10590 (CTH 188). This Middle Hittite letter was recently studied by B. Dinçol in *SMEA* 49, 235–45, where a photograph and hand copy of the tablet are provided as well.

4) AnAr 10605 (CTH 540.I.4). Birth omina. This fragment is treated by K. K. Riemschneider (StBoT 9, 9 n. 1) who also provides a hand copy on Textbeilage II; cf. also Riemschneider, DBH 12, 159.

5) AnAr 10753 (CTH 540.II.6). Birth omina. Already listed by E. Laroche in CTH Premier supplément, under nr. 540. This fragment is treated by K. K. Riemschneider in StBoT 9, 39ff., who also provides a hand copy on Textbeilage II; cf. also Riemschneider, DBH 12, 159. According to the inventory records of the Ankara Museum, the origin of the tablet is Emirbaş Köyü.

While this volume was in preparation, the transliterations of the hand copies herein were published by Rukiye Akdoğan separately in DBH 32. In that volume additional joins are noted, but it was too late in the publication process to be considered here. Thus, due to the different transliterations used by both authors, one may also notice slight differences between the two publications, especially in the readings of proper names.

I would like to express my sincere thanks to the Hittite Dictionary Project of the Oriental Institute of the University of Chicago for allowing me to use the lexical files during my work on this catalog, and to the Oriental Institute for a generous financial grant in 2007 that made it possible for me to travel to Turkey and work in Ankara for two weeks. My longtime Chicago colleague Richard H. Beal read the English sections for corrections, and Gary Beckman (Ann Arbor) made some helpful suggestions regarding catalog details; let me thank them both for their kind help.

Oğuz Soysal
February 10, 2011
Chicago

Catalog

Historical Texts (CTH 1–216 “Textes Historiques”)

Tablet	*Plate*	*Description*
Nr. 1	1	AnAr 12194 (CTH 51.I.C). 4.0 × 2.4 cm. Akkadian Šattiwaza Treaty; belongs to the copy CTH 51.I.C, and obv. 45–55 are duplicates of KBo 1.1 obv. 43–51; see Akdoğan, *AMMY* 2005, 200–02.
Nr. 2	1	AnAr 4220 ı (CTH 53.E). 2.2 × 3.7 cm. Akkadian Tette Treaty; indirect join to KBo 28.98, and obv. 2′–6′ are a duplicate of KBo 1.4 II 6–11.
Nr. 3	1	AnAr 11621 a (CTH 71.C). 4.8 × 3.9 cm. “Affair of ^{MUNUS}AMA.DINGIR-*LIM*”; lines 2′–10′ are duplicates of KBo 4.8 II 17′–22′ and III 1–3.
Nr. 4	1	AnAr 11386 (CTH 186?). 3.7 × 5.0 cm. In line 3 [LUGAL$^?$ KUR] *Kar-ga-miš* is mentioned. The text content is similar to the letter KBo 18.48 rev.; cf. there LUGAL ^{KUR}*Kargamiš* and BAL-*nu*- in rev. 9′–10′, 13′.
Nr. 5	1	AnAr 8916 (CTH 212 or 275). 7.0 × 4.8 cm. Due to the phrase *ištamaš- … UL tekkušnu-* “to hear but conceal” (obv. 5′–6′) perhaps a treaty or protocol.
Nr. 6	1	AnAr 14932 (CTH 216). 2.6 × 2.6 cm. Fragment of an Akkadian treaty. $^{\text{LÚ.MEŠ}}$DAM.GÀR *ŠA* KUR [*Ḫatti*] (line 6′) reminds one of KBo 1.4 II 2 (CTH 53.A).

Administrative and Technical Texts (CTH 221–287 “Textes Administratifs et Techniques”)

Tablet	*Plate*	*Description*
Nr. 7	2	AnAr 11401 (CTH 238?). 7.9 × 3.5 cm. List of city names.
Nr. 8	2	AnAr 9722 (CTH 239). 4.2 × 4.3 cm. Field text.
Nr. 9	2	AnAr 12928 (CTH 242). 5.4 × 5.4 cm. Glass production text. For the text, see Akdoğan-Wilhelm, *AMMY* 2001, 242–43, and *ZA* 93, 220–22.
Nr. 10	2	AnAr 12131 d (CTH 275?). 5.9 × 3.5 cm. Probably an instruction text; for the form *ḫalziaši* in line 6′, cf. KUB 26.12 III 23.
Nr. 11	2	AnAr 14921 (CTH 275?). 4.5 × 5.1 cm. Instruction?
Nr. 12	3	AnAr 9469 (CTH 276). 5.5 × 6.1 cm. Catalog tablet.
Nr. 13	3	AnAr 9134 (CTH 287). 5.6 × 4.7 cm. Horse training text; I$^?$ 4′ [*IŠTU* É ^{LÚ}KUŠ$_7$ *p*]*arā uwadanzi* and I$^?$ 7′ [… *gip*]*eššar arnuanzi*. The fragment exhibits Middle Hittite script.

Lexical Texts (CTH 299–316 “Textes Scolaires”)

Tablet	*Plate*	*Description*
Nr. 14	3	AnAr 15162 (CTH 309). 5.5 × 2.2 cm. Sumerian portion of a vocabulary text.
Nr. 15	3	AnAr 21630 (CTH 309). 4.8 × 3.9 cm. Hittite portion of a vocabulary text.

Mythological Texts (CTH 321–370 “Mythologie”)

Tablet	*Plate*	*Description*
Nr. 16	3	AnAr 80-1-74 (CTH 335?). 4.2 × 4.4 cm. Reminiscent of the soothing rituals for the angry god in the Telipinu Myth (CTH 324); see also line 8′: [^{d}*Te-l*]*i-pí-n*[*u*].
Nr. 17	4	AnAr 96-6-76 (CTH 348.27.B). 2.6 × 3.0 cm. Ḫedammu Myth. This fragment is one of the “Kuşsaray” tablets (others are ABoT II 143, 388–90; in general, see under Nr. 143). It was previously transliterated by H. G. Güterbock in KBo 26 on p. VII under nr. 109 with a tentative designation “Çorum 1” as a duplicate of KBo 26.79; see Groddek, *AoF* 25, 231 f. (nr. 44). It is remarkable that a composition of this kind (a myth of Hurrian origin) was really unearthed outside of Boğazköy.

Catalog

Tablet	*Plate*	*Description*
Nr. 18	4	AnAr 12165 (CTH 361.II). 4.9 × 6.6 cm. To the Hurrian Kešši Story.
Nr. 19	4	AnAr 12164+ (CTH 362.A.1). 3.6 × 9.6 cm. Gurparanzaḫ Myth. Directly joins KUB 36.67 III 12′ff. For the text, see Akdoğan, *SMEA* 49, 1–20.
Nr. 20	4	AnAr 10869 (CTH 370). 4.5 × 5.7 cm. A mythological text from the Ḫurrian$^{?}$ milieu; obv. 2′–7′ contain dialogues mentioning the Storm God and Ištar. On the co-occurrence of these deities, see KUB 33.92 IV 12′–14′, KUB 33.113 I 16′–22′ (Song of Ullikummi).

Hymns and Prayers (CTH 371–389 "Hymnes et Prières")

Tablet	*Plate*	*Description*
Nr. 21	4	AnAr 11621c (CTH 376.II.K). 4.0 × 2.8 cm. The prayer of Muršili II to the Sun Goddess of Arinna; lines 1′–8′ are duplicate of KUB 24.3 III 11′–18′.
Nr. 22	4	AnAr 11398 (CTH 378.II.D). 3.7 × 3.3 cm. The second Plague Prayer of Muršili II; lines 2′–8′ are duplicate of KUB 14.11 III 17′–23′.
Nr. 23	5	AnAr 12177 (CTH 378.?). 3.8 × 3.7 cm. One of the Plague Prayers of Muršili II; this fragment also contains a colophon indicating it is the "2$^{?}$nd tablet," but its alignment within the text group cannot be determined.

Rituals (CTH 390–500 "Rituels")

Tablet	*Plate*	*Description*
Nr. 24	5	AnAr 10591 (CTH 400). 6.2 × 6.2 cm. "Iriya Ritual"; obv. 6′–11′ are duplicates of KUB 39.104 IV 1′–6′.
Nr. 25	5	AnAr 12183 (CTH 402). 3.2 × 4.0 cm. "Malli Ritual"; lines 1′–6′ are duplicates of KUB 24.9 II 7′–14′.
Nr. 26	5	AnAr 14915 (CTH 404.5.II.A). 3.0 × 7.4 cm. Belongs to the same tablet as Bo 2738 (= KUB 58.79) without having a direct physical connection to it.
Nr. 27	6	AnAr 12131 b (CTH 412?). 7.3 × 4.5 cm. Ritual/incantation speeches; similar to the Zuwi Ritual. The malicious entities listed in obv. 14′ff. are reminiscent of those in KBo 24.51 rev.$^{?}$ 5′–7′ and KBo 24.52:7.
Nr. 28	6	AnAr 11613 a (CTH 430 or 470). 5.7 × 3.3 cm. Ritual/prayer to the Sun Goddess of the Earth, or a birth ritual; cf. KBo 17.60 rev.
Nr. 29	6	AnAr 11246 a (CTH 446). 5.0 × 3.8 cm. Rev.$^{?}$ 1′–11′ are parallel to KUB 41.8 II 29′–37′.
Nr. 30	7	AnAr 21626 + KBo 10.45 (CTH 446.B). 6.1 × 6.9 cm. Edited in Akdoğan-Wilhelm, *AMMY* 2001, 238–42 and *ZA* 93, 214–20. For KBo 53.34, a parallel text to AnAr 21626 + KBo 10.45 IV 37ff. and for others, see now J. L. Miller, KBo 53, p. V (under nr. 34).
Nr. 31	7	AnAr 11503 a+d (CTH 448). 3.8 × 4.0 cm. Lines 1′–5′ are parallel to KUB 60.161 II 7–10; cf. also KUB 17.18 II 26′ff.
Nr. 32	7	AnAr 14966 (CTH 449 or 790). 4.3 × 2.2 cm. Obv. II$^{?}$ 2′–7′ are duplicates of KUB 58.88 II$^{!}$ 4′–11′+ KUB 38.22 rev. 5′–8′.
Nr. 33	7	AnAr 8926 (CTH 450?). 3.8 × 2.6 cm. Cf. KUB 39.8 + KBo 34.58 II 28′ff., KBo 25.184 II 18ff.
Nr. 34	7	AnAr 4220 m (CTH 470?). 3.0 × 2.3 cm. For lines 4′–5′, cf. KUB 7.60 II 13, 15 (CTH 423).
Nr. 35	7	AnAr 4220 o + s (CTH 470). 4.1 × 4.1 cm. Ritual and myth?
Nr. 36	7	AnAr 6993 (CTH 470?). 2.7 × 2.1 cm. Line 5″: *ŠI-PAT*.
Nr. 37	8	AnAr 8357 (CTH 470). 4.8 × 2.5 cm. Line 6′: [*pé*]-*e-da-an-z*[*i*].

Catalog

Tablet	*Plate*	*Description*
Nr. 38	8	AnAr 9146 (CTH 470?). 3.5 × 1.9 cm. Perhaps a ritual fragment if in line 3′ the word *ḫimma-* is present.
Nr. 39	8	AnAr 10308 (CTH 470?). 8.1 × 7.6 cm. Rev. 4′ and 13′: *ni-ni-ik*? Cf. KUB 59.26 IV 7′.
Nr. 40	8	AnAr 10312 (CTH 470?). 5.5 × 5.5 cm. Rev. 3′ and 8′: DUMU-*an-na-aš ḫu-i-pa-at-ta-an*; cf. KUB 12.58+ II 35′: DUMU-*la-an-na-aš ḫu-i-pa-i̯a-ta-an*.
Nr. 41	8	AnAr 10320 (CTH 470). 3.2 × 4.1 cm. [*idalu*]*š*$^{?}$ GISKIM-*iš* "[ba]d sign" is mentioned in line 5′; cf. KBo 13.101 I 27′–31′ and rev. 19′–20′ (CTH 435.2).
Nr. 42	9	AnAr 10589 (CTH 470). 6.5 × 5.0 cm. Ritual/spell against evil tongues.
Nr. 43	9	AnAr 10594 (CTH 470). 3.2 × 5.2 cm. Contains the ingredients list(?) of a ritual; for *šuppiyaḫḫ-* in line 4′, see KBo 43.176 rev. 2′ff. and 6′, similarly with an ingredients list.
Nr. 44	9	AnAr 10602 (CTH 470). 3.1 × 3.8 cm. Line 3′: [EN].SÍSKUR-*m*[*a*]; 5′: [*i*]-*i̯a-at-ta-*[*ri*$^{?}$].
Nr. 45	9	AnAr 10868 (CTH 470). 6.5 × 3.8 cm. Lines 6′–15′ are duplicates of KBo 24.10 obv.$^{?}$ I 3′–11′.
Nr. 46	9	AnAr 11498 (CTH 470). 7.2 × 5.5 cm. Obv.$^{?}$ 4′: *ḫa-ri-i̯a-az-*[*zi*].
Nr. 47	10	AnAr 11501 (CTH 470). 4.0 × 2.7 cm.
Nr. 48	10	AnAr 11503 e (CTH 470?). 2.4 × 3.2 cm. Line 3′: *PA* Š[E]; 4′: *ša-mi-ši-i̯a-nu-z*[*i*]; 5′: [*I*]*Š*-⸢*TU*⸣ KAŠ *šu-un-n*[*i-i̯a*$^{?}$*-az*$^{?}$*-zi*].
Nr. 49	10	AnAr 11503 g (CTH 470). 2.3 × 1.8 cm. For lines 3′–4′, cf. KUB 43.60 I 21–22 (CTH 457.6).
Nr. 50	10	AnAr 11620 b (CTH 470). 3.7 × 1.1 cm. Line 4′: *iš-ḫ*[*i-i̯a*$^{?}$-...].
Nr. 51	10	AnAr 12171 (CTH 470). 7.0 × 6.1 cm. The phrase 2$^{?}$/3$^{?}$–*ŠU* 9 ^{GIŠ}GAG ^{GIŠ}MA.NU in obv. 10 reminds one of KUB 35.142 rev.$^{?}$ IV 21 (CTH 772.4).
Nr. 52	10	AnAr 14916 (CTH 470). 4.2 × 4.0 cm. A magic ritual about the nailing down (i.e., deactivating) of evils; in lines 6′–7′ the army of the king and the hostile [troops$^{?}$] are mentioned.
Nr. 53	11	AnAr 14989 (CTH 470). 1.7 × 2.0 cm. Ritual against the evil and sorcery?
Nr. 54	11	AnAr 21813 (CTH 470?). 2.4 × 1.6 cm.
Nr. 55	11	AnAr 64-1-65 (CTH 470). 4.6 × 4.2 cm. Obv. 9′: DINGIR-*LUM*.
Nr. 56	11	AnAr 14973 (CTH 470 or 448?). 1.7 × 2.2 cm. For *tarpalli-* in line 3′, cf. AnAr 11503 a+d (ABoT II 31) lines (2′), 6′, KUB 17.18 II 27, III (5), and KUB 60.161 II 5, 8 (all CTH 448).
Nr. 57	11	AnAr 4220 r (CTH 470 or 530). 3.0 × 4.2 cm. Line 1′: ḪÁD.D[U.A]; 2′: BAPPIR.
Nr. 58	11	AnAr 14951 (CTH 470 or 530). 3.1 × 3.0 cm. A list of ingredients for a ritual (or festival); cf. KBo 5.2 I 17ff. (CTH 424), KUB 7.20 obv. 7ff. (CTH 426), KUB 32.129 I 7, 9–10 (CTH 474), and KUB 32.133 I 11–13 (CTH 431).
Nr. 59	11	AnAr 6992 (CTH 470 or 670). 4.3 × 3.3 cm. Ritual or festival description.
Nr. 60	12	AnAr 8360 ı (CTH 470 or 670). 2.5 × 3.4 cm. Rev. 2′: [*d*]*a-m*⸢*e-e-d*⸣*a-ni pí-*[*di*]; 4′: ⸢*PA*⸣-*NI* ^{NA}[$_{4}$ZI.KIN].
Nr. 61	12	AnAr 8365 f (CTH 470 or 670). 1.8 × 2.5 cm. Line 1′: ^{GIŠ}ERIN-*i̯*[*a*] or ^{GIŠ}ERIN.⸢TUR⸣?
Nr. 62	12	AnAr 9138 (CTH 470 or 670). 3.8 × 3.5 cm. I$^{?}$ 4′: [*ḫur-* or *ú*]*-nu-u̯a-an*; 7′: [*p*]*í-ra-an*.
Nr. 63	12	AnAr 9166 (CTH 470 or 670). 4.0 × 6.8 cm. Line 3′: ⸢*pé-e-d*⸣*a-a*[*n-zi*].
Nr. 64	12	AnAr 9465 (CTH 470 or 670). 2.9 × 3.6 cm. Lines 5′–6′ may not be Hittite. Line 1′: I UDU; 3′: ^{d}É.⸢A⸣?
Nr. 65	12	AnAr 9715 (CTH 470 or 670). 2.0 × 2.7 cm. Line 4′: [... Ḫ]I.A *ḫar-t*[*e-*...].

Catalog

Tablet	*Plate*	*Description*
Nr. 66	12	AnAr 10322 (CTH 470 or 670). 3.2 × 2.5 cm.
Nr. 67	13	AnAr 10592 (CTH 470 or 670). 6.4 × 3.4 cm. Line 6″: [*me*]-*ma-al*; 8″: [^{SÍ}]^{G}*mi-ti-iš*.
Nr. 68	13	AnAr 10598 (CTH 470 or 670). 6.4 × 2.6 cm. Obv.$^{?}$ 6″: [DU]G.KAŠ XII ⸢NINDA⸣.GU[R$_4$.RA.ḪI.A].
Nr. 69	13	AnAr 10603 (CTH 470 or 670). 2.8 × 3.1 cm.
Nr. 70	13	AnAr 11246 d (CTH 470 or 670). 3.0 × 3.3 cm. Line 5′: [*u̯a*]-*ra-a-ni*.
Nr. 71	13	AnAr 11246 e (CTH 470 or 670). 3.3 × 2.0 cm. Line 2′: "LXXX"; 4′: KU$_6$.ḪI.A.
Nr. 72	13	AnAr 11391 (CTH 470 or 670). 4.5 × 1.9 cm. Obv.$^{?}$ 4′: *a-aš-k*[*i*] (photo).
Nr. 73	13	AnAr 11396 (CTH 470 or 670). 1.5 × 3.7 cm.
Nr. 74	14	AnAr 11614 a (CTH 470 or 670). 4.3 × 3.9 cm. Line 6′: [*d*]*a-pí-an ME-E*.
Nr. 75	14	AnAr 11616 b (CTH 470 or 670). 3.6 × 2.0 cm. Rev.$^{?}$ 5′: *i-i̯a-an-na-*[*i*].
Nr. 76	14	AnAr 14453 (CTH 470 or 670). 5.6 × 6.8 cm. II$^{?}$ 7′: *nu-uš-*⸢*ma*⸣-[*aš*].
Nr. 77	14	AnAr 12131 f (CTH 470 or 670). 2.9 × 3.0 cm. Line 2′: [*an-t*]*u*$^{?}$*-uḫ-ša-aš-š*[*a*$^{?}$].
Nr. 78	14	AnAr 12131 h (CTH 470 or 670). 3.0 × 1.9 cm.
Nr. 79	14	AnAr 12131 k (CTH 470 or 670). 1.7 × 2.2 cm.
Nr. 80	14	AnAr 14931 (CTH 470 or 670). 2.1 × 4.1 cm. Line 4′ is possibly not Hittite.
Nr. 81	15	AnAr 14933 (CTH 470 or 670). 3.3 × 2.1 cm. The divine name ^{d}*A-la-w*[*a-*...] in line 6′ belongs perhaps to ^{d}*Alawayaimi*; cf. KUB 30.56 III 18.
Nr. 82	15	AnAr 14958 (CTH 470 or 670). 3.9 × 3.0 cm.
Nr. 83	15	AnAr 14965 (CTH 470 or 670). 3.0 × 3.7 cm. Line 8′: ⸢*a-ru*⸣*-um-ma-aš-*⸢*ša*⸣ (photo).
Nr. 84	15	AnAr 14994 (CTH 470 or 670). 3.1 × 3.0 cm. For lines 5′–6′, cf. KUB 56.55 I 12 (CTH 456).
Nr. 85	15	AnAr 15155 (CTH 470 or 670). 4.0 × 4.3 cm.
Nr. 86	15	AnAr 21631 (CTH 470 or 670). 3.2 × 3.4 cm.
Nr. 87	15	AnAr 21730 (CTH 470 or 670). 2.3 × 2.3 cm.
Nr. 88	15	AnAr 4220 e (CTH 470 or 670). 3.1 × 3.0 cm.
Nr. 89	16	AnAr 28-1-66 (CTH 470 or 670). 4.2 × 2.9 cm.
Nr. 90	16	AnAr 16-5-68 (CTH 470 or 670). 7.2 × 3.2 cm. In terms of context it resembles a Kizzuwatnan ritual (CTH 500). This fragment, alongside others (ABoT II 144, 214–17, 219–21, and 230), was purchased by D. Owen at Boğazköy in 1968 and donated to the Ankara Anadolu Medeniyetleri Müzesi.
Nr. 91	16	AnAr 80-4-74 (CTH 470 or 670). 2.0 × 2.3 cm. Line 2′: SILA$_4$.G[E$_6$] (photo); 3′: [^{MUNU}]^{S}*kat-ri-iš-ša* (cf. KUB 32.133 IV 2′).
Nr. 92	16	AnAr 9464 (CTH 474.C). 5.7 × 6.2 cm. Listed in Laroche, CTH, p. 82.
Nr. 93	17	AnAr 11618 (CTH 475). 4.9 × 3.4 cm. Lines 1′–9′ are duplicates of KBo 9.119A I 9′–16′ and Bo 69/630 obv.$^{?}$ rt. col. 4′–10′.
Nr. 94	17	AnAr 6984 (CTH 500?). 4.3 × 4.6 cm. Probably a fragment of a Kizzuwatnan ritual; for line 3′, cf. KBo 21.45 I 16′.
Nr. 95	17	AnAr 6987 (CTH 500?). 3.7 × 3.6 cm. For lines 2′–6′, cf. KBo 33.35 rev.$^{?}$ 6′–9′ (CTH 790).
Nr. 96	17	AnAr 7007 (CTH 500?). 3.5 × 4.8 cm.

Catalog

Tablet	*Plate*	*Description*
Nr. 97	17	AnAr 8358 a+b (CTH 500?). 3.4 × 2.9 cm.
Nr. 98	17	AnAr 8360 a (CTH 500?). 2.7 × 3.5 cm.
Nr. 99	17	AnAr 8363 (CTH 500). 8.1 × 3.2 cm. For lines 13′–14′, cf. KUB 29.7 rev. 47′–48′ (CTH 480).
Nr. 100	17	AnAr 8847 (CTH 500?). 3.0 × 2.0 cm. Line 1′: [*ki*$^{?}$*-i*]⌈*š-ša-r*⌉[*a-*...]; 3′: *nu-uš-š*[*a-an*].
Nr. 101	18	AnAr 9157 (CTH 500?). 11.8 × 2.7 cm. This fragment was directly joined by R. Akdoğan to KBo 41.114 (listed in the *Konkordanz* as CTH 832). It contains a list of animals and burned birds offered to Kizzuwatnan divinities; similar texts are ABoT 19 (CTH 706), KBo 33.169 (CTH 705), and KBo 2.18 (CTH 787.1). However, AnAr 9157 and ABoT 19 (= AnAr 9161) do not belong to the same tablet.
Nr. 102	18	AnAr 10310 (CTH 500). 5.7 × 4.3 cm. II$^{?}$ 9′: I *ŠU-Š*[*I*].
Nr. 103	18	AnAr 10313 (CTH 500?). 4.5 × 4.5 cm. Obv. 3: *da-*[*an-zi*]; 6–7: I ^{DUG}*kap-*[*pí-iš* ...] / [*k*]*a-ap-pa-ru-ma-aš* ^{GI}[^{Š} ...] (cf. VBoT 89 I 12–13′).
Nr. 104	18	AnAr 10587 (CTH 500). 4.0 × 5.3 cm. For lines 4′–5′, cf. KBo 10.20 IV 2–3 (CTH 604.A).
Nr. 105	19	AnAr 10865 (CTH 500?). 8.0 × 6.2 cm. A Kizzuwatnan ritual (CTH 790) or offering list for the Kizzuwatnan divinities (CTH 705).
Nr. 106	19	AnAr 11246 g (CTH 500). 1.8 × 3.7 cm. Line 2′ mentions ^{d}*Kulitta*.
Nr. 107	19	AnAr 11388 (CTH 500). 2.6 × 3.5 cm. Line 1′: [*še-pí-i*]⌈*t-ta*⌉; 3′: [*ši-pa-a*]*n-ti*.
Nr. 108	19	AnAr 11408 (CTH 500?). 4.3 × 4.6 cm.
Nr. 109	19	AnAr 11620 a (CTH 500). 3.7 × 3.7 cm. For line 3′, cf. KUB 32.129 I 9. The unique form of the number "8" in this AnAr fragment (written as four broken verticals) is noticeable.
Nr. 110	19	AnAr 14919 (CTH 500). 3.9 × 4.9 cm. For obv. 2–3, cf. IBoT 3.99:4′–5′ and KUB 9.34 I [3′]–4′ (CTH 760).
Nr. 111	20	AnAr 14955 (CTH 500). 2.7 × 1.9 cm. For lines 2′–4′, cf. KBo 24.45 rev. 10–11 and KBo 27.202:5′–10′ (CTH 479).
Nr. 112	20	AnAr 90-4-68 (CTH 500). 2.0 × 4.3 cm. Line 3′: [SÍG].SA$_5$; 4′: [*A-NA*] ⌈EN⌉.SISKUR *še-er ar-ḫa* [*u̯a-aḫ-nu-zi*].
Nr. 113	20	AnAr 11615 (CTH 500 or 530). 3.2 × 2.8 cm. A Kizzuwatnan ritual or cult inventory.
Nr. 114	20	AnAr 14922 (CTH 500 or 628?). 4.9 × 5.6 cm. A Kizzuwatnan ritual or festival; it may belong to the *Ḫišuwa* Festival.

Cult Administration and Inventory Texts (CTH 501–530 "Administration Religieuse")

Tablet	*Plate*	*Description*
Nr. 115	20	AnAr 6964 + 6991 (CTH 523?). 7.5 × 6.4 cm. List of provisions/*MELQĒTU*? For similar lists, see also KBo 11.36 IV 4–7 (CTH 523) and KUB 58.27 II 1–17 (CTH 635).
Nr. 116	20	AnAr 10326 (CTH 530?). 2.7 × 1.7 cm. Cult inventory?
Nr. 117	21	AnAr 10606 (CTH 530). 8.0 × 8.5 cm. Obv. 8′: ⌈II⌉ DUG.KAŠ; 9′: *pé-e*[*š-kán-zi*]; rev. 2′: [LÚ.M]EŠ URU-*LIM*.
Nr. 118	21	AnAr 10871 (CTH 530). 6.4 × 2.9 cm. Obv. 6′: *ma-al-li-iš-ká*[*n-zi*].
Nr. 119	22	AnAr 11499 (CTH 530). 5.4 × 4.5 cm. In line 1′ [^{UZU}*Ḫ*]*A-KU-RA-TU*$_4$ is mentioned; cf. KBo 22.222 III (5′) (CTH 530).
Nr. 120	22	AnAr 14913 (CTH 530; *Konkordanz*: CTH 670). 8.3 × 3.7 cm. Cf. CTH 506, 525.3 and especially 511.1. The fragment is studied in Akdoğan-Soysal, *AMMY* 2002, 176–79.

Catalog

Tablet	*Plate*	*Description*
Nr. 121	22	AnAr 3544 (CTH 530). 7.3 × 4.9 cm. Note the mention of the proper names ^{d}*Šu-ú-i-ta* and ^{m}*Up-pa-ti-ši-pa* (obv. 7′). For the divine name, see ^{d}*Šu-ú-i-en-ta-an* (KUB 57.102 IV$^{?}$ 4′).
Nr. 122	23	AnAr 10315 (CTH 530 or 670). 3.4 × 4.3 cm. See Akdoğan, *AMMY* 2005, 199–200.
Nr. 123	23	AnAr 11613 c (CTH 530 or 670). 4.5 × 5.2 cm. Possibly a festival description, a cult inventory or an oracle about a festival; for obv. 2′, cf. ABoT 14 V 8′ (CTH 568) and KUB 51.12 obv. 3 (CTH 670). See Akdoğan, *AMMY* 2005, 205–06, 220.

Divination Texts (CTH 531–590 "Divination")

Tablet	*Plate*	*Description*
Nr. 124	23	AnAr 14920 (CTH 538.I). 7.2 × 4.9 cm. Akkadian omen text; see Akdoğan-Soysal, *AMMY* 2002, 181–83.
Nr. 125	24	AnAr 11407 (CTH 547.I). 8.6 × 11.6 cm. Akkadian liver model; cited in Riemschneider, DBH 12, 159. For line 1, see KBo 9.63 obv. A 2 and KBo 9.64 A 1.
Nr. 126	24	AnAr 8357 b+c+d+e+g+h (CTH 560). 5.6 × 4.4 cm. Divination fragment of an undetermined type. The word *takku* in the protasis indicates an Old Hittite *Vorlage*.
Nr. 127	24	AnAr 10609 (CTH 570). 4.7 × 2.7 cm. Lines 2′–12′ are duplicates of KUB 5.6 III 24–38.
Nr. 128	25	AnAr 10872 (CTH 570). 5.0 × 3.4 cm. "SU" oracle. Line 4′: [EGIR-*Š*]*Ú* *šu-ri‹-iš›* XII [ŠÀ *TIR* ...]; 6′: [EGIR-*Š*]*Ú*; 9″: ^{GIŠ}⌈TUKUL⌉.
Nr. 129	25	AnAr 8357 a (CTH 572). 4.1 × 1.9 cm. "KIN" oracle. Line 6′: [EGIR$^{?}$-*p*]*a* DU-*u-e-ni* (= *paiweni*).
Nr. 130	25	AnAr 8840 (CTH 572?). 3.8 × 3.2 cm. Obv. 6′: *x x* KI.GUB.
Nr. 131	25	AnAr 9163 (CTH 572). 4.9 × 5.0 cm. III$^{?}$ 4′: *da-p*[*í-an*]; 6′: ḪU[L-*lu*]; IV$^{?}$ 4′: [*mi-nu-m*]*ar*$^{ḪI.A}$.
Nr. 132	25	AnAr 11246 l (CTH 572?). 2.6 × 2.2 cm.
Nr. 133	25	AnAr 11387 (CTH 572). 2.9 × 5.0 cm.
Nr. 134	25	AnAr 12174 (CTH 572). 3.7 × 2.2 cm.
Nr. 135	25	AnAr 12216 (CTH 572). 3.0 × 2.2 cm. Line 4′: [*d*]*a-pí-an* Z[I-*an*].
Nr. 136	26	AnAr 10757 (CTH 574). 6.5 × 6.6 cm. "MUŠEN *ḪURRI*" oracle; for the frequent occurrence of ^{DUG}*ḫaršiyalli* in rev. 5′, 10′, and 11′; cf. KUB 5.7 obv. 2, 12.
Nr. 137	26	AnAr 15151 (CTH 580). 6.9 × 7.2 cm. Mixed "MUŠEN" and "KIN" oracles. AnAr 15151 joins KUB 5.17 obv. I (Y. Sakuma).

Festival Texts (CTH 591–720 "Fêtes et Cultes")

Tablet	*Plate*	*Description*
Nr. 138	26	AnAr 90-6-68 (CTH 591). 4.5 × 2.4 cm. Festival of the Month. For line 3′ff., cf. KBo 20.67 IV 16ff., KBo 17.88 III 10′ff., 23′ff., and KBo 22.201 III 1′ff., IV 3ff.
Nr. 139	26	AnAr 70-1-76 (CTH 627). 5.9 × 8.8 cm. KI.LAM Festival. This is the fragment tentatively called "Ankara 1934," which is published in Soysal, *JCS* 50, 59–65, based on a transliteration made by H. G. Güterbock in 1934. Although the fragment in question has now surfaced among the ArAr texts in Ankara, the fate of the other related piece "İzmir 1270++" is still unknown; on the story of this tablet, see Soysal, ibid., p. 63.
Nr. 140	27	AnAr 10285 (CTH 628). 6.3 × 7.7 × 2.5 cm. *Ḫišuwa* Festival. Listed in Laroche, CTH, p. 112, under "*autres fragments*." A large part of the surface of this fragment is heavily abraded and unreadable, thus a photo of the tablet is given here instead of a hand copy.
Nr. 141	28	AnAr 12157 (CTH 628). 4.7 × 4.7 cm. I 2′–9′ are duplicates of KUB 32.128 I 9–15.

Catalog

Tablet	*Plate*	*Description*
Nr. 142	28	AnAr 8360 i (CTH 634). 3.0 × 2.9 cm. For lines 1′–7′, cf. KBo 8.121:6′–9′, KBo 46.142 rt. col. 5′–9′ and KUB 25.3 obv. III 21–26.
Nr. 143	28	AnAr 96-2-76 (CTH 635). 3.7 × 2.7 cm. Obv. 2′–6′ are duplicates or parallel to KUB 11.30 + KUB 44.14 IV 22′–27′. This fragment is among the "Kuşsaray" tablets. In his report, Koşay, "*Kuşsaray,*" p. 89, Koşay provides the following information about Kuşsaray: "On the orders of the Ministery of Education on May 24, 1966, on behalf of the Ministery and the Turkish Historical Society, the Alacahöyük excavation team conducted a sounding and survey between July 18–25, 1966, with fourteen workers at the Kuşsaray Höyüğü, 15 km south of Çorum, where reportedly some Hittite tablet fragments have been discovered."
Nr. 144	28	AnAr 16-6-68 (CTH 643; see *Konkordanz*). 3.6 × 3.7 cm. This fragment is from the D. Owen tablets. Lines 2′–7′ are duplicates of KUB 25.33 I 3–8.
Nr. 145	28	AnAr 9723 (CTH 645). 4.5 × 4.3 cm. II$^{?}$ 8′–9′ are parallel to KUB 58.38 II 2′–3′, 8′–9′, 15′–16′ and (23′).
Nr. 146	28	AnAr 12156 (CTH 645 or 458). 4.8 × 5.2 cm. Lines 2′–11′ are duplicates of 942/z (cf. E. Neu and Otten, *IF* 77, 183) obv.$^{?}$ 1′–5′ and rev.$^{?}$ 1′–3′. Due to the mention of [DINGIR *p*]*išeneš* and DINGIR *maliašmiš* in line 5′ the text reminds one of KUB 43.30 III 10′–11′ and KBo 43.75:6′–7′ (CTH 645) or KUB 41.23 III 12′ (CTH 458.10).
Nr. 147	28	AnAr 11502 c (CTH 647). 2.1 × 2.5 cm. Lines 1′–5′ are duplicates of KBo 11.45 obv. III 13′–17′.
Nr. 148	29	AnAr 10311 (CTH 648). 5.8 × 5.9 cm. For rev. 4′ff., cf. KBo 25.67 rt. col. 12′ff., KBo 30.99 I 2′ff., and KUB 54.50 I$^{?}$ 11′ff.
Nr. 149	29	AnAr 10300 (CTH 649). 3.2 × 4.5 cm. One of the festival descriptions mentioning the NIN.DINGIR priestess. Obv. 5′ reads [^{GIŠ}*ḫul*]*uganni*; cf. KBo 17.101 obv. III 11′, 15′.
Nr. 150	29	AnAr 12176 (CTH 649). 3.0 × 4.5 cm. Line 1′: ⸢*kar-ap-zi*⸣; 2′: NIN.DINGIR-*i* IGI-[*an-da*]; 3′: NIN.DINGIR *tu*-⸢*u*⸣-[*u̯a-az*].
Nr. 151	29	AnAr 4220 d (CTH 649). 2.6 × 3.0 cm. For [NI]N.DINGIR-*i parā ē*[*pzi*] in line 3′, cf. KBo 24.98:10′, KUB 53.28 obv. 6′.
Nr. 152	29	AnAr 70-2-76 (CTH 664). 6.3 × 4.0 cm. See Akdoğan-Soysal, *AMMY* 2002, 180–81.
Nr. 153	29	AnAr 10299 ([CTH 669]. *Addendum*: more likely CTH 448). 4.6 × 4.0 cm. For lines 2′–10′, cf. duplicate, parallel or similar texts: KBo 39.94 obv.$^{?}$ 1′–8′ (CTH 448.4.5), KBo 15.16 obv.$^{?}$ II 2′–6′ (CTH 448.4.3.b; for the text, see Kümmel, StBoT 3, 138), KBo 16.103:2′–5′ (CTH 832), and IBoT 3.129 obv. 1′–10′ (CTH 448.4.6).
Nr. 154	29	AnAr 3137 (CTH 670). 5.4 × 2.7 cm. Line 2′: [*ki-i*]*t-kar-za*; 3′: [*ša*]-*aš*-⸢*ti*⸣.
Nr. 155	29	AnAr 6995 (CTH 670?). 4.4 × 3.2 cm. Line 5′: *ma-a-n*[*a-aš*(-)...].
Nr. 156	30	AnAr 8357/f (CTH 670). 3.0 × 2.4 cm.
Nr. 157	30	AnAr 8360 c+ğ+m (CTH 670). 3.3 × 3.0 cm. Line 5′: [^{LÚ}GU]DU$_{12}$.
Nr. 158	30	AnAr 8360 f (CTH 670). 3.0 × 3.1 cm. Line 6′: ⸢*pa-iz-zi*⸣.
Nr. 159	30	AnAr 8360 h (CTH 670). 2.8 × 2.5 cm. Line 2′: [*u̯a-a*]*l-ḫa-an-ni-a*[*n-zi*]; 4′: [*ḫ*]*u-ke-eš-kán-z*[*i*].
Nr. 160	30	AnAr 8360 n+s+ş (CTH 670 or 651). 2.4 × 2.9 cm. Line 2′ mentions [$^{\text{MUNUS.MEŠ(?)}}$*ḫ*]*a-az-ka*$_4$*-ra-i*; cf. KUB 9.30:5′–7′, KUB 58.4 V 11′–14′, and KUB 58.1 I (1′–4′) (all CTH 651).
Nr. 161	30	AnAr 8365 b (CTH 670?). 2.4 × 1.6 cm.
Nr. 162	30	AnAr 8857 (CTH 670, or most likely 824). 4.4 × 3.7 cm. In many ways it resembles KBo 22.242 (CTH 824). Line 6′: $^{\text{LÚ.MEŠ}}$KUŠ$_7$.GUŠKIN.

Catalog

Tablet	*Plate*	*Description*
Nr. 163	30	AnAr 8911 (CTH 670). 5.3 × 5.4 cm. Rev. 4′: ⸢*na-at*⸣ GE$_6$-*an ḫu-u-ma-*[*an-da-an*].
Nr. 164	31	AnAr 8919 (CTH 670). 3.8 × 4.3 cm. The description in lines 1′–6′ is similar to KUB 57.99 IV 3′–7′ (CTH 618.5); cf. also KBo 39.86 II 14′–16′ (CTH 660.4).
Nr. 165	31	AnAr 9145 (CTH 670?). 3.8 × 3.6 cm. It has similarities to a festival description, but a second person is addressed in obv.$^?$ II 2′–3′. Therefore, this fragment may belong to another text genre as well (e.g., prayers, vows, etc.).
Nr. 166	31	AnAr 9716 (CTH 670). 3.1 × 2.2 cm. Line 2′: ^{d}UTU ^{UR}[^{U}Arinna]?
Nr. 167	31	AnAr 9720 (CTH 670?). 2.4 × 2.3 cm. See Akdoğan, *AMMY* 2005, 204–05, 219.
Nr. 168	31	AnAr 9730 (CTH 670). 4.9 × 3.3 cm. Obv. 3′: [*ša*$^?$*-r*]*a-a*; 4′:[*gal-gal-tu-u*$^?$]*-ri*; 5′: [*ḫa-az-zi-i*]*k-kán-zi*.
Nr. 169	31	AnAr 10301 (CTH 670). 2.6 × 3.2 cm. For lines 3′–4′ with a context mentioning LUGAL, GAL *MEŠEDI*, and *memal*, cf. KBo 23.79 II 1–2 (CTH 675), KBo 11.52 VI 22′–23′ (CTH 634.1.B), and KUB 34.69 + KUB 34.70 obv. 11′–12′ (CTH 609).
Nr. 170	32	AnAr 10309 (CTH 670). 7.6 × 5.0 cm.
Nr. 171	32	AnAr 10325 (CTH 670). 3.2 × 2.0 cm. Line 2': I GÍN; 3′: *da-pí-i̯*[*a-an*$^?$]; are lines 4′ and 6′ to be restored as EGIR-*ŠU-ma a-*[*la-an-ni* …] (cf. KBo 33.201 obv.$^?$ III 13′–15′) or as *A-*[*NA* ^{d}…]?
Nr. 172	32	AnAr 10588 (CTH 670?). 6.4 × 2.6 cm. Line 13′: [*te*]*-li-pu-u-ri*.
Nr. 173	32	AnAr 10593 (CTH 670). 5.2 × 5.6 cm. For ^{d}Karzi and *irḫāuwar* in II$^?$ 7′, 9′ cf. KBo 21.64 III 5, (12) and KUB 2.13 V 5.
Nr. 174	33	AnAr 10596 (CTH 670 or more likely 651). 6.2 × 4.4 cm. II$^?$ 1′–12′ are duplicates of or parallel to KUB 58.1 I 6′–17′ (CTH 651).
Nr. 175	33	AnAr 10597 (CTH 670). 4.2 × 5.5 cm. For the phrase *nu* MUNUS.LUGAL *arāi* in obv. 3′, see KUB 32.87 rev. 26 (CTH 646.1.A) and cf. also KBo 29.188 IV 14′ (CTH 694).
Nr. 176	33	AnAr 10604 (CTH 670). 3.3 × 3.6 cm.
Nr. 177	33	AnAr 10611 (CTH 670). 3.5 × 3.3 cm. Line 3′: [*me*$^?$]-⸢*e*⸣*-mi-iš-ki-iz-z*[*i*].
Nr. 178	34	AnAr 10758 (CTH 670). 9.6 × 9.4 cm. Lines 9′–10′ are duplicates of or parallel to KBo 24.103 V 2′–4′ (CTH 670); cf. also KBo 15.36 III 10′–12′ (CTH 330.3.A). The script of the fragment exhibits Middle Hittite features.
Nr. 179	34	AnAr 10866 (CTH 670). 5.1 × 5.9 cm. Line 4′: *ta-ma-iš*; 5′: ^{GIŠ}ERIN BIR$_9$.R[A] "burnt cedar wood."
Nr. 180	34	AnAr 11246 h (CTH 670?). 2.8 × 2.2 cm. Contains a bread (offering) list. Line 1′: [NINDA.GUR$_4$.R]A.
Nr. 181	34	AnAr 11288 a (CTH 670). 8.4 × 3.4 cm.
Nr. 182	34	AnAr 11288 b (CTH 670). 5.0 × 3.3 cm. Possibly belongs to the same tablet as ABoT II 181 (AnAr 11288 a), but it is not a direct join.
Nr. 183	34	AnAr 11385b (CTH 670). 2.3 × 2.9 cm.
Nr. 184	35	AnAr 11402 a (CTH 670 or 738). 2.3 × 2.6 cm. Line 1′: [*ḫa-a*]*z-*⸢*ze*⸣*-eš-kán-z*[*i*]; lines 1′–3′ are duplicates of or parallel to KBo 19.138 obv. 5′–7′ (CTH 738.I.7.B); cf. also KBo 24.98:1′–2′ (CTH 738.I.7.A).
Nr. 185	35	AnAr 11503 b (CTH 670). 3.3 × 2.2 cm.
Nr. 186	35	AnAr 11504 (CTH 670). 3.1 × 1.9 cm.

Catalog

Tablet	*Plate*	*Description*
Nr. 187	35	AnAr 11619 a (CTH 670). 3.8 × 4.1 cm.
Nr. 188	35	AnAr 11621 b (CTH 670?). 3.2 × 3.2 cm. For lines 3′–4′, cf. KUB 2.6 II 1–2 (CTH 598.1.A).
Nr. 189	35	AnAr 12166 (CTH 670). 7.7 × 4.5 cm. Lines (1'), (12′), (14′): ^{LÚ}*ḫa-mi-na(-aš)*; 8′: I *ú-i-ri-i̯a-a[š-ša*$^{?}$*-an*$^{?}$]; (13′), (19′), (20′): ^{NINDA}*ši-lu-ḫa-a-an(-ma)*; 22′: *ku-ri-*⸢*u̯a*$^{?}$⸣*-nu-uš-ša*.
Nr. 190	35	AnAr 12169 (CTH 670). 3.2 × 3.9 cm. Contains a list of offerings to the gods; see Akdoğan, *AMMY* 2005, 198–99.
Nr. 191	35	AnAr 12178 (CTH 670?). 3.6 × 1.7 cm.
Nr. 192	35	AnAr 12186 (CTH 670). 2.1 × 0.8 cm. Left edge 2′ mentions ^{URU}*Da-a-ú-[ni-i̯a]*. The script resembles the Middle Hittite ductus.
Nr. 193	36	AnAr 12188 (CTH 670). 3.7 × 3.4 cm.
Nr. 194	36	AnAr 14839 b (CTH 670). 6.2 × 5.7 cm. For obv. 2′–4′ cf. VS 28.33 III 25–26, 28–29; see R. Akdoğan, *AMMY* 2005, 204, 218.
Nr. 195	36	AnAr 14839 c (CTH 670). 3.5 × 2.5 cm. For lines 1′–7′, cf. KUB 53.44 IV 1′ff., 4′–6′ (CTH 647.16).
Nr. 196	36	AnAr 14923 (CTH 670). 5.9 × 4.2 cm. Obv.$^{?}$ I$^{?}$ 10′: *ir-ḫa-[iz-z]i*.
Nr. 197	36	AnAr 14926 (CTH 670). 6.3 × 3.5 cm.
Nr. 198	36	AnAr 14927 (CTH 670). 4.0 × 2.2 cm. Line 6′: [^{LÚ}ALAN.Z]U$_{9}$.
Nr. 199	36	AnAr 14928 (CTH 670?). 4.8 × 4.6 cm. In obv. 2 the spelling [^{UR}]^{U}*Zi-ip-pal-an-da* is noticeable.
Nr. 200	36	AnAr 14936 (CTH 670?). 3.5 × 2.5 cm.
Nr. 201	37	AnAr 14939 (CTH 670?). 2.7 × 1.9 cm. Line 1′: [^{N}]^{A_4}ZI.KIN.ḪI.⸢A⸣.
Nr. 202	37	AnAr 14942 (CTH 670). 2.6 × 2.2 cm.
Nr. 203	37	AnAr 14967 (CTH 670). 2.6 × 2.3 cm.
Nr. 204	37	AnAr 14970 (CTH 670). 2.0 ×4.2 cm.
Nr. 205	37	AnAr 14971 (CTH 670 or 663?). 4.6 × 2.7 cm. For cult descriptions involving $^{LÚ.MEŠ}$DUGUD(*-TIM*) as here in line 5′, see also HT 19:7′–9′ (CTH 663.4.A), IBoT 2.65:10′–11′ (663.4.B), IBoT 3.23 obv.$^{?}$ III$^{?}$ 10′–13′ (CTH 663), and KUB 28.97 III 9′–10′ (CTH 744).
Nr. 206	37	AnAr 14972 (CTH 670). 2.4 × 2.1 cm. For lines 2′–3′, cf. KBo 20.74 rev.$^{?}$ III 10′–11′ (CTH 635?).
Nr. 207	37	AnAr 14984 (CTH 670?). 1.6 × 2.3 cm. Line 1′: ⸢^{LÚ}*ki-ta-a*⸣*-[aš]*; 3′: DINGIR.LÚ.MEŠ.
Nr. 208	37	AnAr 15160 (CTH 670?). 3.4 × 0.9 cm.
Nr. 209	37	AnAr 21627 (CTH 670). 3.4 × 5.6 cm. Rev. 2′: XXIV-⸢*ŠU*⸣; rev. 4′–8′ are similar to KUB 33.79 rev.$^{?}$ IV 4′–9′ (CTH 332.4).
Nr. 210	38	AnAr 21632 (CTH 670). 4.2 × 3.3 cm. Obv. 4: *[ar-ḫ]a*; 6: *BÉ-EL* S[ISKUR$^{?}$].
Nr. 211	38	AnAr 21633 (CTH 670). 2.8 × 3.8 cm. Line 7′: ⸢LUGAL-*uš*⸣. For descriptions similar to 2′–7′, cf. KBo 34.146 IV 2′–5′ (CTH 591.I.b.C), KBo 41.86 II 2′–5′ (CTH 650), and KBo 25.105 rev. 2′–4′ (CTH 669.25.C).
Nr. 212	38	AnAr 28-3-66 (CTH 670?). 2.9 × 3.0 cm.
Nr. 213	38	AnAr 151-1-67 (CTH 670). 6.8 × 4.6 cm. Cf. CTH 669, 675, and 744.19. For a text edition of this fragment, see Akdoğan-Soysal, *AMMY* 2002: 172–76.

Catalog

Tablet	*Plate*	*Description*
Nr. 214	38	AnAr 16-1-68 (CTH 670; see *Konkordanz*). 5.2 × 4.3 cm. Another fragment from the D. Owen tablets. Obv. I$^{?}$ 2: [*a*]*n-da*; 3: [*p*]*é-e-di ti-it-ta-nu-u̯*[*a-an-zi*].
Nr. 215	38	AnAr 16-2-68 (CTH 670; see *Konkordanz*). 4.2 × 3.2 cm. From the D. Owen tablets.
Nr. 216	38	AnAr 16-3-68 (CTH 670; see *Konkordanz*). 3.9 × 3.2 cm. From the D. Owen tablets.
Nr. 217	39	AnAr 16-4-68 (CTH 670; see *Konkordanz*). 3.2 × 1.5 cm. From the D. Owen tablets. It contains a list of bread offerings to the gods; cf. KBo 47.14 obv. 1′ff. (CTH 470), KBo 53.146 obv. 1ff. (CTH 670), and KUB 27.1 I 54ff., II 46ff. (CTH 712.A). *Addendum*: ABoT II 217 now directly joins KBo 54.222 (CTH 712).
Nr. 218	39	AnAr 16-8-68 (CTH 670; see *Konkordanz*). 2.8 × 4.8 cm.
Nr. 219	39	AnAr 16-9-68 (CTH 670 [see *Konkordanz*] or 790). 3.1 × 4.2 cm. From the D. Owen tablets. For [$^{\text{LÚ.MEŠ}}$]*zuppariyalle*[*š*] in line 2′ and $^{\text{d(!)}}$*apir*[*eš*] in line 3′, cf. KBo 39.187 + KBo 34.187 rt. col. 11′–12′, 14′–15′ (CTH 670), KBo 39.190 II 4′ (CTH 790), and KUB 45.49 IV 3 (CTH 790).
Nr. 220	39	AnAr 16-10-68 (CTH 670). 3.8 × 6.6 cm. Another fragment from the D. Owen tablets.
Nr. 221	39	AnAr 16-11-68 (CTH 670). 3.9 × 1.8 cm. From the D. Owen tablets. Left edge 1′–2′ to be read [*ANA* GIŠ].ḪUR-*kán* / [*ḫa-an-d*]*a-a-an*.
Nr. 222	39	AnAr 90-2-68 (CTH 670). 4.9 × 3.3 cm. For obv. II$^{?}$ 3′, 7′–11′, cf. KBo 30.56 V 11′, 15′, 22′–29′ (CTH 669).
Nr. 223	40	AnAr 87-2-06 (CTH 670). 7.5 × 8.3 cm. For a text edition of this fragment see Akdoğan, *AMMY* 2006, 163–77, and eadem in FsWilhelm, 17–26. For the co-attestation of *taknaš* ^{d}UTU(*-waš* É) in obv. II 8 and ^{LÚ}*ḫamina-* in rev. V 2′, cf. KBo 11.49 I 5′, 9′–10′ (CTH 592.2.II?.1.A) and especially IBoT 3.44 obv. 3–4, rev. 5–6 (CTH 635?).
Nr. 224	40	AnAr 4038 (CTH 670). 7.6 × 4.2 cm. Obv. 10′: [*ḫal*]-*za-a-*⸢*i*⸣; 13′: LUGAL-*i* ⸢*pa-a*⸣-[*i*]. For obv. 3′–13′, cf. KUB 25.9 III 4′–18′ (CTH 634.2.B), KUB 1.17 I 2–12 (CTH 591.II.A), and KBo 14.31 I 2–5 (CTH 670).
Nr. 225	40	AnAr 11619 b (CTH 670 or 685?). 2.3 × 2.9 cm. Fragment with religious context. In line 2′ ^{d}LAMMA is mentioned and therefore this may be a festival description, ritual, or even a mythological text.
Nr. 226	41	AnAr 11202 (CTH 678).16.0 × 8.4 cm. Rev. 9′: [^{d}*Ḫat*]*epuna* or [^{d}*Tel*]*ipuna*; 23″: ^{LÚ}⸢SANGA⸣ ^{d}U; 26″: [GIŠ ^{d}INANN]A.GAL; 27″: [^{d}*Me-ez-zu-ul-l*]*a* ⸢TUŠ⸣-*aš*; 28″ and 30″: [S]ÌR-*RU*; 29″: [^{d}U ^{URU}*Zi-i*]*p-la-an-*⸢*t*⸣*a*.
Nr. 227	42	AnAr 12131 a (CTH 691). 4.7 × 6.6 cm. *Witaššiya* Festival. Obv. I$^{?}$ 5′: [*me*]-⸢*e*⸣-*ḫu-ni*. The fragment exhibits Middle Hittite script. Obv. II$^{?}$ 1–5 are parallel to KUB 27.59 I 6–9.
Nr. 228	42	AnAr 10307 (CTH 692). 7.0 × 5.8 cm. *Witaššiya* Festival. The fragment exhibits Middle Hittite script. For the passages in obv. 8′ff. and rev. 6′ff., see KBo 24.22:2′ff. AnAr 10307 belongs most likely to the same tablet as KBo 29.130. Both fragments form the right edge of the tablet. Since the obv. of KBo 29.130 is the bottom of the tablet, AnAr 10307 should be placed somewhere before line 1′ of KBo 29.130 obv.
Nr. 229	43	AnAr 26-1-68 (CTH 693?). 4.2 × 4.8 cm. For lines 2′ff., see KBo 24.24 III 4′ff. (CTH 693) and KBo 14.89 + I 13′ff. (CTH 693).
Nr. 230	43	AnAr 16-7-68 (CTH 701; see *Konkordanz*). 4.8 × 3.4 cm. Another fragment from the D. Owen tablets. For the content of obv. 7′ff., see KBo 27.162 rt. col. 4′ff. (CTH 701.b_2.F); for rev. 1′–4′, cf. KBo 23.45 IV 4, 12–16 (701.b.VII.A).
Nr. 231	43	AnAr 21629 + KBo 11.5 + KBo 11.58 (CTH 703.2.B). 9.4 × 13.3 cm. For the text edition, see Akdoğan-Wilhelm, *AMMY* 2001, 244–45, and *ZA* 93, 223–27.

Catalog

Tablet	*Plate*	*Description*
Nr. 232	44	AnAr 9150 (CTH 704 or 705). 1.4 × 1.9 cm. A Kizzuwatnan festival, ritual or an offering list to Hurrian divinities. Obv. 1′ should be read [*tūn*]*i tapri*; for this term, see KUB 25.44 II 4′ (CTH 704), KBo 23.67 II 9′ (CTH 704), and KBo 14.138:9 (CTH 705). For the geographical name [^{URU}*D*]*ašimūwa* in obv. 2′, cf. ^{URU}*Tašimuaz* in KUB 60.148 I 11.

Texts in Other Languages (CTH 725–791 "Langues Étrangères")

Tablet	*Plate*	*Description*
Nr. 233	44	AnAr 12168 (CTH 732; *Konkordanz*: CTH 745). 4.8 × 4.6 cm. Hattian "Ḫutuši Ritual." See Akdoğan-Soysal, *AMMY* 2002, 183–84. This fragment is also mentioned in Soysal, *HWHT*, 68, and utilized for the lexical list.
Nr. 234	44	AnAr 3136 (CTH 735; *Konkordanz*: CTH 745). 5.0 × 7.3 cm. A monolingual Hattian fragment. It shows features of Old Hittite ductus, and in terms of composition it has close similarities to KUB 28.23 (CTH 735). This fragment is mentioned in Soysal, *HWHT*, 68, and utilized for the lexical list.
Nr. 235	44	AnAr 10610 (CTH 738; *Konkordanz*: CTH 650). 3.0 × 3.9 cm. Already listed in CTH Premier supplément under nr. 738.5. It contains the Hattian hymn of *taššaninna* sung by the *zintuḫi*-women; lines 2′–6′ are parallel to KBo 19.163 I 9′–11′, KBo 21.95 I 8′–10′, KBo 21.96:7′–10′, KBo 21.100 obv. 11′–13′, KBo 21.102 rev. 10′–12′, KBo 21.106 obv. 9′–12′, and KBo 44.136 obv.$^{?}$ 12′–15′.
Nr. 236	44	AnAr 12175 (CTH 745). 2.6 × 3.7 cm. Hattian. See Akdoğan-Soysal, *AMMY* 2002, 184–85. This fragment is mentioned in Soysal, *HWHT*, 68, and utilized for the lexical list.
Nr. 237	44	AnAr 11502 b (CTH 758). 3.6 × 3.0 cm. "Puriyanni Ritual." For lines 1′–3′, cf. KUB 35.54 III 3–5.
Nr. 238	45	AnAr 8918 (CTH 760). 3.9 × 2.9 cm. "^{MUNUS}ŠU.GI Ritual." For lines 1′–5′, cf. KUB 9.34 I 30′–33′, IV 8′–12′, IBoT 3.102:8′–13′, and KBo 24.3 I 9–12.
Nr. 239	45	AnAr 11621 d+g (CTH 760). 3.8 × 2.5 cm. For lines 2′–3′, see KUB 35.59 + KBo 29.13 II 4′–5′ (CTH 760 II 3).
Nr. 240	45	AnAr 14917 (CTH 760?). 6.4 × 4.1 cm. With mention of *ŠA* ^{d}*Pann*[*unta* ŠAḪ.TUR] in lines 3′ and 6′; cf. KUB 9.4 III 22′, 25′, IV (21′), (29′)–30′ and KBo 29.196 rev.$^{?}$ 3′.
Nr. 241	45	AnAr 14839 a (CTH 763). 6.1 × 3.8 cm. Ritual with Luwian passages.
Nr. 242	45	AnAr 14914 (CTH 763). 4.5 × 3.2 cm. Perhaps a ritual; contains Luwian in obv. 7′–8′; for lines 6′–7′, cf. KUB 32.70 rt. col. 4′–5′ (CTH 763). Further passages with similar context are: KUB 17.15 II 9′ff. (CTH 767.2.C), KUB 9.4 III 42′ (CTH 760.I.2), and KUB 35.145 obv. 3′–4′ (CTH 767.2.A).
Nr. 243	46	AnAr 9251 (CTH 764.I). 7.5 × 5.8 cm. Mythology and magic. Written in Middle Hittite script. Text edition is in Akdoğan, FsKošak, 1–12. For obv. 10′, cf. KBo 12.89 III 9′–10′.
Nr. 244	46	AnAr 12170 (CTH 767). 4.8 × 3.0 cm. Magical context with Luwian influence. Lines 3′–9′ are duplicates of or parallel to KUB 35.143:4′–12′ (CTH 767.2.B).
Nr. 245	46	AnAr 10319 (CTH 780). 4.8 × 3.2 cm. "Allaituraḫi Ritual." Lines 2′–9′ are duplicates of VS 28.57 IV 5′–12′.
Nr. 246	46	AnAr 12131 c (CTH 788?). 3.3 × 6.2 cm. Resembling the "Šalašu Ritual."
Nr. 247	46	AnAr 42-2-66 (CTH 789). 3.5 × 3.9 cm. Hittite fragment belonging to the Hurrian "Song of Release." Obv. 2′: ^{m}*Me-ge-e*[*š*]. According to the sign *"da"* in line 5′ the script should be New Hittite; cf. KBo 57.180 and relevant discussions by J. L. Miller, KBo 57, pp. IX–X.

Catalog

Tablet	*Plate*	*Description*
Nr. 248	47	AnAr 14918 (CTH 790). 5.4 × 4.9 cm. Ritual containing Hurrian. For line 4′, cf. KBo 11.19 obv. 13′ (CTH 788.2.A).
Nr. 249	47	AnAr 10318 (CTH 791; *Konkordanz*: CTH 370.II). 4.7 × 3.9 cm. Hurrian. Obv. II$^{?}$ 4′–5′ are parallel to KUB 47.17:2′–3′. This fragment is cited in Laroche, *GLH* 1, 144, under the lemma *gešḫena*, and transliterated in Salvini-Wegner, ChS I/6, 53 (nr. 22).
Nr. 250	47	AnAr 10595 (CTH 791). 4.9 × 4.5 cm. Hurrian. The words of this fragment are listed in Laroche, *GLH*, and the transliteration of the text is given in Trémouille, ChS I/8, 84 (nr. 163).
Nr. 251	47	AnAr 11616 a (CTH 791). 2.9 × 2.6 cm. Hurrian text of unknown genre.
Nr. 252	47	AnAr 12155 (CTH 791). 7.4 × 8.3 cm. Hurrian. For the text edition see Akdoğan-Wilhelm, *AMMY* 2001, 246–47, and *ZA* 93, 227–30; cf. also Trémouille, ChS I/8, 16 (nr. 19).

Sumerian and Akkadian Texts (CTH 792–819 "Littérature Suméro-Akkadienne")

Tablet	*Plate*	*Description*
Nr. 253	48	AnAr 8915 (CTH 819). 8.0 × 5.3 cm. Akkadian. Perhaps the same composition as ABoT II 262 (AnAr 11619 c+e); the fragments, however, are from different tablets.
Nr. 254	48	AnAr 8917 (CTH 819). 4.5 × 5.2 cm. Perhaps of historical nature; thus, an Akkadian treaty or letter (CTH 208 or 216?).
Nr. 255	48	AnAr 9167 (CTH 819). 7.5 × 7.4 cm. Sumerian.
Nr. 256	48	AnAr 10321 (CTH 819). 3.4 × 3.3 cm. Akkadian omen / divination text?

Varia and Texts of Unknown Type (CTH 820–833 "Varia")

Tablet	*Plate*	*Description*
Nr. 257	48	AnAr 8360 d (CTH 831). 2.1 × 3.0 cm. Non-Hittite; perhaps Hurrian.
Nr. 258	49	AnAr 10873 (CTH 831). 4.4 × 7.1 cm. Non-Hittite. *Addendum*: According to G. Beckman (personal communication), an Akkadian incantation with Sumerian rubric (KA.INIM.MA); thus, rather to CTH 819.
Nr. 259	49	AnAr 11246 ı (CTH 831). 3.4 × 4.0 cm. A Non-Hittite language.
Nr. 260	49	AnAr 11617b (CTH 831). 3.9 × 4.1 cm. Possibly Non-Hittite.
Nr. 261	49	AnAr 11616 c (CTH 831). 3.4 × 2.9 cm. Hurrian or Hattian?
Nr. 262	49	AnAr 11619 c+e (CTH 831). 4.3 × 2.1 cm. Non-Hittite; perhaps Akkadian. This fragment may belong to the same composition as ABoT II 253 (AnAr 8915).
Nr. 263	49	AnAr 14935 (CTH 831). 3.5 × 2.0 cm. Possibly Hurrian.
Nr. 264	49	AnAr 6966 (CTH 832). 4.4 × 5.7 cm.
Nr. 265	50	AnAr 6968 (CTH 832). 2.8 × 2.9 cm. Line 3′: *a-ap-*⌈*pa*⌉.
Nr. 266	50	AnAr 6988 (CTH 832). 2.2 × 3.0 cm.
Nr. 267	50	AnAr 6996 (CTH 832). 2.9 × 1.8 cm. Possibly of religious nature. Line 5′: [*IŠ*]-*TU* $^{\ulcorner UZU \urcorner}$Ì.
Nr. 268	50	AnAr 7002 (CTH 832). 4.9 × 6.0 cm.
Nr. 269	50	AnAr 7004 (CTH 832). 2.2 × 3.0 cm.
Nr. 270	50	AnAr 8354 (CTH 832). 6.4 × 4.0 cm.
Nr. 271	50	AnAr 8355 (CTH 832). 7.6 × 5.4 cm. Omen / divination text?
Nr. 272	51	AnAr 8358 c (CTH 832). 1.9 × 1.8 cm.

Catalog

Tablet	*Plate*	*Description*
Nr. 273	51	AnAr 8360 b (CTH 832). 5.7 × 3.0 cm.
Nr. 274	51	AnAr 8360 ç (CTH 832). 2.5 × 2.1 cm. May be of religious nature if the single curved-up line on the left column reads [*ma*]-*al-di*.
Nr. 275	51	AnAr 8360 e (CTH 832). 2.8 × 2.5 cm. See Akdoğan, *AMMY* 2005, 202, 216.
Nr. 276	51	AnAr 8360 g (CTH 832). 1.7 × 2.5 cm.
Nr. 277	51	AnAr 8360 j (CTH 832). 2.1 × 2.1 cm. Line 1′: [*p*]*é*-⸢*en-na*⸣-[*i*$^{?}$].
Nr. 278	51	AnAr 8360 k (CTH 832). 1.5 × 2.5 cm. A "dream and vow" (CTH 584, 590) or oracular text (CTH 577–579). Line 2′: MUNUS.L[UGAL]; 3′: AŠ ^{URU}*Kum*-[*ma-an-ni*(?)].
Nr. 279	51	AnAr 8360 r (CTH 832). 3.2 × 2.5 cm. May be of historical nature; letter or treaty? Line 4′: [E]N-*KA-ma*.
Nr. 280	51	AnAr 8364 (CTH 832). 6.1 × 5.2 cm.
Nr. 281	52	AnAr 8365 a (CTH 832). 2.8 × 2.5 cm. May be of historical nature. Line 2′: [*l*]*i-in-kir*; 5′: ^{GIŠ}TUKUL.GÍ[D.DA].
Nr. 282	52	AnAr 8365 ç (CTH 832). 2.7 × 1.8 cm.
Nr. 283	52	AnAr 8365 ğ (CTH 832). 2.4 × 1.6 cm. Line 3′: MUNUS.LUGA[L].
Nr. 284	52	AnAr 8844 a (CTH 832). 2.3 × 2.3 cm. Line 4′ is perhaps to be restored as ^{URU}*Kum*[*manni*]. The script of the fragment is identical with that in ABoT II 285 (AnAr 8844 c); thus, they likely belong to the same tablet.
Nr. 285	52	AnAr 8844 c (CTH 832). 1.4 × 1.9 cm. Possibly an inventory text. Line 1′: KISLAḪ LUGAL? This belongs likely to the same tablet as ABoT II 284 (AnAr 8844 a).
Nr. 286	52	AnAr 8845 (CTH 832). 4.4 × 3.0 cm.
Nr. 287	52	AnAr 8846 (CTH 832). 3.4 × 4.6 cm.
Nr. 288	52	AnAr 8850 (CTH 832). 2.1 × 2.6 cm. Line 1′: É-⸢*ir-za-ma*⸣.
Nr. 289	52	AnAr 8852 (CTH 832). 3.3 × 3.1 cm.
Nr. 290	52	AnAr 8853 (CTH 832). 2.4 × 2.2 cm.
Nr. 291	52	AnAr 8856 (CTH 832). 3.6 × 5.6 cm.
Nr. 292	53	AnAr 8913 (CTH 832; *Konkordanz*: CTH 215.?). 4.0 × 2.4 cm. See Akdoğan, *AMMY* 2005, 202–04, 217.
Nr. 293	53	AnAr 8920 (CTH 832). 5.5 × 3.6 cm.
Nr. 294	53	AnAr 8921 (CTH 832). 2.9 × 2.0 cm.
Nr. 295	53	AnAr 8922 (CTH 832). 4.8 × 3.2 cm.
Nr. 296	53	AnAr 9143 (CTH 832). 5.3 × 4.1 cm.
Nr. 297	53	AnAr 9144 (CTH 832). 4.9 × 6.7 cm.
Nr. 298	53	AnAr 9460 (CTH 832). 2.5 × 2.4 cm. Perhaps of religious nature.
Nr. 299	54	AnAr 9461 (CTH 832). 2.3 × 2.4 cm.
Nr. 300	54	AnAr 9462 (CTH 832). 3.2 × 1.9 cm. Akkadian. Most likely correspondence between Hatti and Egypt (CTH 170?). For the words *ša-ni-e* and *a-ḫi-i̯a* in lines 5′–6′, cf. KUB 3.69 rev. 6 (*ša-ni-i*), 8 (ŠEŠ-*i̯a*); see Edel, *ÄHK* I, 90.
Nr. 301	54	AnAr 9463 (CTH 832). 1.8 × 2.9 cm.
Nr. 302	54	AnAr 9467 (CTH 832). 3.7 × 2.0 cm.

Catalog

Tablet	*Plate*	*Description*
Nr. 303	54	AnAr 9470 (CTH 832). 2.3 × 4.5 cm. Perhaps of religious nature. For the usage GE$_6$-*ti-ma* in line 4′, cf. GE$_6$.KAM-*ti-i̯a* in KUB 33.102 II 13.
Nr. 304	54	AnAr 9718 (CTH 832). 3.7 × 2.3 cm.
Nr. 305	54	AnAr 9719 (CTH 832). 3.8 × 2.0 cm. Colophon of a tablet. Line 3′: INIM ⸢*x*⸣[...].
Nr. 306	54	AnAr 9728 (CTH 832). 4.6 × 3.9 cm. Due to Akkadian *IKRŪB* in line 4′ may be a text on dream and vow (CTH 590?).
Nr. 307	54	AnAr 9729 (CTH 832). 2.8 × 2.3 cm.
Nr. 308	55	AnAr 9731 (CTH 832). 4.0 × 4.7 cm. Perhaps of religious nature.
Nr. 309	55	AnAr 9732 (CTH 832). 2.1 × 2.9 cm.
Nr. 310	55	AnAr 10314 (CTH 832). 4.4 × 4.5 cm. Line 2′: [LUGAL$^{?}$]-*u-iz-zi-i̯*[*a*-...]; 5′: [^{m}...]-*li-in-na* LUGAL-*iz-ni* "and [...]li (PN, accusative) to the kingship [...]."
Nr. 311	55	AnAr 10316 (CTH 832). 3.4 × 3.9 cm. Ritual or medical text?
Nr. 312	55	AnAr 10317 (CTH 832). 3.4 × 4.0 cm. Mentions ^{m}*Muršili* in line 4′ and may have a historical content; a treaty or protocol (CTH 212, 275)?
Nr. 313	55	AnAr 10323 (CTH 832). 4.0 × 2.5 cm.
Nr. 314	55	AnAr 10324 (CTH 832). 2.3 × 2.6 cm. Line 4′ is possibly to be read [DINGIR.M]EŠ *ŠA* <KUR> *Kar-an-d*[*u-ni-i̯a*].
Nr. 315	55	AnAr 10601 a (CTH 832). 3.5 × 2.0 cm.
Nr. 316	55	AnAr 10601 b (CTH 832). 3.2 × 2.6 cm.
Nr. 317	56	AnAr 10607 (CTH 832). 4.5 × 3.1 cm. Instruction or prayer?
Nr. 318	56	AnAr 10608 (CTH 832). 3.0 × 3.2 cm. "KIN" oracle or conjuration of a ritual?
Nr. 319	56	AnAr 10759 (CTH 832). 7.4 × 6.6 cm. Exhibits features of Old Hittite script. Obv. 2′: [*ut-n*]*i-i̯a-an-ta-an*.
Nr. 320	56	AnAr 11240 a (CTH 832). 2.3 × 2.1 cm. Line 2′: [*š*]*u-up-pí-iš*.
Nr. 321	56	AnAr 11240 b (CTH 832). 3.1 × 2.4 cm.
Nr. 322	56	AnAr 11246 f (CTH 832). 1.6 × 1.9 cm. Because of its careless$^{?}$ script may be an oracular text.
Nr. 323	57	AnAr 11246 i (CTH 832). 3.1 × 3.4 cm. Line 4′: [*ḫ*]*u-i-nu-mi*; 6′: [*š*]*u-un-*⸢*na-an-z*⸣[*i*].
Nr. 324	57	AnAr 11385 a (CTH 832). 4.8 × 2.8 cm. According to G. Beckman (personal communication), a ritual with incantation.
Nr. 325	57	AnAr 11390 (CTH 832). 2.3 × 3.0 cm.
Nr. 326	57	AnAr 11392 (CTH 832). 3.0 × 3.0 cm. Perhaps of religious nature.
Nr. 327	57	AnAr 11393 (CTH 832). 2.4 × 3.9 cm.
Nr. 328	57	AnAr 11404 (CTH 832). 2.5 × 2.2 cm. Prayer or vow? Line 1′: [*ne-p*]⸢*í-š*⸣*a-aš* ⸢^{d}⸣[...].
Nr. 329	57	AnAr 11500 (CTH 832). 5.2 × 4.9 cm. Contains repetitive clauses. Line 7′: *pé-eš-š*[*i-i̯a-az*$^{?}$*-zi*].
Nr. 330	57	AnAr 11617 a (CTH 832). 5.5 × 4.4 cm.
Nr. 331	58	AnAr 11621 e (CTH 832). 3.0 × 2.2 cm.
Nr. 332	58	AnAr 12131 g (CTH 832). 2.8 × 1.5 cm.
Nr. 333	58	AnAr 12163 (CTH 832 or 212, 275; *Konkordanz*: CTH 470). 3.0 × 4.5 cm. Of historical content, or more likely an instruction / protocol? For the text, see Akdoğan, *AMMY* 2005, 197–98.

Catalog

Tablet	*Plate*	*Description*
Nr. 334	58	AnAr 12180 (CTH 832). 2.0 × 1.4 cm.
Nr. 335	58	AnAr 12181 (CTH 832). 4.0 × 2.7 cm.
Nr. 336	58	AnAr 12182 (CTH 832). 5.0 × 3.0 cm.
Nr. 337	58	AnAr 12189 (CTH 832). 2.5 × 3.5 cm.
Nr. 338	58	AnAr 12196 (CTH 832). 2.0 × 2.0 cm. Inventory text?
Nr. 339	58	AnAr 12197 (CTH 832). 2.6 × 3.3 cm. Festival description? Line 3′: *kar-š*[*a-an-zi*]; 5′: *ku-in*.
Nr. 340	59	AnAr 14455 (CTH 832). 2.3 × 1.8 cm. Line 2′: *KI-LI-LI*[$^{\text{ḪI.A}}$]?
Nr. 341	59	AnAr 14924 (CTH 832). 3.0 × 3.3 cm.
Nr. 342	59	AnAr 14925 (CTH 832). 5.4 × 4.3 cm. Historical or administrative text?
Nr. 343	59	AnAr 14929 (CTH 832). 4.6 × 3.4 cm.
Nr. 344	59	AnAr 14930 (CTH 832). 4.9 × 4.9 cm. Line 3′: [*t*]*u-el* É-*KA*.
Nr. 345	59	AnAr 14937 (CTH 832). 3.7 × 3.5 cm.
Nr. 346	59	AnAr 14938 (CTH 832). 3.2 × 1.9 cm. Line 6′: Ì-*it*.
Nr. 347	60	AnAr 14941 (CTH 832). 2.8 × 2.1 cm.
Nr. 348	60	AnAr 14944 (CTH 832). 4.9 × 2.0 cm. Probably of historical content. If the line after the double paragraph strokes on the reverse is to be read [... LUGAL.GA]L LUGAL KU[R ^{URU}...], this may include an introduction with a royal name.
Nr. 349	60	AnAr 14947 (CTH 832). 2.3 × 2.2 cm. Line 2′: GEŠTIN.SIG$_5$.
Nr. 350	60	AnAr 14954 (CTH 832). 2.8 × 2.4 cm. Perhaps of religious nature.
Nr. 351	60	AnAr 14957 (CTH 832). 2.4 × 3.1 cm.
Nr. 352	60	AnAr 14964 (CTH 832). 2.8 × 2.5 cm.
Nr. 353	60	AnAr 14968 (CTH 832; *Konkordanz*: CTH 238?). 2.5 × 3.1 cm. See Akdoğan, *AMMY* 2005, 199. Includes a list of geographical names. ^{URU}*Šanap*[*ra*$^{?}$] in line 5′ occurs also in KUB 26.43 obv. 26 (CTH 225.A).
Nr. 354	60	AnAr 14969 (CTH 832). 4.4 × 2.2 cm. Perhaps of religious nature; ritual?
Nr. 355	61	AnAr 14974 (CTH 832). 2.8 × 2.1 cm.
Nr. 356	61	AnAr 14975 (CTH 832). 2.3 × 1.9 cm.
Nr. 357	61	AnAr 14978 (CTH 832). 4.5 × 3.5 cm. A religious fragment. [*nu*]-*ut-ták-kán* in line 10′ refers to a second person being addressed.
Nr. 358	61	AnAr 14981 (CTH 832). 3.3 × 2.0 cm.
Nr. 359	61	AnAr 14982 (CTH 832). 3.6 × 1.7 cm.
Nr. 360	61	AnAr 14983 (CTH 832). 2.9 × 3.5 cm. Contains frequent uses of second-person imperatives (singular and plural); thus, an instruction, treaty or protocol?
Nr. 361	61	AnAr 15154 (CTH 832). 3.8 × 4.4 cm. Apparently a long list of leather products; thus possibly an inventory text. Cf. KUB 60.29 obv.$^{?}$ 7′–11′ (CTH 250).
Nr. 362	61	AnAr 15156 (CTH 832). 3.7 × 3.0 cm.
Nr. 363	62	AnAr 15159 (CTH 832). 3.2 × 2.8 cm. As far as the fragment is preserved, the script shows Middle Hittite features.
Nr. 364	62	AnAr 15161 (CTH 832). 2.8 × 2.2 cm.

Catalog

Tablet	Plate	Description
Nr. 365	62	AnAr 21624 (CTH 832). 4.2 × 2.6 cm.
Nr. 366	62	AnAr 21625 (CTH 832). 2.2 × 2.7 cm.
Nr. 367	62	AnAr 21720 (CTH 832). 5.4 × 3.1 cm.
Nr. 368	62	AnAr 21721 (CTH 832). 2.6 × 2.1 cm. Perhaps of religious nature.
Nr. 369	62	AnAr 21731 (CTH 832). 2.4 × 2.0 cm.
Nr. 370	62	AnAr 21733 (CTH 832). 3.9 × 2.0 cm.
Nr. 371	62	AnAr 21740 (CTH 832). 2.4 × 2.1 cm. Inventory text?
Nr. 372	62	AnAr 21766 (CTH 832). 3.7 × 3.1 cm.
Nr. 373	63	AnAr 21771 (CTH 832). 2.7 × 2.4 cm.
Nr. 374	63	AnAr 21829 (CTH 832). 4.5 × 2.6 cm.
Nr. 375	63	AnAr 4220 b (CTH 832). 2.9 × 2.8 cm.
Nr. 376	63	AnAr 4220 c (CTH 832). 2.7 × 3.6 cm.
Nr. 377	63	AnAr 4220 h (CTH 832). 2.2 × 2.6 cm.
Nr. 378	63	AnAr 4220 k (CTH 832). 2.2 × 2.0 cm.
Nr. 379	63	AnAr 4220 ö (CTH 832). 2.8 × 2.4 cm.
Nr. 380	63	AnAr 68-3-65 (CTH 832). 2.6 × 2.6 cm.
Nr. 381	63	AnAr 28-2-66 (CTH 832). 3.2 × 3.6 cm.
Nr. 382	63	AnAr 26-2-68 (CTH 832). 4.6 × 4.4 cm. Of religious nature.
Nr. 383	64	AnAr 26-3-68 (CTH 832). 4.7 × 3.0 cm.
Nr. 384	64	AnAr 90-5-68 (CTH 832). 2.3 × 4.1 cm.
Nr. 385	64	AnAr 90-7-68 (CTH 832). 2.3 × 3.0 cm.
Nr. 386	64	AnAr 80-2-74 (CTH 832 or 500). 2.8 × 2.7 cm. Of religious nature. In line 2′ [^{d}*Minki*]*n* and ^{d}*Amu*[*nkin*] are mentioned; hence, perhaps a Kizzuwatnan ritual.
Nr. 387	64	AnAr 80-3-74 (CTH 832). 3.1 × 3.2 cm.
Nr. 388	64	AnAr 96-3-76 (CTH 832). 3.1 × 2.5 cm. From the “Kuşsaray” tablets.
Nr. 389	64	AnAr 96-4-76 (CTH 832). 4.2 × 1.4 cm. From the “Kuşsaray” tablets.
Nr. 390	64	AnAr 96-5-76 (CTH 832). 3.8 × 2.0 cm. From the “Kuşsaray” tablets; mentions [^{m}*Ḫ*]*ešni* and ^{m}*Piḫa*-A.[A] in line 7′.

ÖZEL İSİMLER DİZİNİ / INDEX OF PROPER NAMES

TANRI İSİMLERİ / DIVINE NAMES

ŞAHIS İSİMLERİ / PERSONAL NAMES

YER İSİMLERİ / GEOGRAPHICAL NAMES

DAĞ İSİMLERİ / MOUNTAIN NAMES

PINAR İSMİ / SPRING NAME

KONKORDANZ / CONCORDANCE

ABoT II	AnAr	ABoT II	AnAr
1	12194 (+) KBo 28.111 (+) KBo 28.112	42	10589
2	4220 ı (+) KBo 28.98	43	10594
3	11621 a	44	10602
4	11386	45	10868
5	8916	46	11498
6	14932	47	11501
7	11401	48	11503 e
8	9722	49	11503 g
9	12928	50	11620 b
10	12131 d	51	12171
11	14921	52	14916
12	9469	53	14989
13	9134	54	21813
14	15162	55	64-1-65
15	21630	56	14973
16	80-1-74	57	4220 r
17	96-6-76	58	14951
18	12165	59	6992
19	12164 + KUB 36.67	60	8360 ı
20	10869	61	8365 f
21	11621 c	62	9138
22	11398	63	9166
23	12177	64	9465
24	10591	65	9715
25	12183	66	10322
26	14915 (+) KUB 58.79	67	10592
27	12131 b	68	10598
28	11613 a	69	10603
29	11246 a	70	11246 d
30	21626 + KBo 10.45	71	11246 e
31	11503 a + d	72	11391
32	14966	73	11396
33	8926	74	11614 a
34	4220 m	75	11616 b
35	4220 o + s	76	14453
36	6993	77	12131 f
37	8357	78	12131 h
38	9146	79	12131 k
39	10308	80	14931
40	10312	81	14933
41	10320	82	14958

KONKORDANZ / CONCORDANCE

ABoT II	AnAr	ABoT II	AnAr
83	14965	127	10609
84	14994	128	10872
85	15155	129	8357 a
86	21631	130	8840
87	21730	131	9163
88	4220 e	132	112461
89	28-1-66	133	11387
90	16-5-68	134	12174
91	80-4-74	135	12216
92	9464	136	10757
93	11618	137	15151 + KUB 5.17
94	6984	138	90-6-68
95	6987	139	70-1-76
96	7007	140	10285
97	8358 a + b	141	12157
98	8360 a	142	8360 i
99	8363	143	96-2-76
100	8847	144	16-6-68
101	9157 + KBo 41.114	145	9723
102	10310	146	12156
103	10313	147	11502 c
104	10587	148	10311
105	10865	149	10300
106	11246 g	150	12176
107	11388	151	4220 d
108	11408	152	70-2-76
109	11620 a	153	10299
110	14919	154	3137
111	14955	155	6995
112	90-4-68	156	8357 f
113	11615	157	8360 c + ğ + m
114	14922	158	8360 f
115	6964 + 6991	159	8360 h
116	10326	160	8360 n + s + ş
117	10606	161	8365 b
118	10871	162	8857
119	11499	163	8911
120	14913	164	8919
121	3544	165	9145
122	10315	166	9716
123	11613 c	167	9720
124	14920	168	9730
125	11407	169	10301
126	8357 b + c + d + e + g + h	170	10309

KONKORDANZ / CONCORDANCE

ABoT II	AnAr
171	10325
172	10588
173	10593
174	10596
175	10597
176	10604
177	10611
178	10758
179	10866
180	11246 h
181	11288 a
182	11288 b
183	11385 b
184	11402 a
185	11503 b
186	11504
187	11619 a
188	11621 b
189	12166
190	12169
191	12178
192	12186
193	12188
194	14839 b
195	14839 c
196	14923
197	14926
198	14927
199	14928
200	14936
201	14939
202	14942
203	14967
204	14970
205	14971
206	14972
207	14984
208	15160
209	21627
210	21632
211	21633
212	28-3-66
213	151-1-67
214	16-1-68
215	16-2-68
216	16-3-68
217	16-4-68 + KBo 54.222
218	16-8-68
219	16-9-68
220	16-10-68
221	16-11-68
222	90-2-68
223	87-2-06
224	4038
225	11619 b
226	11202
227	12131 a
228	10307 (+) KBo 29.130
229	26-1-68
230	16-7-68
231	21629 + KBo 11.5 + KBo 11.58
232	9150
233	12168
234	3136
235	10610
236	12175
237	11502 b
238	8918
239	11621 d + g
240	14917
241	14839 a
242	14914
243	9251
244	12170
245	10319
246	12131 c
247	42-2-66
248	14918
249	10318
250	10595
251	11616 a
252	12155
253	8915
254	8917
255	9167
256	10321
257	8360 d
258	10873

KONKORDANZ / CONCORDANCE

ABoT II	AnAr	ABoT II	AnAr
259	11246 ı	303	9470
260	11617 b	304	9718
261	11616 c	305	9719
262	11619 c + e	306	9728
263	14935	307	9729
264	6966	308	9731
265	6968	309	9732
266	6988	310	10314
267	6996	311	10316
268	7002	312	10317
269	7004	313	10323
270	8354	314	10324
271	8355	315	10601 a
272	8358 c	316	10601 b
273	8360 b	317	10607
274	8360 ç	318	10608
275	8360 e	319	10759
276	8360 g	320	11240 a
277	8360 j	321	11240 b
278	8360 k	322	11246 f
279	8360 r	323	11246 i
280	8364	324	11385 a
281	8365 a	325	11390
282	8365 ç	326	11392
283	8365 ğ	327	11393
284	8844 a	328	11404
285	8844 c	329	11500
286	8845	330	11617 a
287	8846	331	11621 e
288	8850	332	12131 g
289	8852	333	12163
290	8853	334	12180
291	8856	335	12181
292	8913	336	12182
293	8920	337	12189
294	8921	338	12196
295	8922	339	12197
296	9143	340	14455
297	9144	341	14924
298	9460	342	14925
299	9461	343	14929
300	9462	344	14930
301	9463	345	14937
302	9467	346	14938

KONKORDANZ / CONCORDANCE

ABoT II	AnAr	ABoT II	AnAr
347	14941	369	21731
348	14944	370	21733
349	14947	371	21740
350	14954	372	21766
351	14957	373	21771
352	14964	374	21829
353	14968	375	4220 b
354	14969	376	4220 c
355	14974	377	4220 h
356	14975	378	4220 k
357	14978	379	4220 ö
358	14981	380	68-3-65
359	14982	381	28-2-66
360	14983	382	26-2-68
361	15154	383	26-3-68
362	15156	384	90-5-68
363	15159	385	90-7-68
364	15161	386	80-2-74
365	21624	387	80-3-74
366	21625	388	96-3-76
367	21720	389	96-4-76
368	21721	390	96-5-76

KONKORDANZ / CONCORDANCE

AnAr	ABoT II	AnAr	ABoT II
3136	234	8360 h	159
3137	154	8360 ı	60
3544	121	8360 i	142
4038	224	8360 j	277
4220 b	375	8360 k	278
4220 c	376	8360 n + s + ş	160
4220 d	151	8360 r	279
4220 e	88	8363	99
4220 h	377	8364	280
4220 ı (+) KBo 28.98	2	8365 a	281
4220 k	378	8365 b	161
4220 m	34	8365 ç	282
4220 o + s	35	8365 f	61
4220 ö	379	8365 ğ	283
4220 r	57	8840	130
6964 + 6991	115	8844 a	284
6966	264	8844 c	285
6968	265	8845	286
6984	94	8846	287
6987	95	8847	100
6988	266	8850	288
6992	59	8852	289
6993	36	8853	290
6995	155	8856	291
6996	267	8857	162
7002	268	8911	163
7004	269	8913	292
7007	96	8915	253
8354	270	8916	5
8355	271	8917	254
8357	37	8918	238
8357 a	129	8919	164
8357 b + c + d + e + g + h	126	8920	293
8357 f	156	8921	294
8358 a + b	97	8922	295
8358 c	272	8926	33
8360 a	98	9134	13
8360 b	273	9138	62
8360 c + ğ + m	157	9143	296
8360 ç	274	9144	297
8360 d	257	9145	165
8360 e	275	9146	38
8360 f	158	9150	232
8360 g	276	9157 + KBo 41.114	101

KONKORDANZ / CONCORDANCE

AnAr	ABoT II	AnAr	ABoT II
9163	131	10322	66
9166	63	10323	313
9167	255	10324	314
9251	243	10325	171
9460	298	10326	116
9461	299	10587	104
9462	300	10588	172
9463	301	10589	42
9464	92	10591	24
9465	64	10592	67
9467	302	10593	173
9469	12	10594	43
9470	303	10595	250
9715	65	10596	174
9716	166	10597	175
9718	304	10598	68
9719	305	10601 a	315
9720	167	10601 b	316
9722	8	10602	44
9723	145	10603	69
9728	306	10604	176
9729	307	10606	117
9730	168	10607	317
9731	308	10608	318
9732	309	10609	127
10285	140	10610	235
10299	153	10611	177
10300	149	10757	136
10301	169	10758	178
10307 (+) KBo 29.130	228	10759	319
10308	39	10865	105
10309	170	10866	179
10310	102	10868	45
10311	148	10869	20
10312	40	10871	118
10313	103	10872	128
10314	310	10873	258
10315	122	11202	226
10316	311	11240 a	320
10317	312	11240 b	321
10318	249	11246 a	29
10319	245	11246 d	70
10320	41	11246 e	71
10321	256	11246 f	322

KONKORDANZ / CONCORDANCE

AnAr	ABoT II	AnAr	ABoT II
11246 g	106	11619 a	187
11246 h	180	11619 b	225
11246 ı	259	11619 c + e	262
11246 i	323	11620 a	109
11246 l	132	11620 b	50
11288 a	181	11621 a	3
11288 b	182	11621 b	188
11385 a	324	11621 c	21
11385 b	183	11621 d + g	239
11386	4	11621 e	331
11387	133	12131 a	227
11388	107	12131 b	27
11390	325	12131 c	246
11391	72	12131 d	10
11392	326	12131 f	77
11393	327	12131 g	332
11396	73	12131 h	78
11398	22	12131 k	79
11401	7	12155	252
11402 a	184	12156	146
11404	328	12157	141
11407	125	12163	333
11408	108	12164 + KUB 36.67	19
11498	46	12165	18
11499	119	12166	189
11500	329	12168	233
11501	47	12169	190
11502 b	237	12170	244
11502 c	147	12171	51
11503 a + d	31	12174	134
11503 b	185	12175	236
11503 e	48	12176	150
11503 g	49	12177	23
11504	186	12178	191
11613 a	28	12180	334
11613 c	123	12181	335
11614 a	74	12182	336
11615	113	12183	25
11616 a	251	12186	192
11616 b	75	12188	193
11616 c	261	12189	337
11617 a	330	12194 (+) KBo 28.111 (+) KBo 28.112	1
11617 b	260	12196	338
11618	93	12197	339

KONKORDANZ / CONCORDANCE

AnAr	ABoT II	AnAr	ABoT II
12216	135	14966	32
12928	9	14967	203
14453	76	14968	353
14455	340	14969	354
14839 a	241	14970	204
14839 b	194	14971	205
14839 c	195	14972	206
14913	120	14973	56
14914	242	14974	355
14915 (+) KUB 58.79	26	14975	356
14916	52	14978	357
14917	240	14981	358
14918	248	14982	359
14919	110	14983	360
14920	124	14984	207
14921	11	14989	53
14922	114	14994	84
14923	196	15151 (+) KUB 5.17	137
14924	341	15154	361
14925	342	15155	85
14926	197	15156	362
14927	198	15159	363
14928	199	15160	208
14929	343	15161	364
14930	344	15162	14
14931	80	21624	365
14932	6	21625	366
14933	81	21626 + KBo 10.45	30
14935	263	21627	209
14936	200	21629 + KBo 11.5 + KBo 11.58	231
14937	345	21630	15
14938	346	21631	86
14939	201	21632	210
14941	347	21633	211
14942	202	21720	367
14944	348	21721	368
14947	349	21730	87
14951	58	21731	369
14954	350	21733	370
14955	111	21740	371
14957	351	21766	372
14958	82	21771	373
14964	352	21813	54
14965	83	21829	374

KONKORDANZ / CONCORDANCE

AnAr	ABoT II	AnAr	ABoT II
64-1-65	55	26-2-68	382
68-3-65	380	26-3-68	383
28-1-66	89	90-2-68	222
28-2-66	381	90-4-68	112
28-3-66	212	90-5-68	384
42-2-66	247	90-6-68	138
151-1-67	213	90-7-68	385
16-1-68	214	80-1-74	16
16-2-68	215	80-2-74	386
16-3-68	216	80-3-74	387
16-4-68 + KBo 54.222	217	80-4-74	91
16-5-68	90	70-1-76	139
16-6-68	144	70-2-76	152
16-7-68	230	96-2-76	143
16-8-68	218	96-3-76	388
16-9-68	219	96-4-76	389
16-10-68	220	96-5-76	390
16-11-68	221	96-6-76	17
26-1-68	229	87-2-06	223

LEVHALAR

PLATES

Text 1

AnAr 12194
(+) KBo 28.111 (+)KBo 28.112

önyüz / obverse

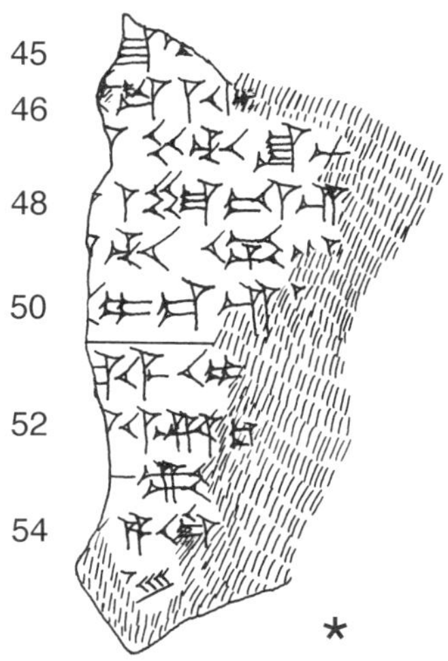

Text 2

AnAr 4220₁ (+) KBo 28.98

önyüz / obverse

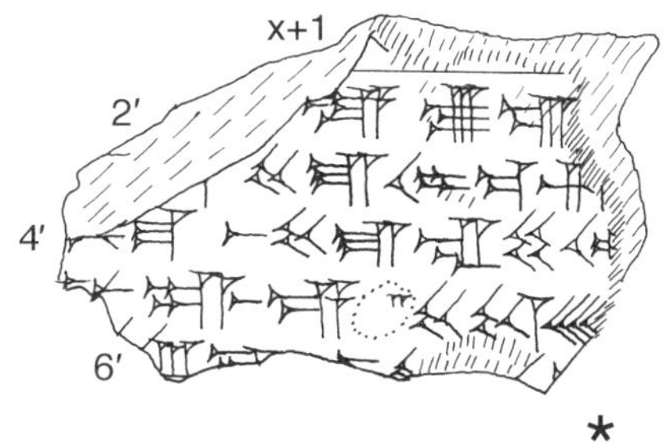

Text 3

AnAr 11621 a

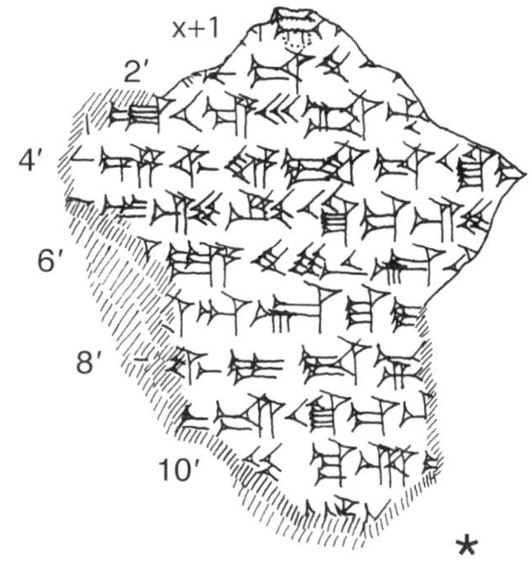

Text 4

AnAr 11386

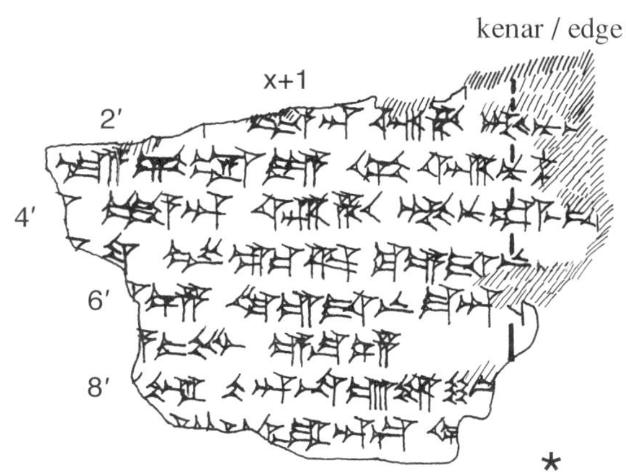

Text 5

AnAr 8916

önyüz / obverse

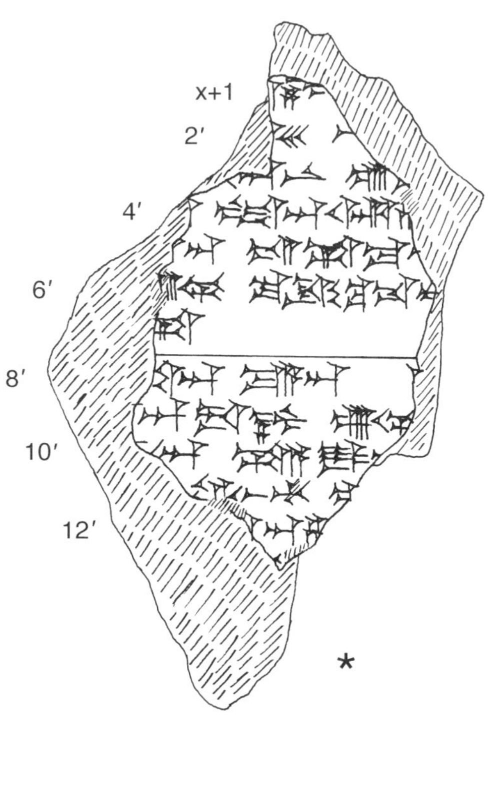

Text 6

AnAr 14932

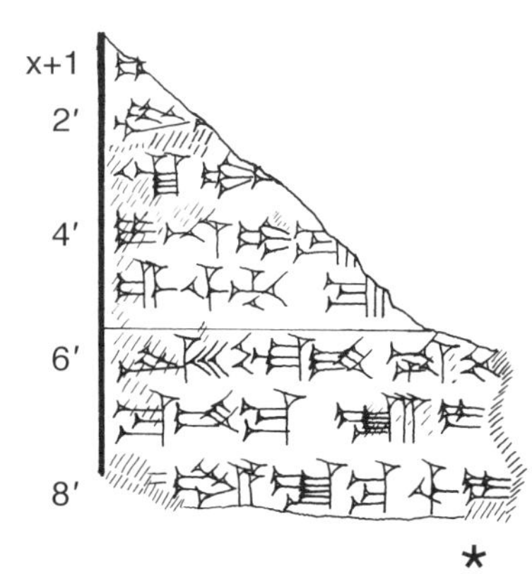

Text 7

AnAr 11401

önyüz / obverse

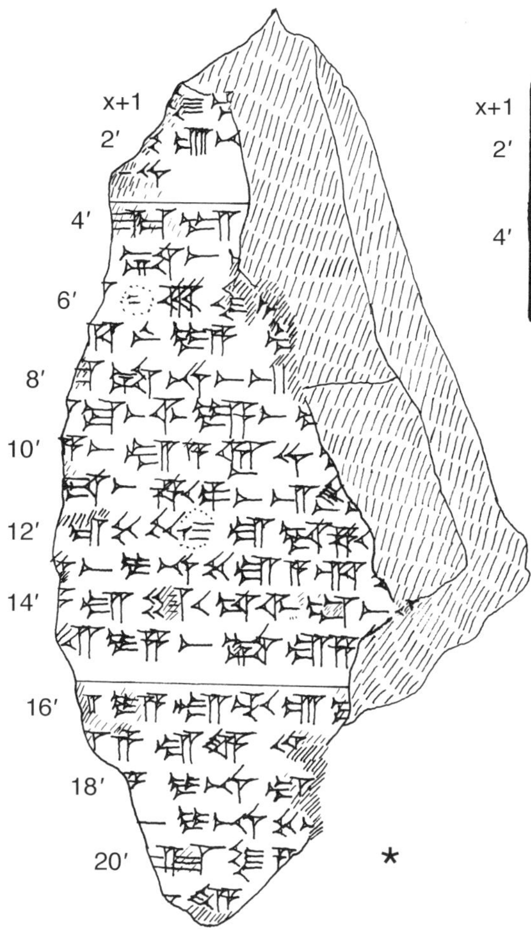

Text 8

AnAr 9722

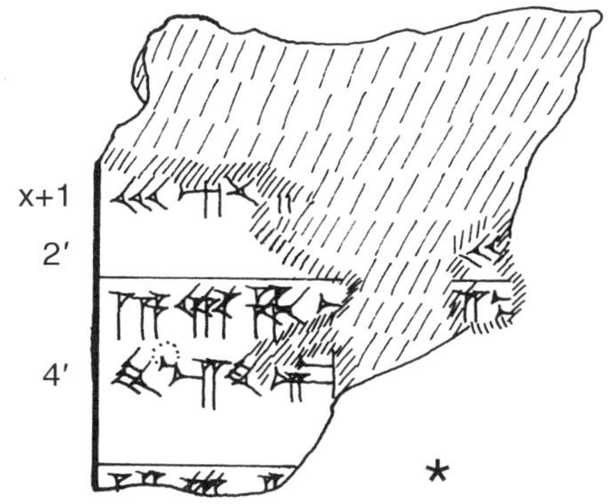

Text 9

AnAr 12928

önyüz / obverse

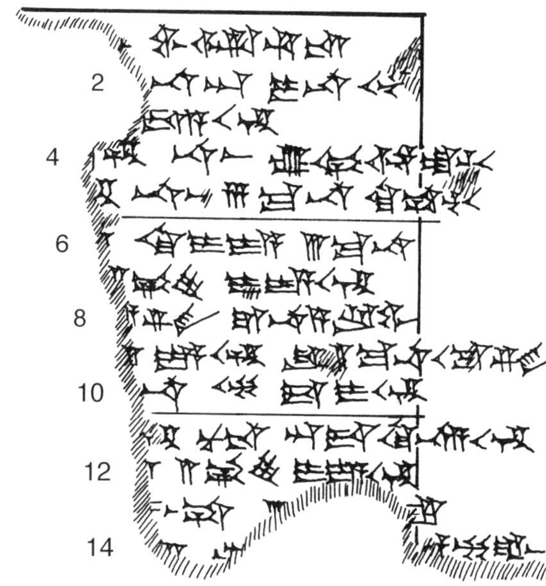

arkayüz / reverse

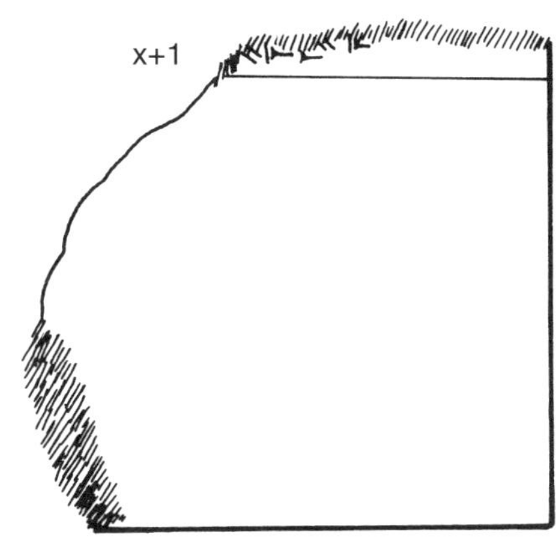

Text 10

AnAr 12131 d

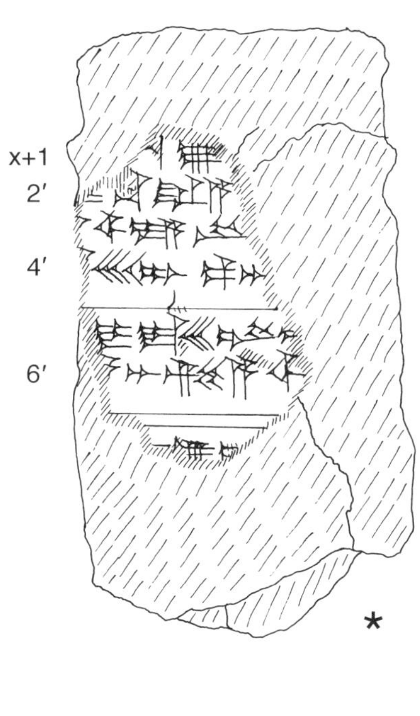

Text 11

AnAr 14921

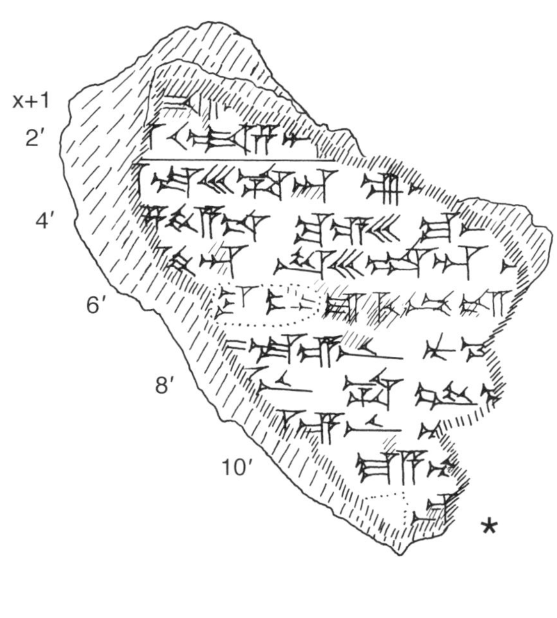

Text 12

AnAr 9469

arkayüz? / reverse?

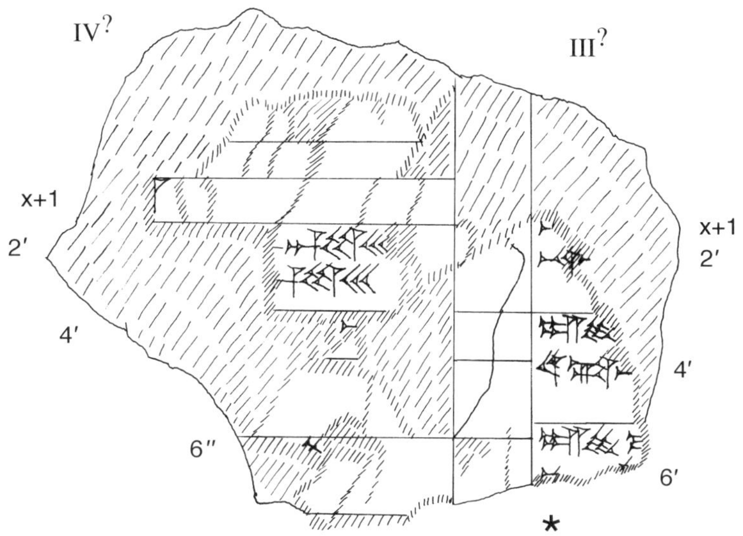

Text 13

AnAr 9134

önyüz / obverse

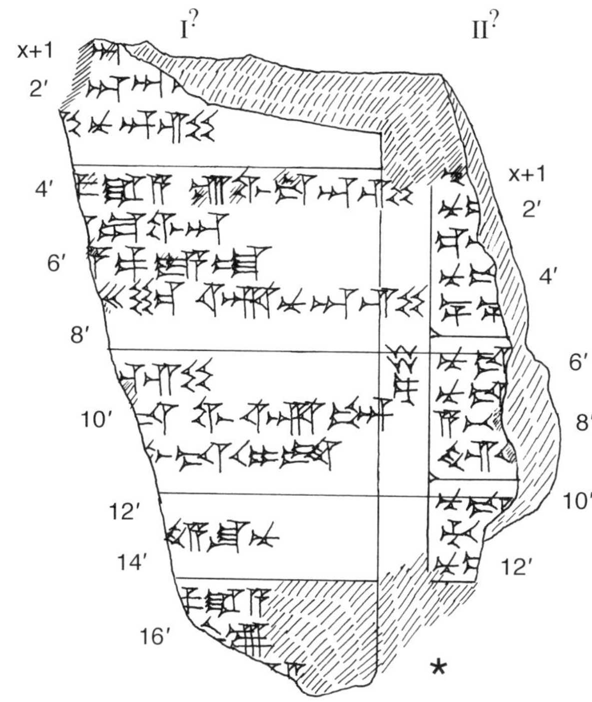

Text 15

AnAr 21630

önyüz / obverse

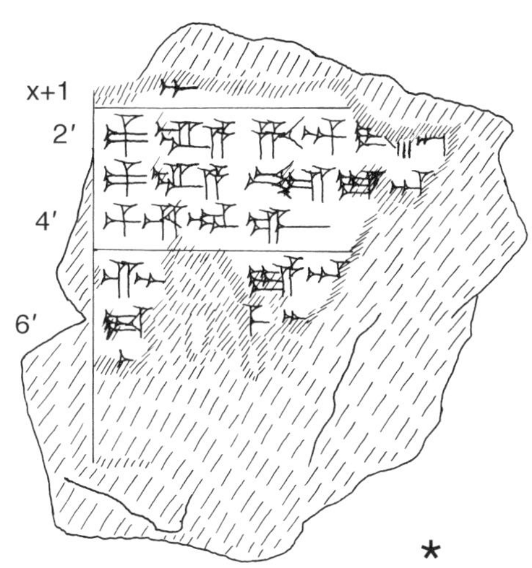

Text 14

AnAr 15162

önyüz / obverse

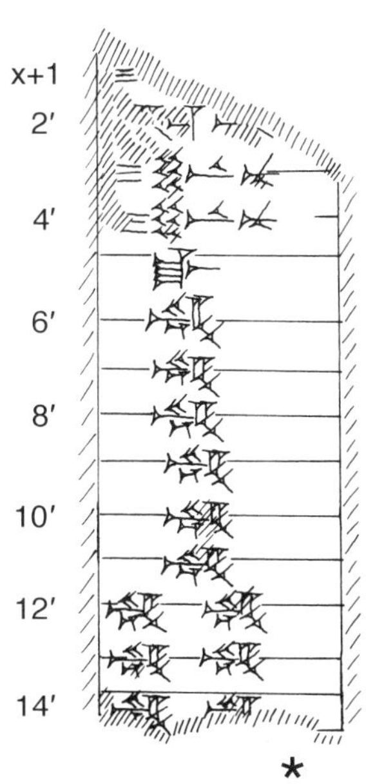

Text 16

AnAr 80-1-74

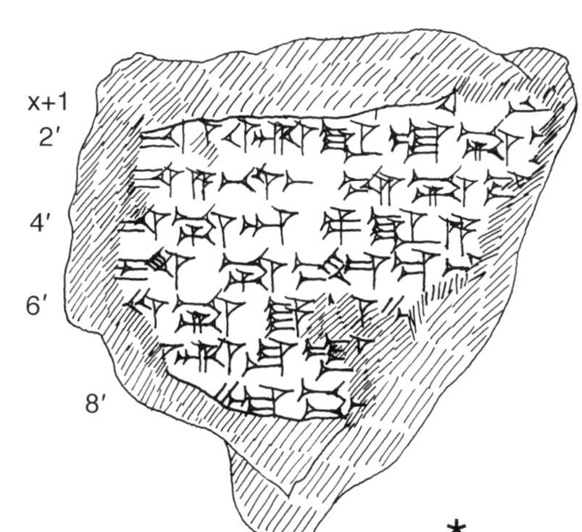

Text 17

AnAr 96-6-76

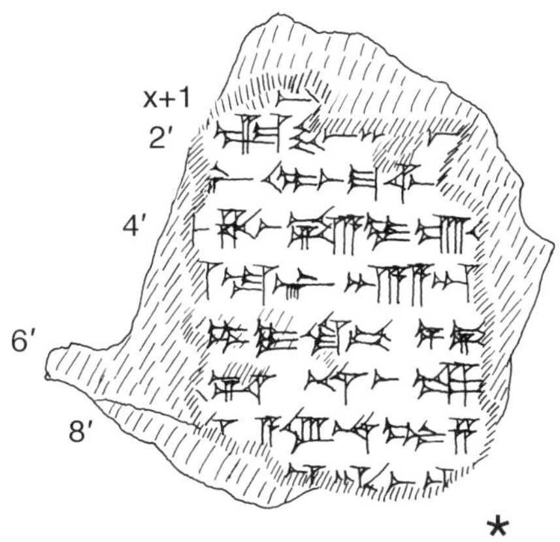

Text 18

AnAr 12165

arkayüz / reverse

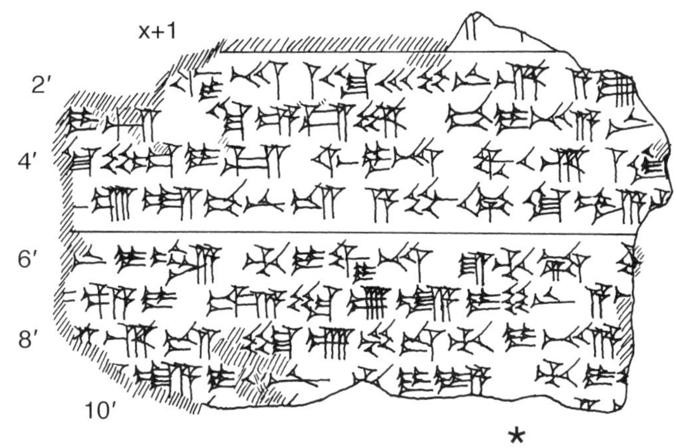

Text 19

AnAr 12164 + KUB 36.67

arkayüz / reverse

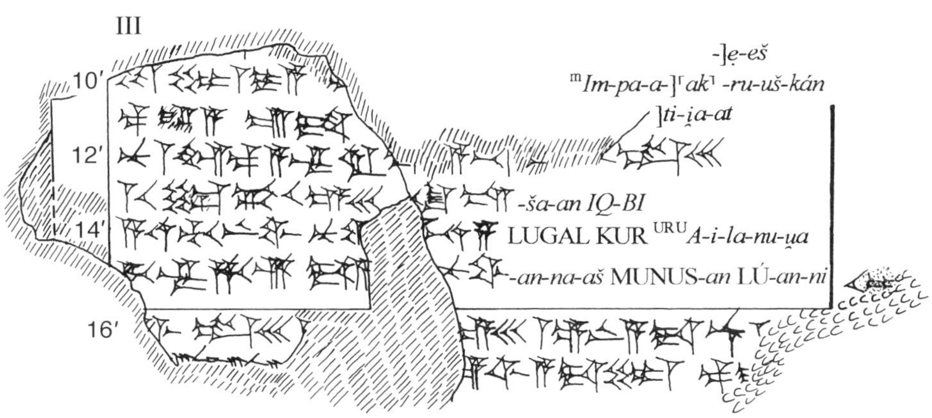

Text 21

AnAr 11621 c

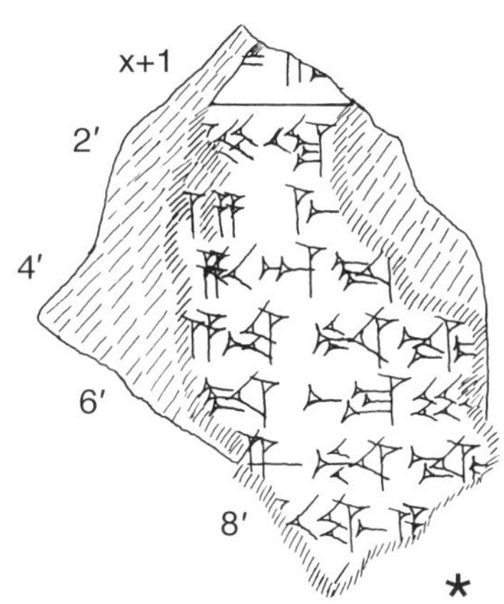

Text 20

AnAr 10869

önyüz / obverse

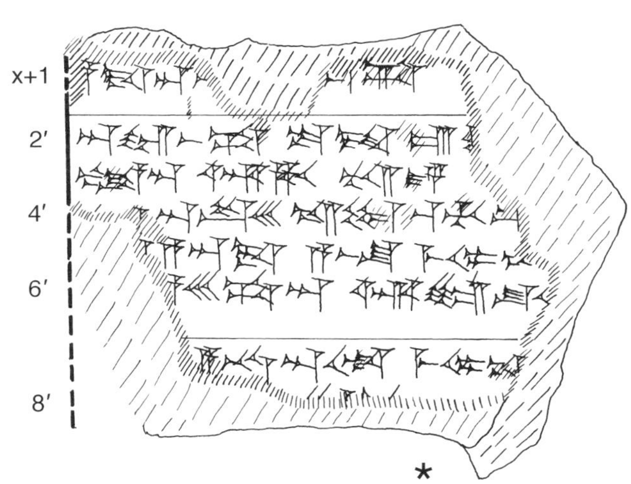

Text 22

AnAr 11398

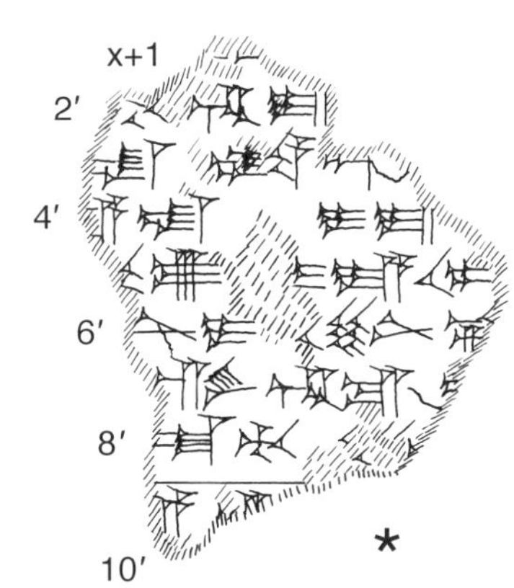

Text 24

AnAr 10591

önyüz / obverse

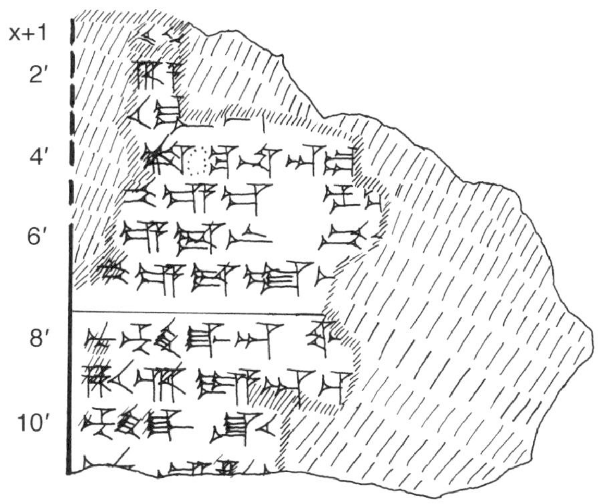

arkayüz / reverse

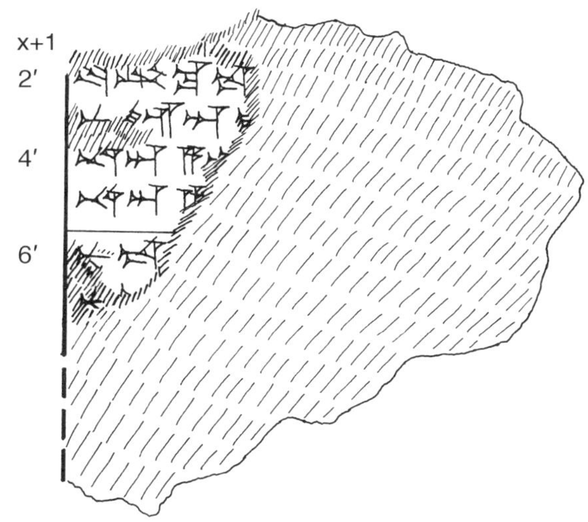

Text 23

AnAr 12177

arkayüz / reverse

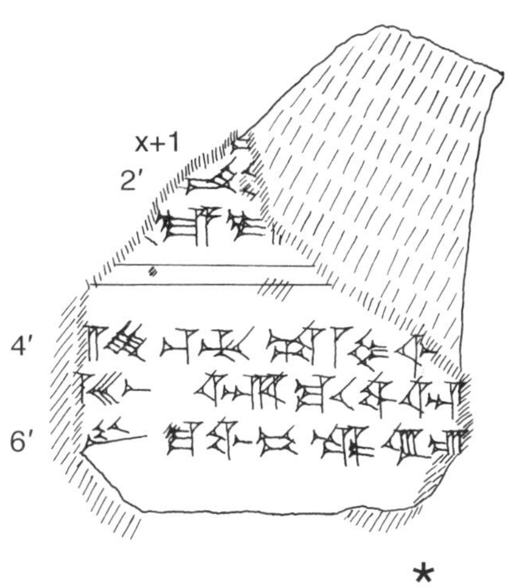

Text 26

AnAr 14915 (+) KUB 58.79

önyüz / obverse

arkayüz / reverse

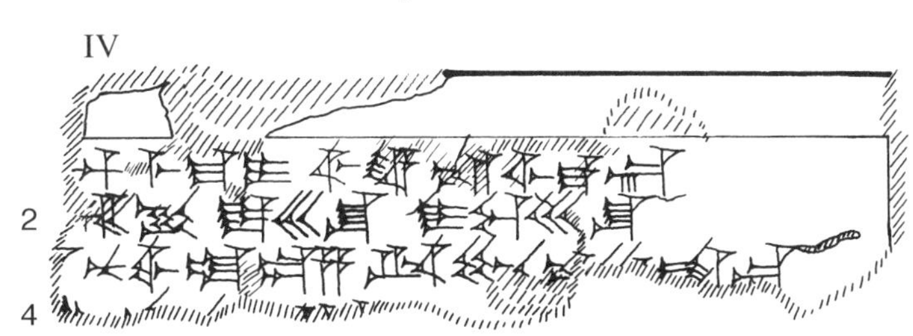

Text 25

AnAr 12183

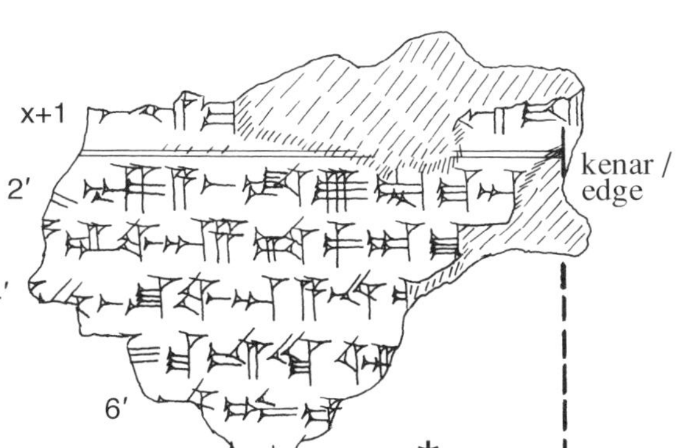

Text 27

AnAr 12131 b

önyüz / obverse

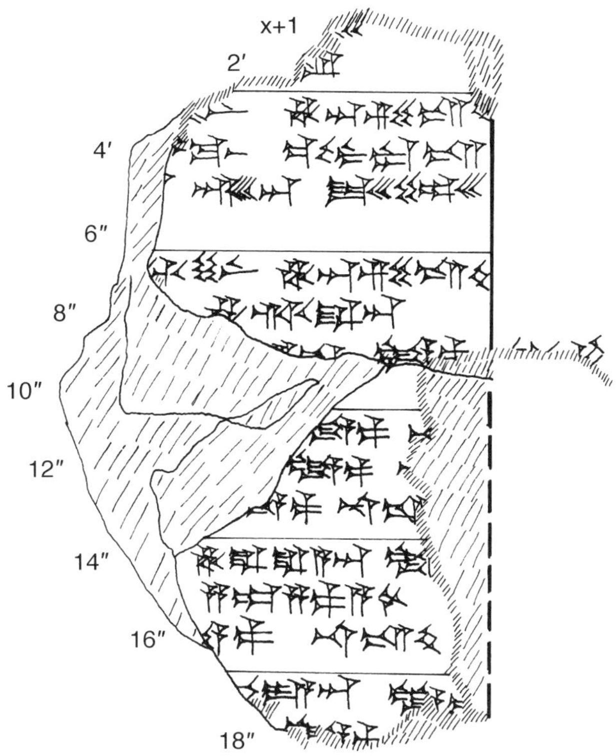

arkayüz / reverse

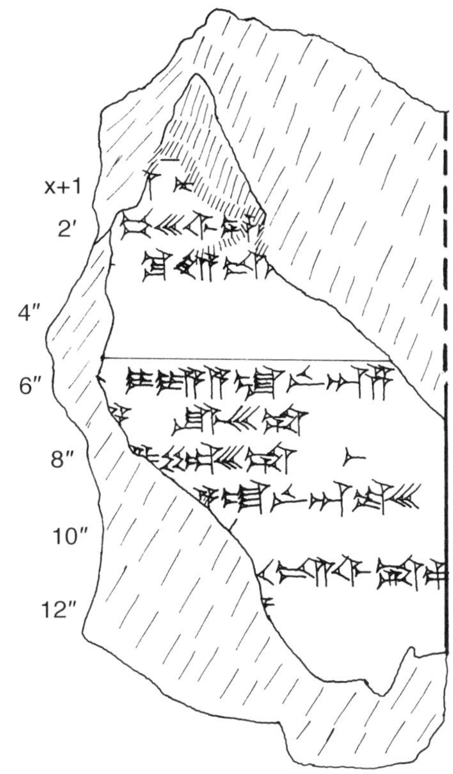

Text 28

AnAr 11613 a

önyüz / obverse

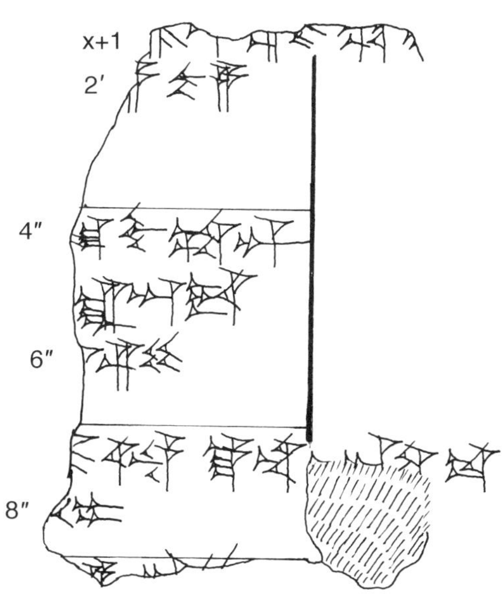

arkayüz / reverse

kenar / edge

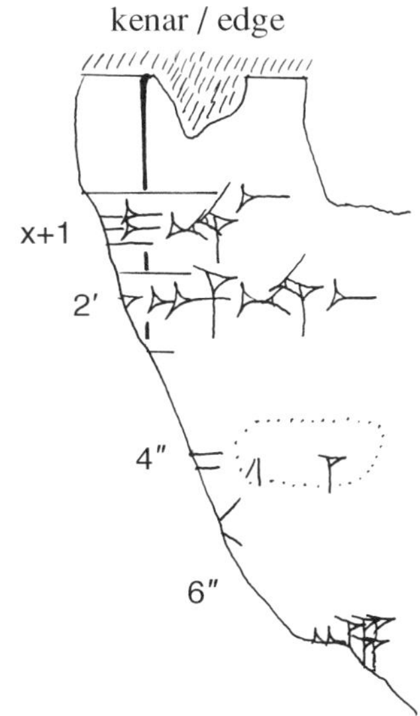

Text 29

AnAr 11246 a

arkayüz? / reverse?

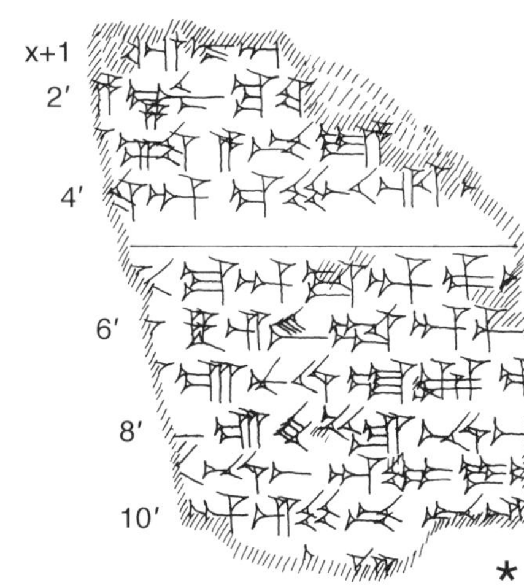

Text 30

AnAr 21626 + KBo 10.45

önyüz / obverse

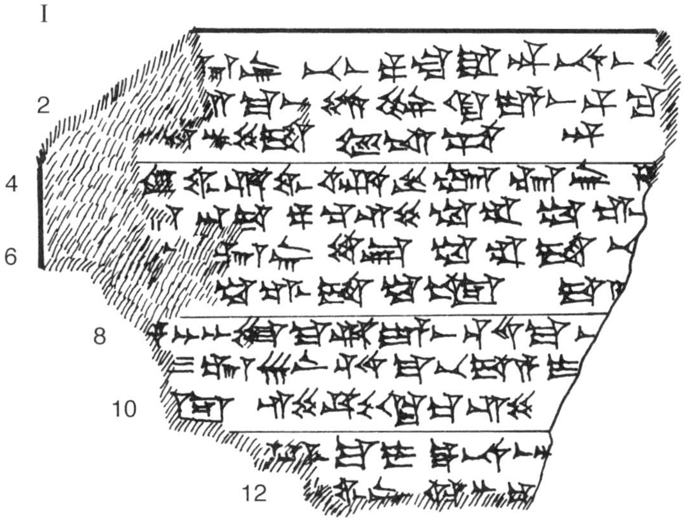

arkayüz / reverse

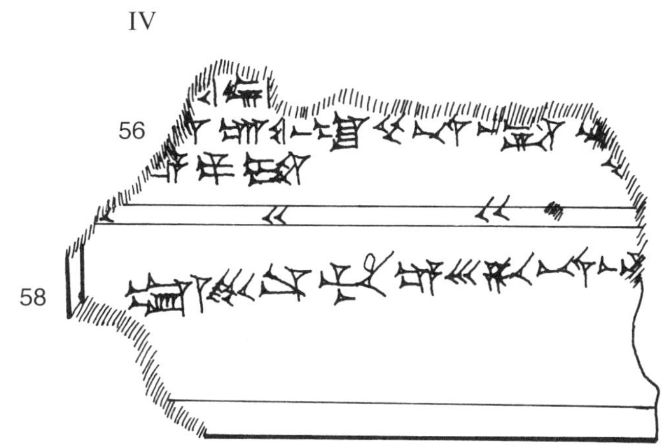

Text 31

AnAr 11503 a+d

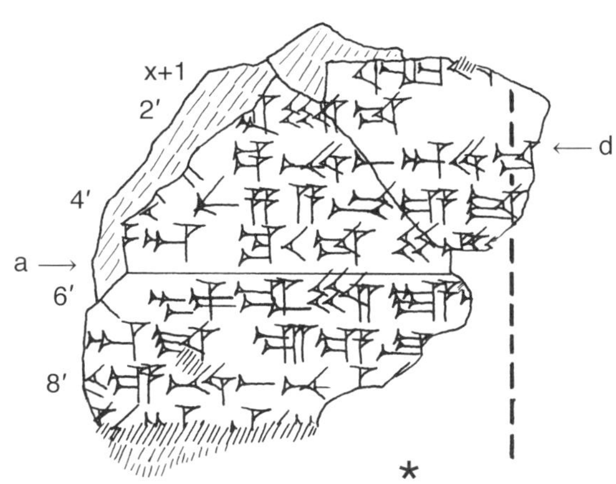

Text 32

AnAr 14966

önyüz / obverse

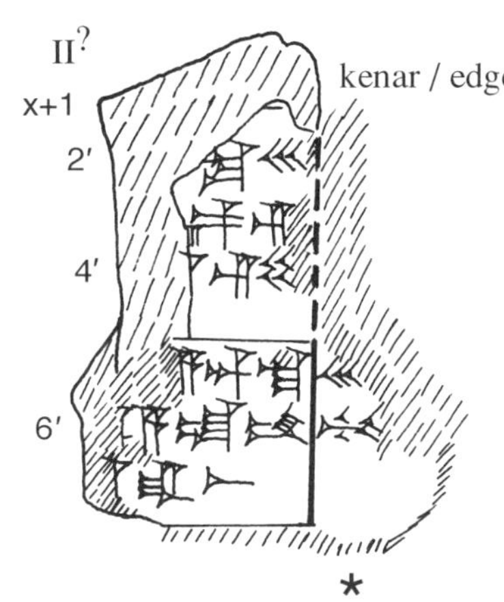

Text 33

AnAr 8926

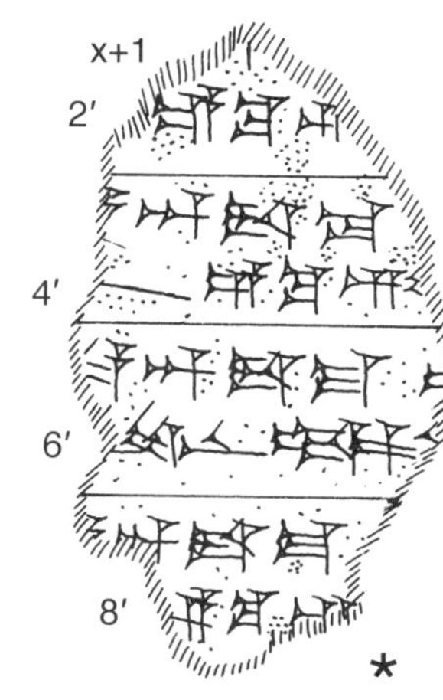

Text 35

AnAr 4220 o+s

Text 34

AnAr 4220 m

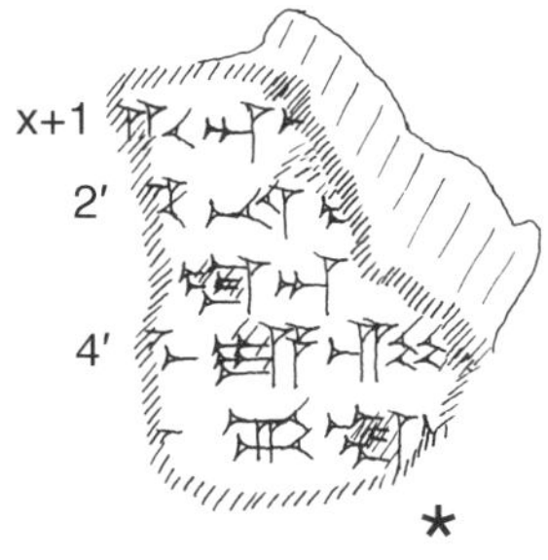

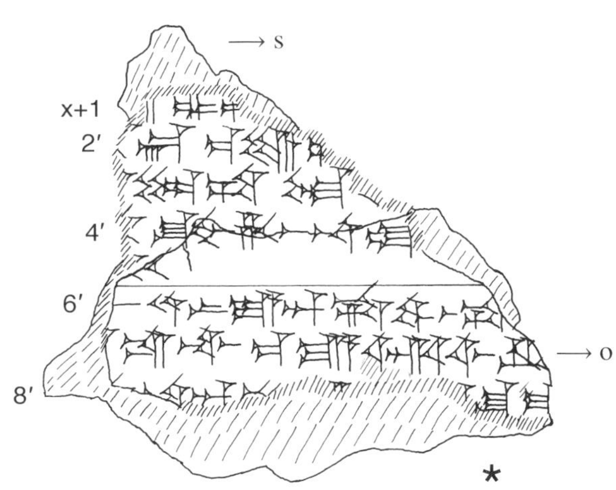

Text 36

AnAr 6993

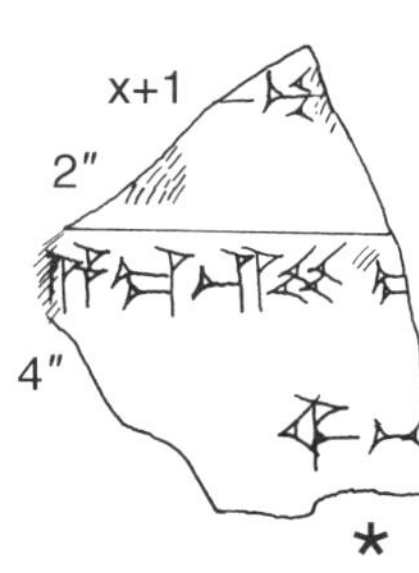

Text 37

AnAr 8357

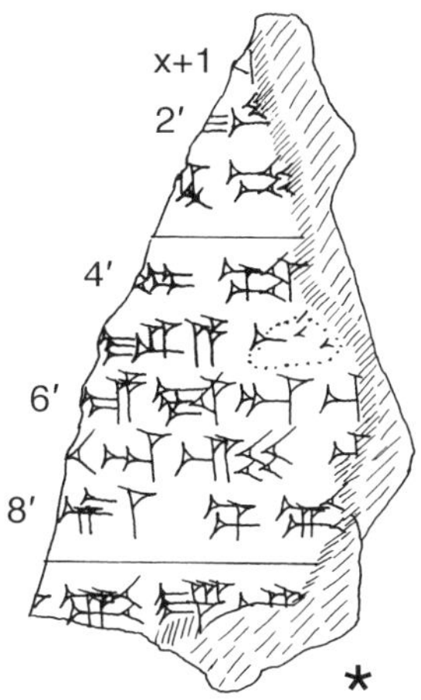

Text 38

AnAr 9146

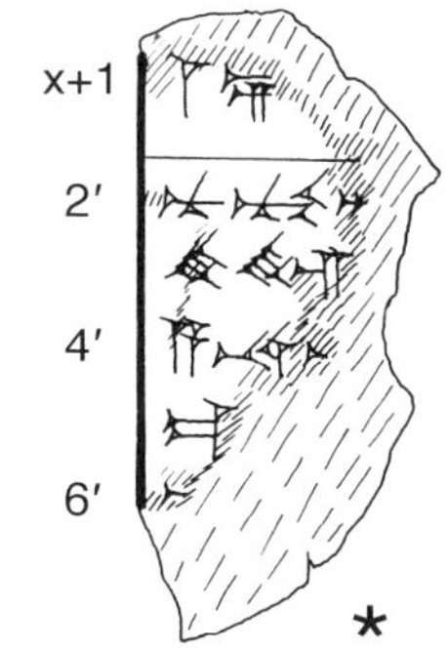

Text 39

AnAr 10308

arkayüz / reverse

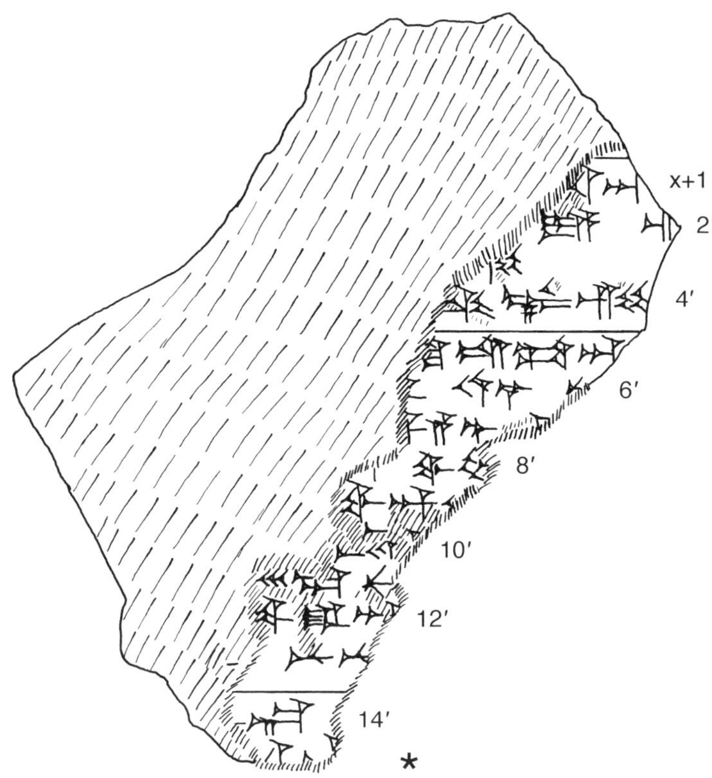

Text 40

AnAr 10312

arkayüz / reverse

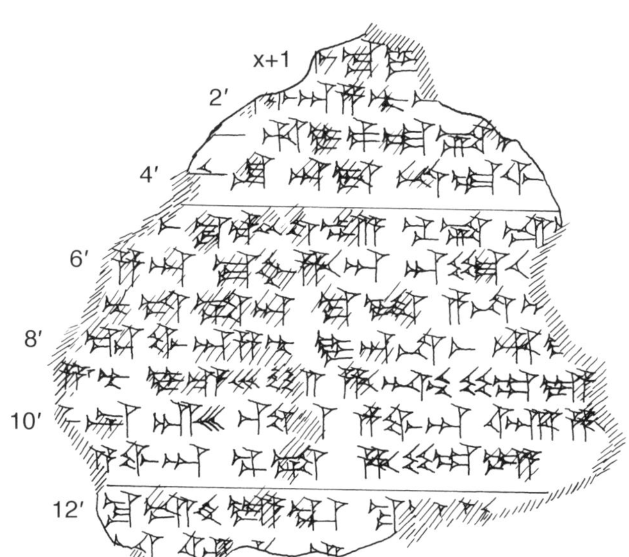

Text 41

AnAr 10320

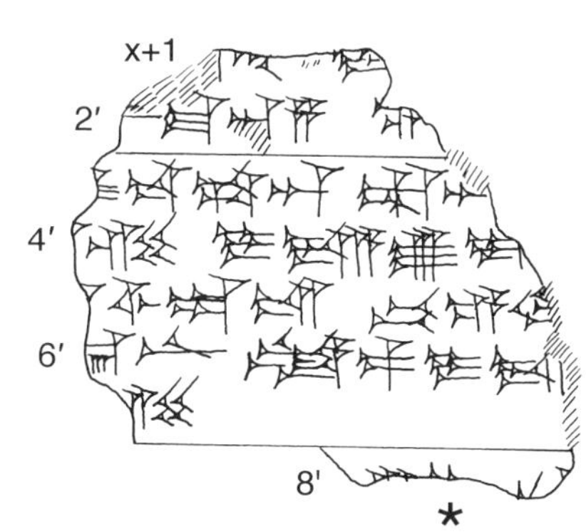

Text 42

AnAr 10589

önyüz? / obverse?

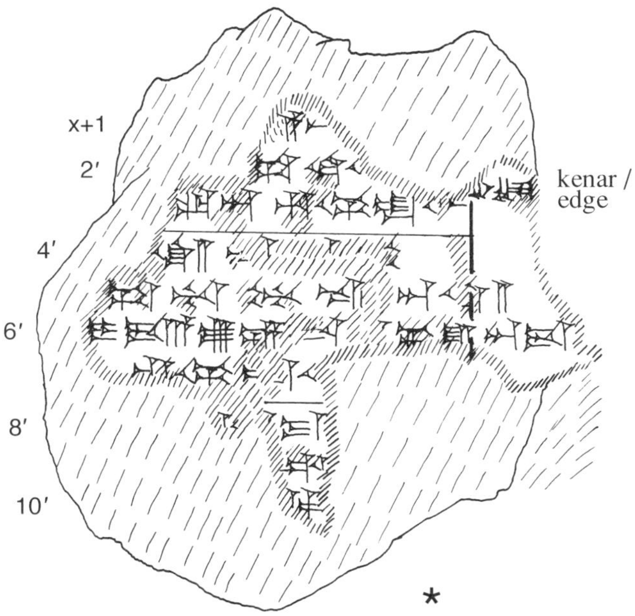

Text 43

AnAr 10594

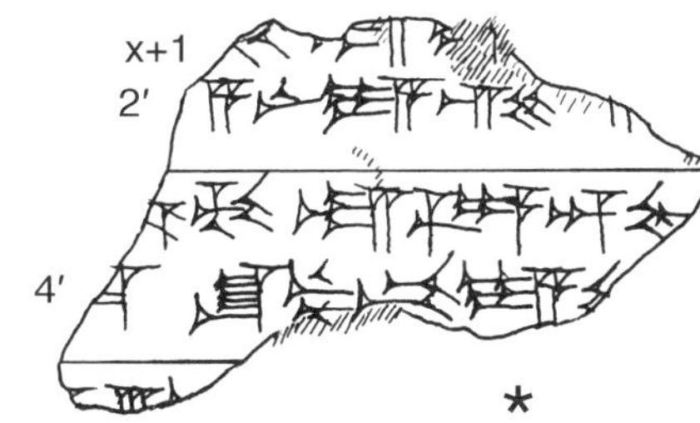

Text 44

AnAr 10602

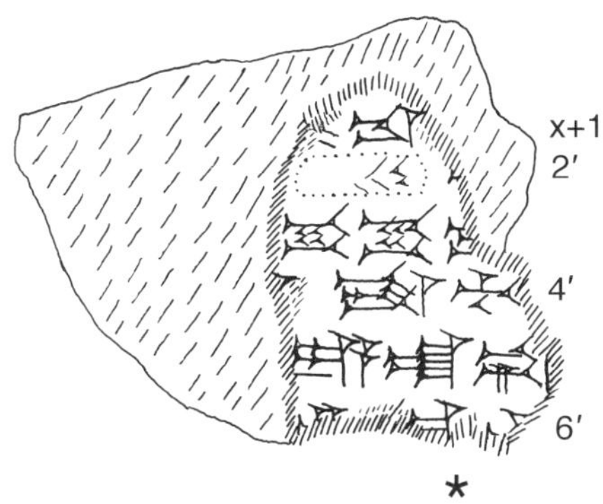

Text 45

AnAr 10868

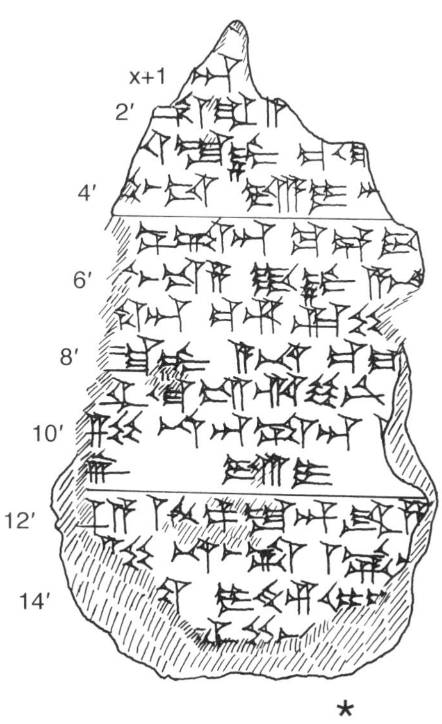

Text 46

AnAr 11498

önyüz? / obverse?

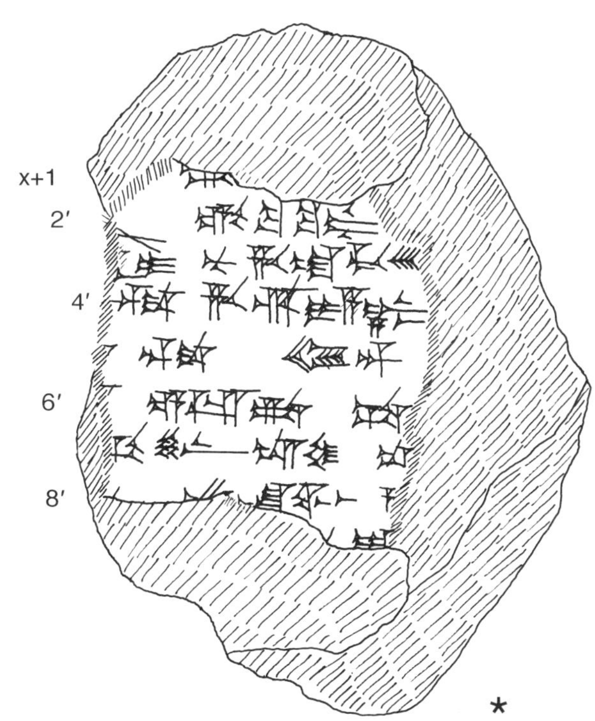

Text 47

AnAr 11501

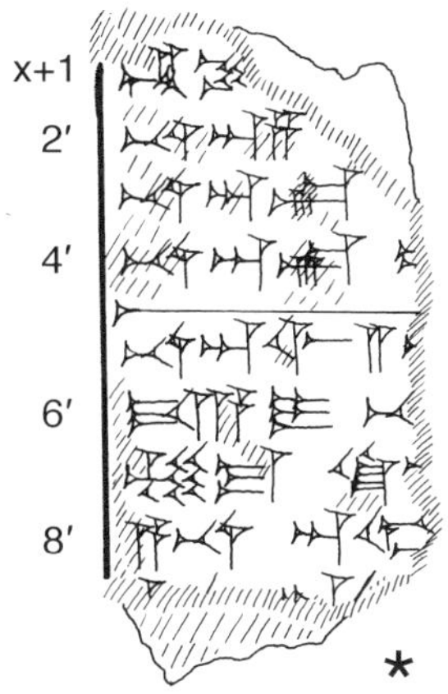

Text 48

AnAr 11503 e

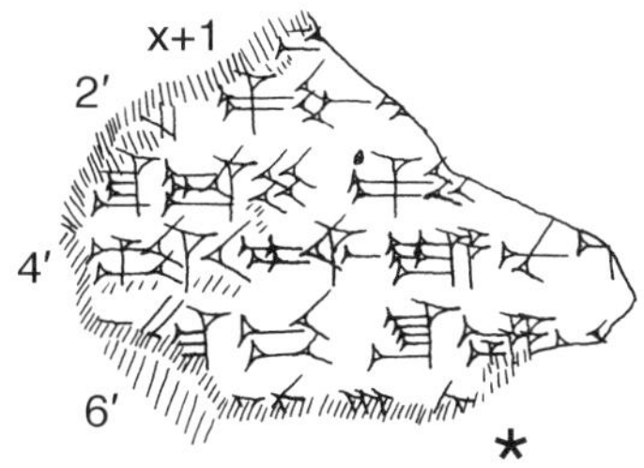

Text 49

AnAr 11503 g

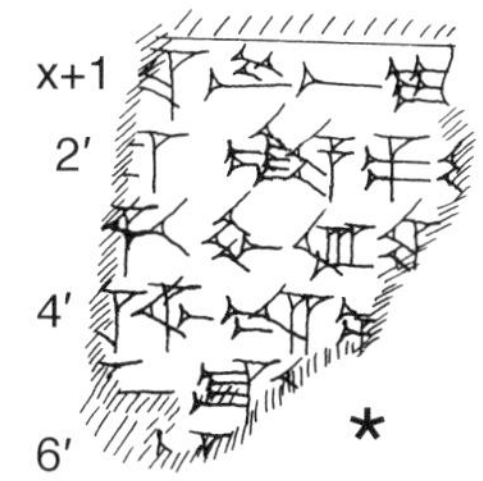

Text 50

AnAr 11620 b

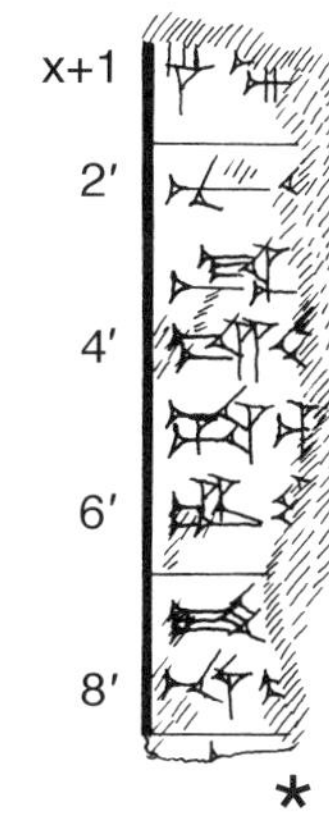

Text 51

AnAr 12171

önyüz / obverse

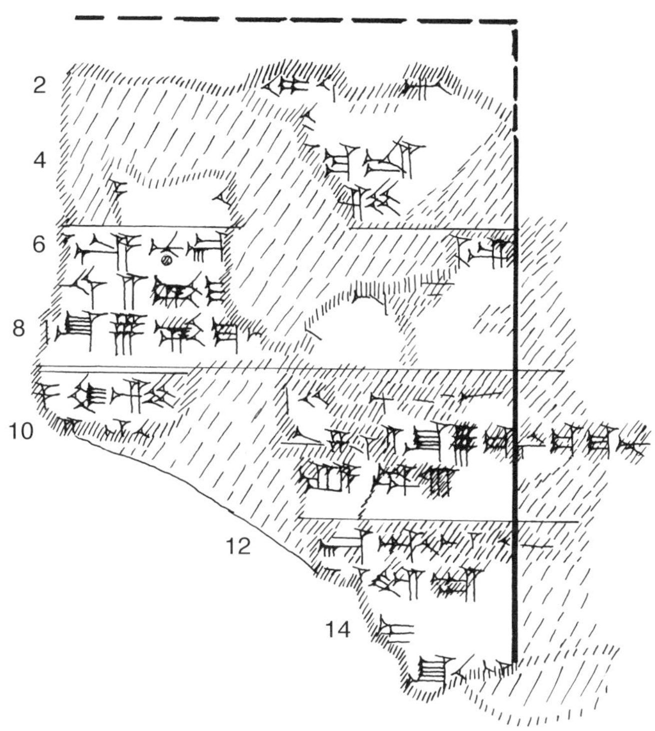

arkayüz / reverse

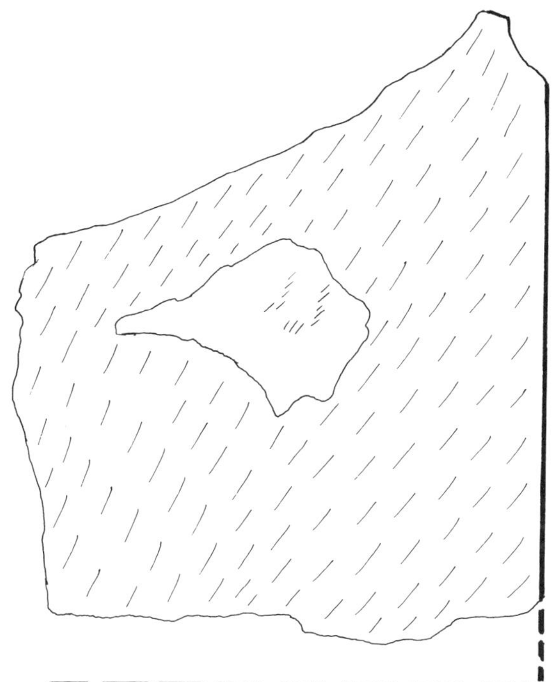

Text 52

AnAr 14916

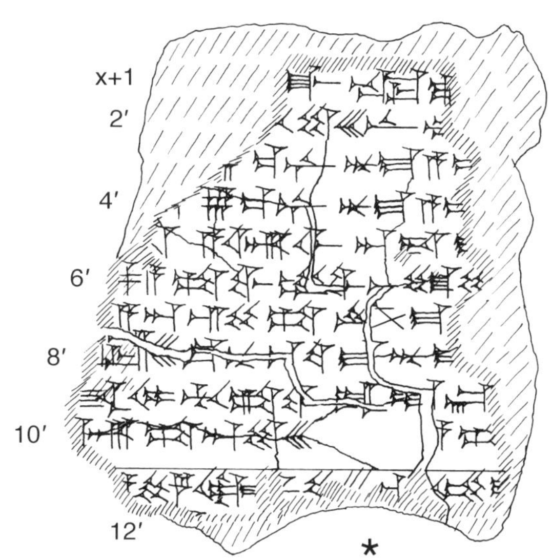

Text 53

AnAr 14989

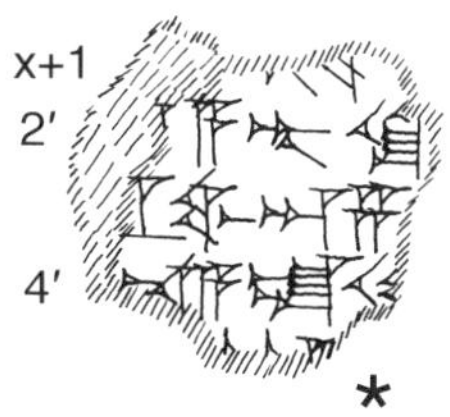

Text 54

AnAr 21813

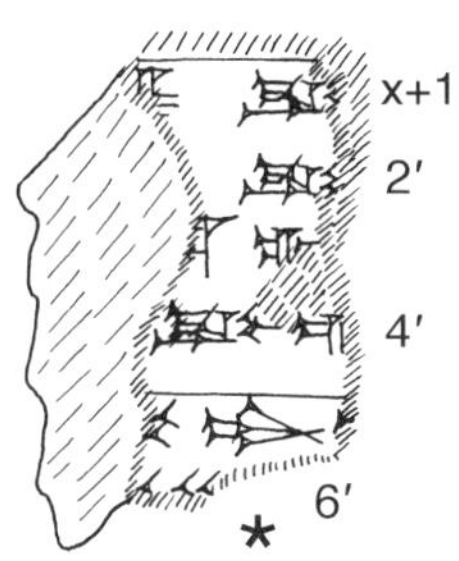

Text 55

AnAr 64-1-65

önyüz / obverse

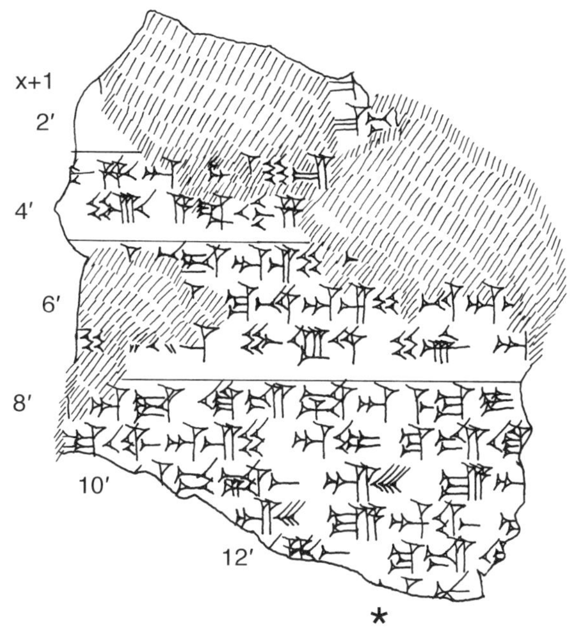

Text 56

AnAr 14973

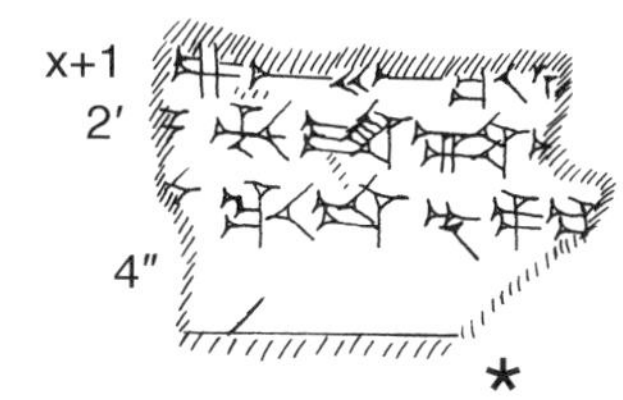

Text 57

AnAr 4220 r

önyüz / obverse

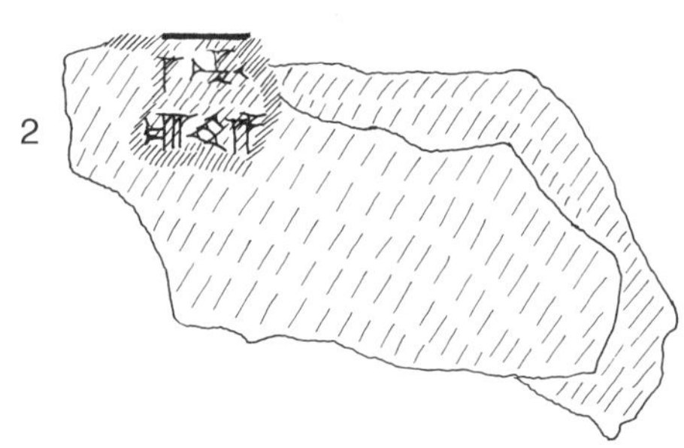

arkayüz / reverse

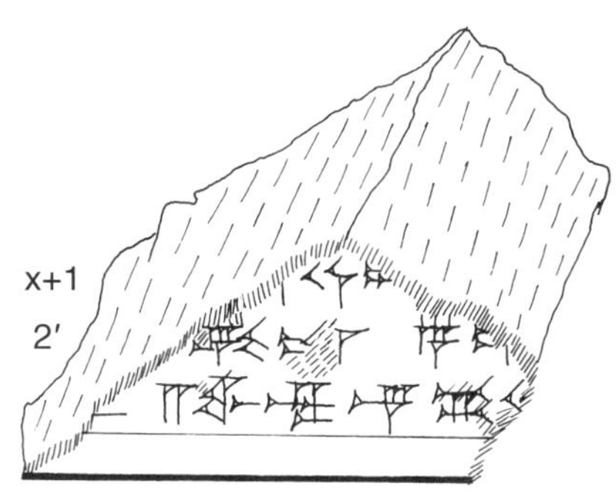

Text 58

AnAr 14951

önyüz? / obverse?

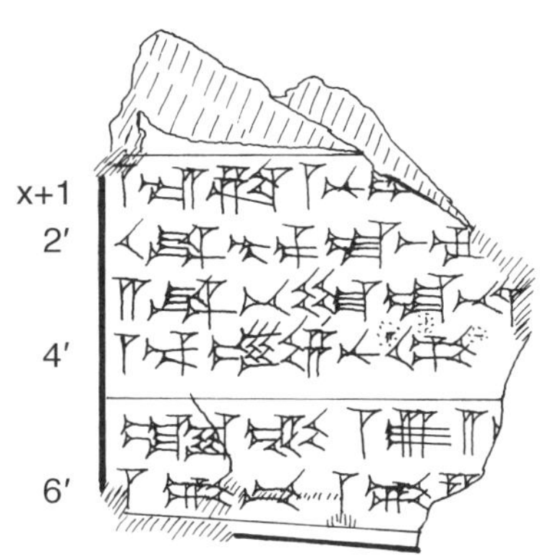

arkayüz? / reverse?

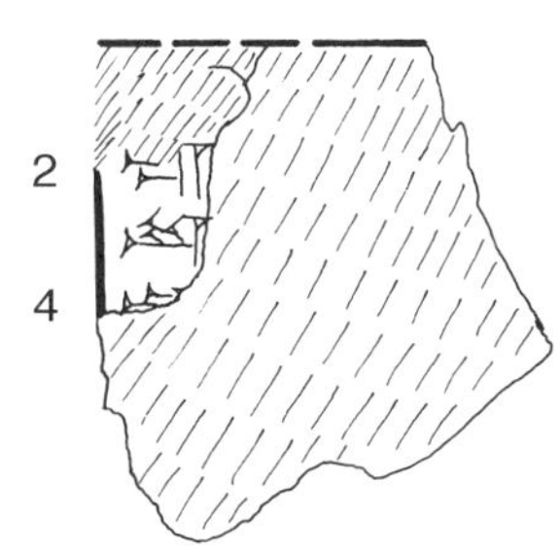

Text 59

AnAr 6992

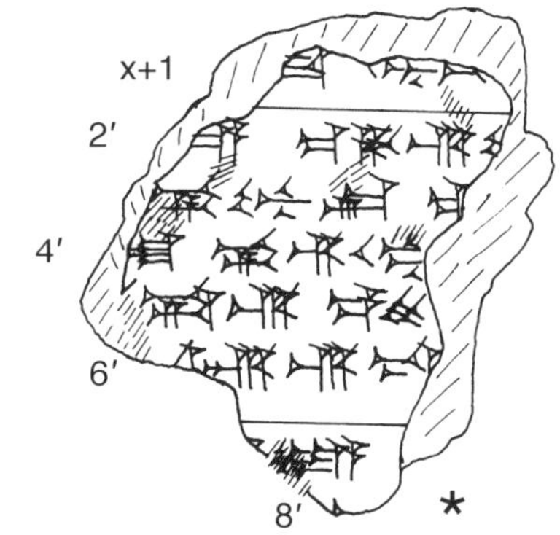

Text 60

AnAr 8360 ı

arkayüz / reverse

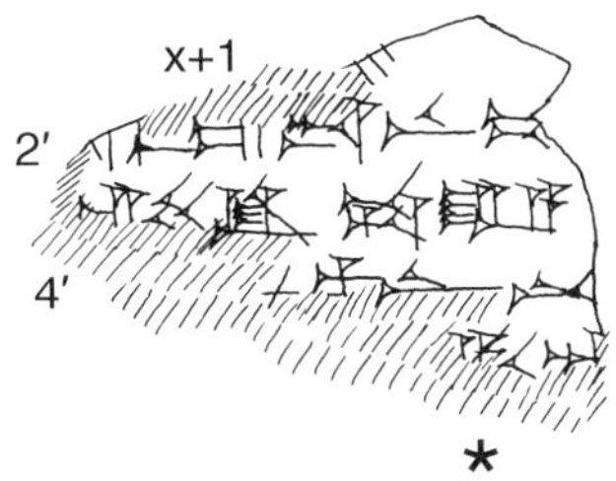

Text 61

AnAr 8365 f

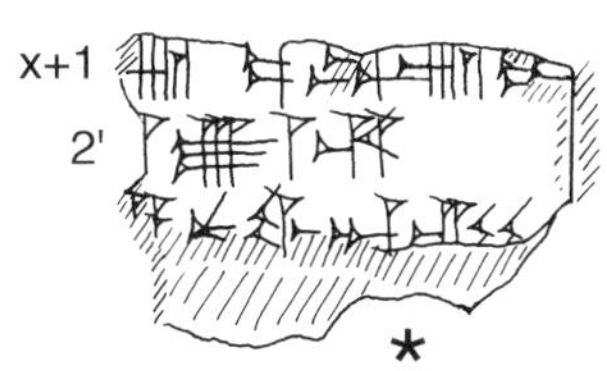

Text 62

AnAr 9138

önyüz / obverse

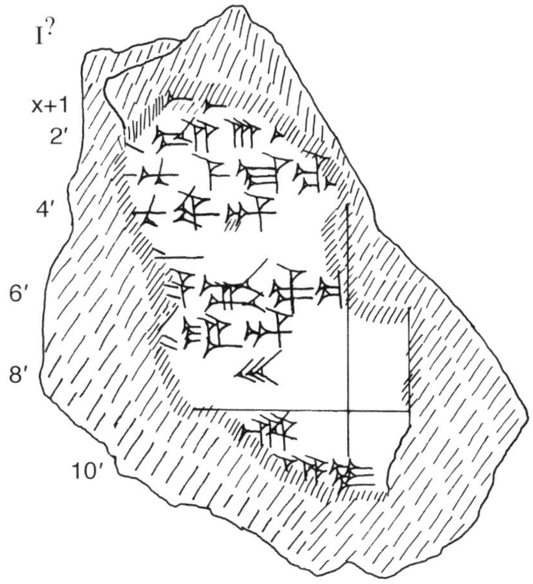

arkayüz / reverse

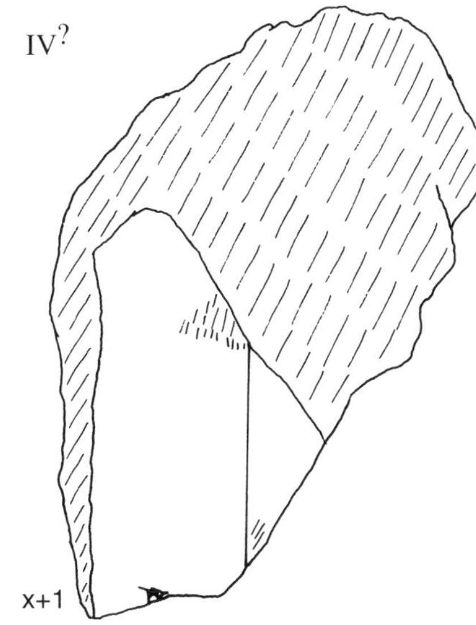

Text 63

AnAr 9166

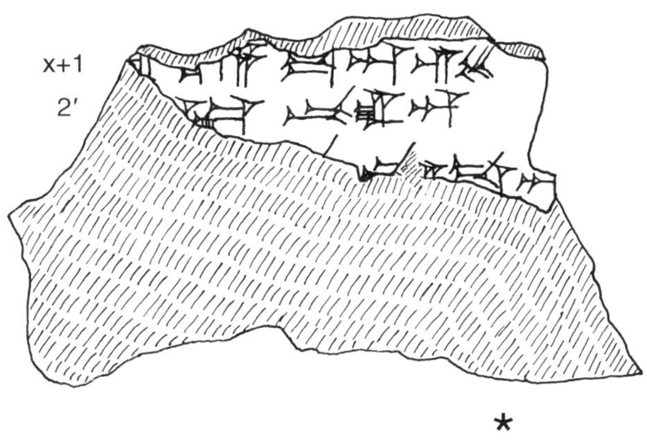

Text 64

AnAr 9465

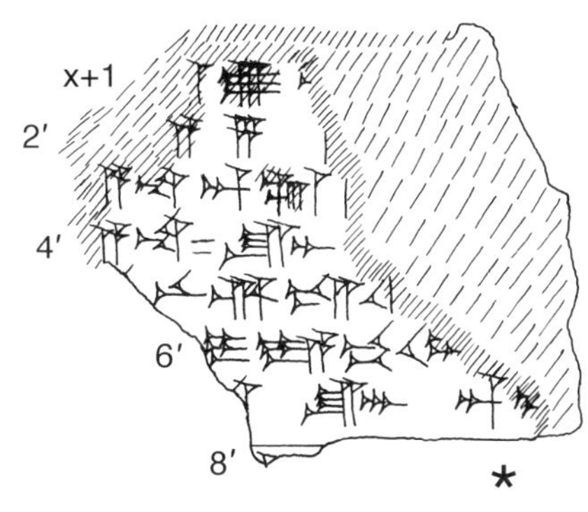

Text 65

AnAr 9715

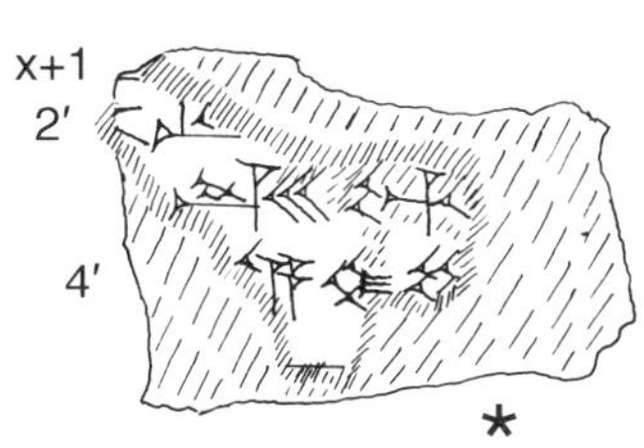

Text 66

AnAr 10322

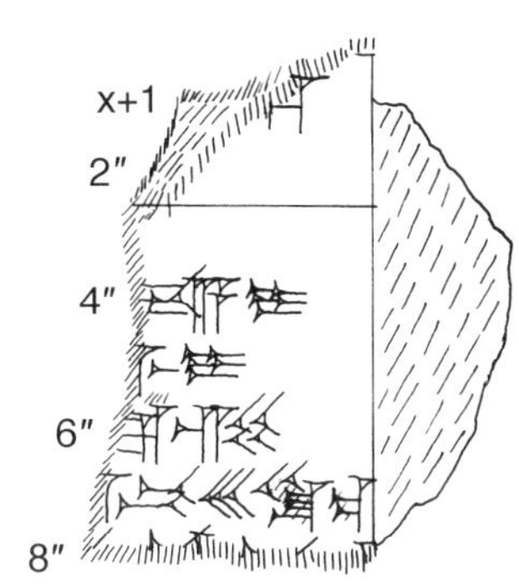

Text 67

AnAr 10592

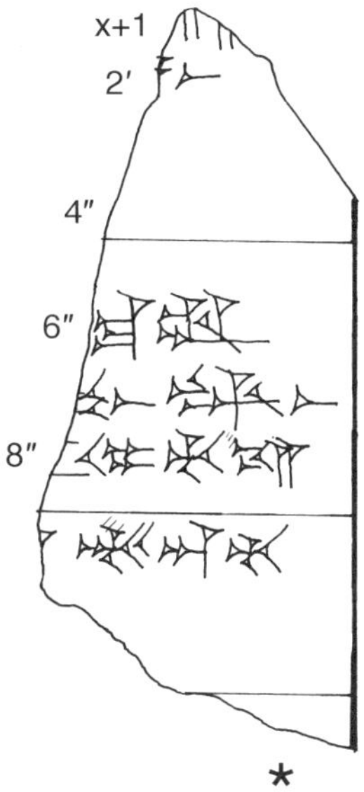

Text 68

AnAr 10598

önyüz? / obverse?

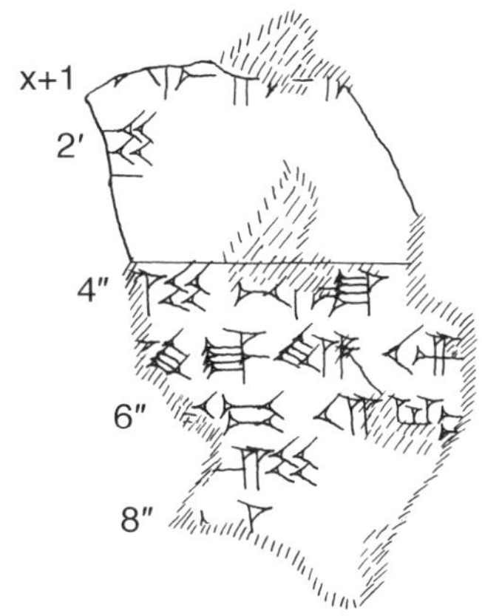

arkayüz? / reverse?

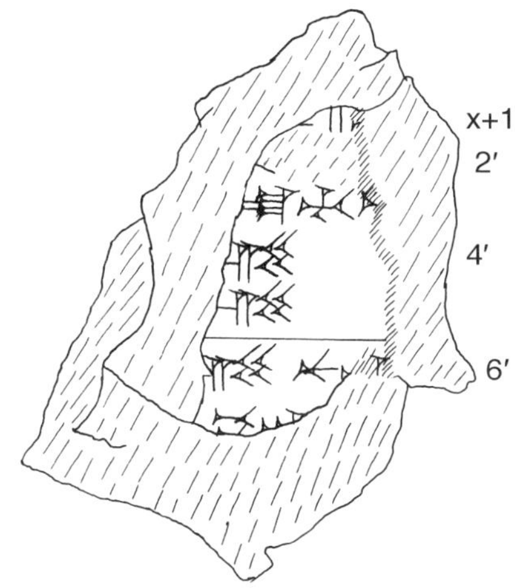

Text 69

AnAr 10603

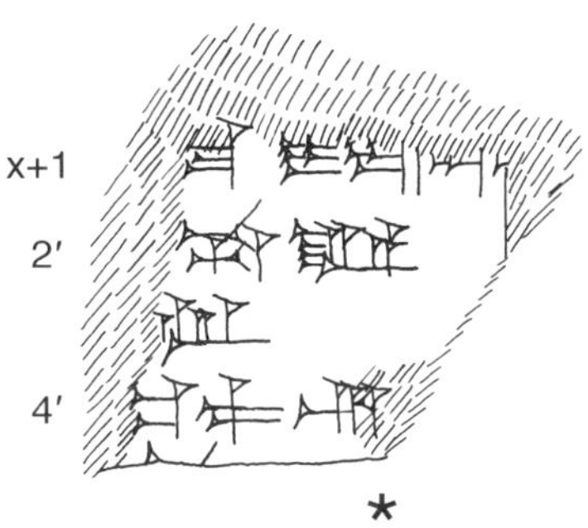

Text 70

AnAr 11246 d

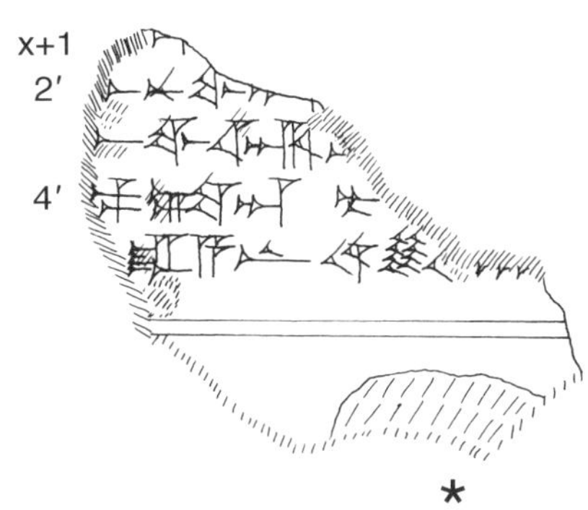

Text 71

AnAr 11246 e

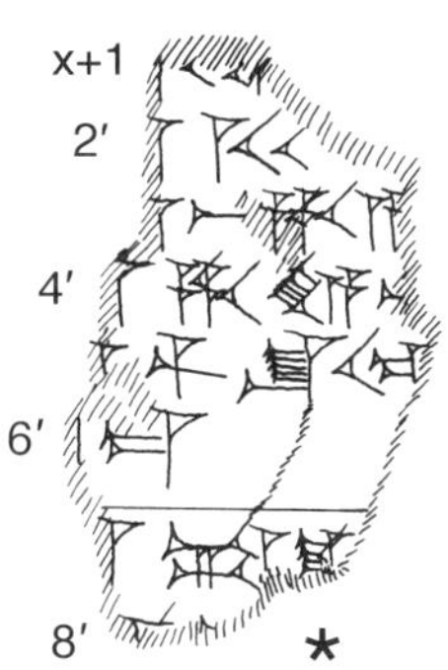

Text 72

AnAr 11391

önyüz? / obverse?

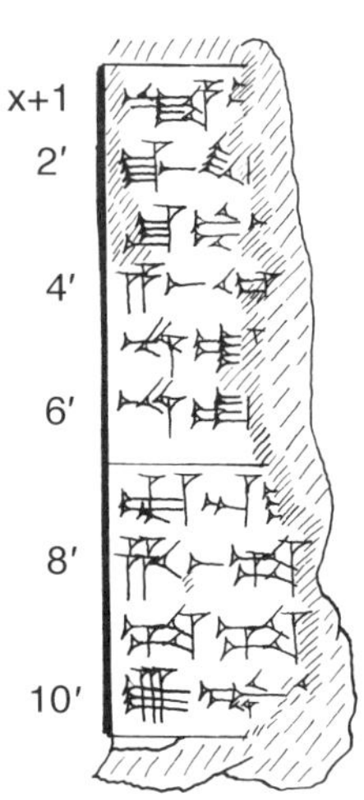

arkayüz? / reverse?

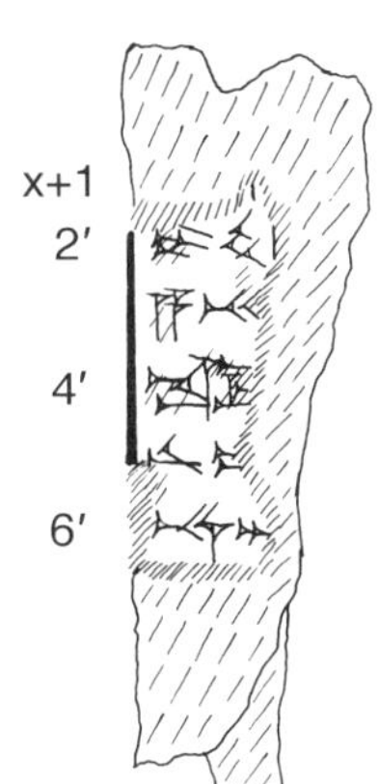

Text 73

AnAr 11396

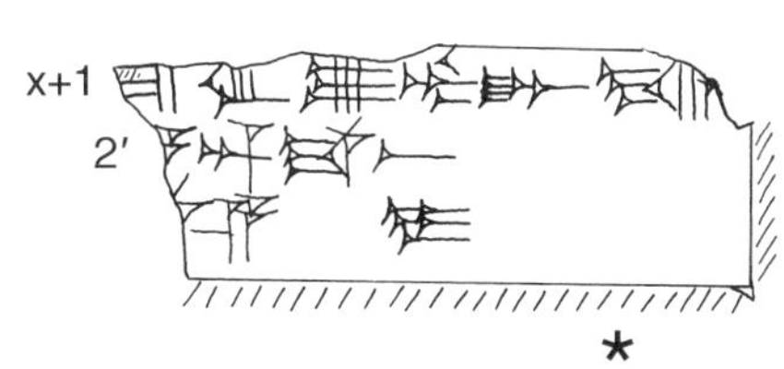

Text 74

AnAr 11614 a

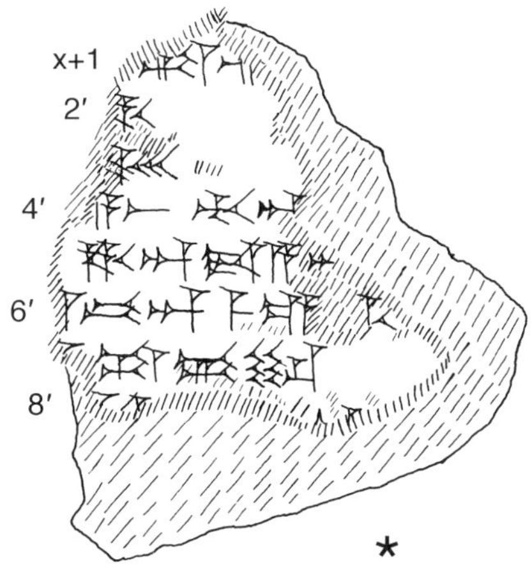

Text 75

AnAr 11616 b

arkayüz? / reverse?

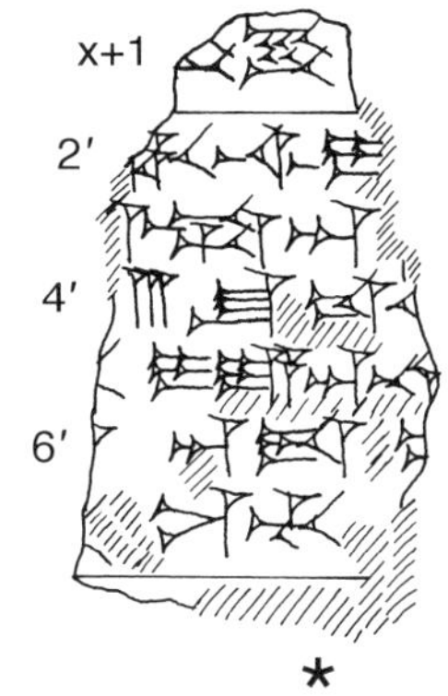

Text 76

AnAr 14453

önyüz / obverse

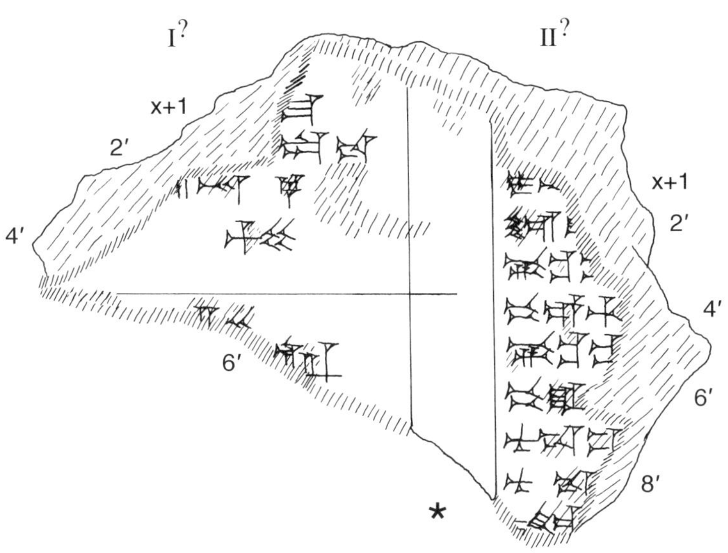

Text 77

AnAr 12131 f

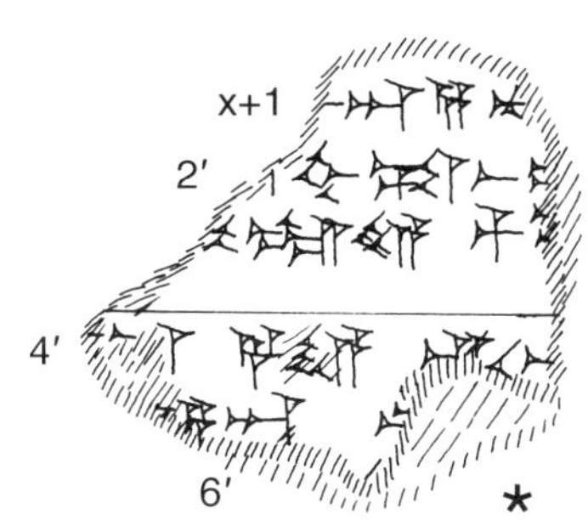

Text 78

AnAr 12131 h

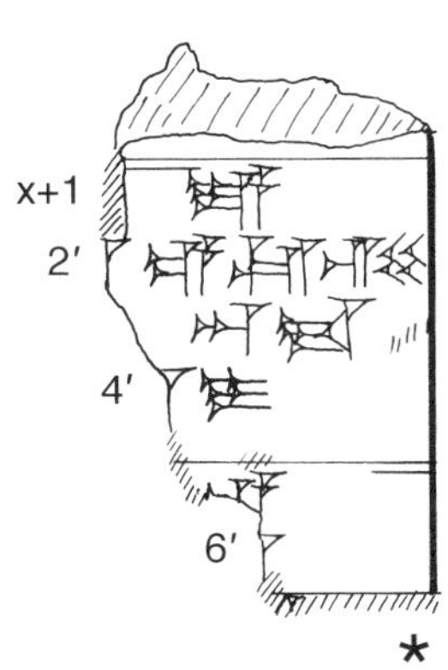

Text 79

AnAr 12131 k

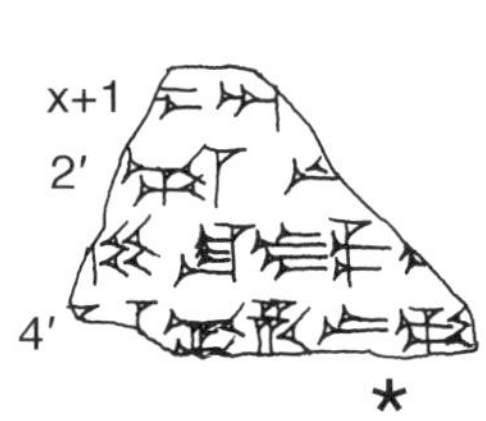

Text 80

AnAr 14931

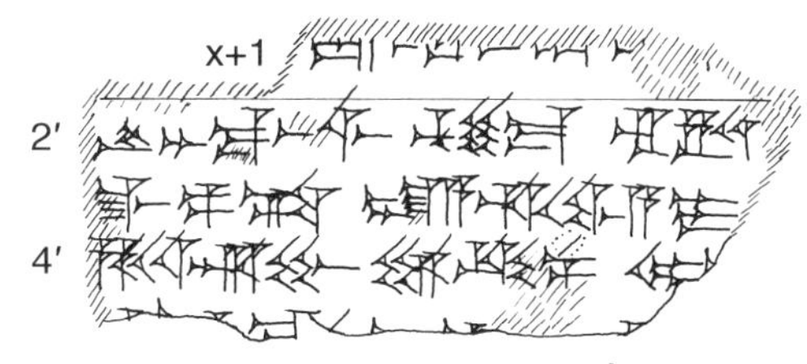

Text 81

AnAr 14933

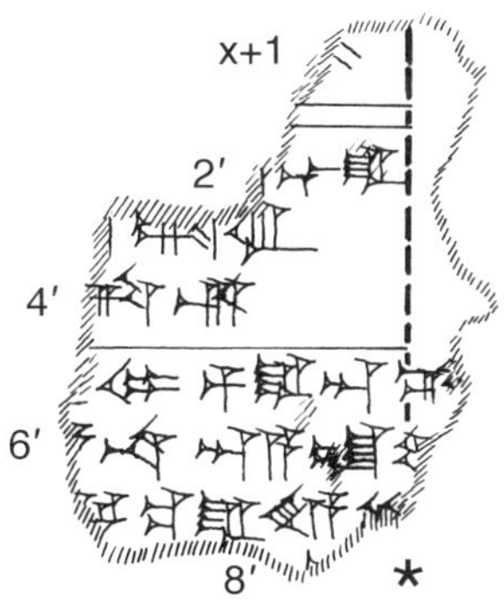

Text 82

AnAr 14958

önyüz? / obverse? arkayüz? / reverse?

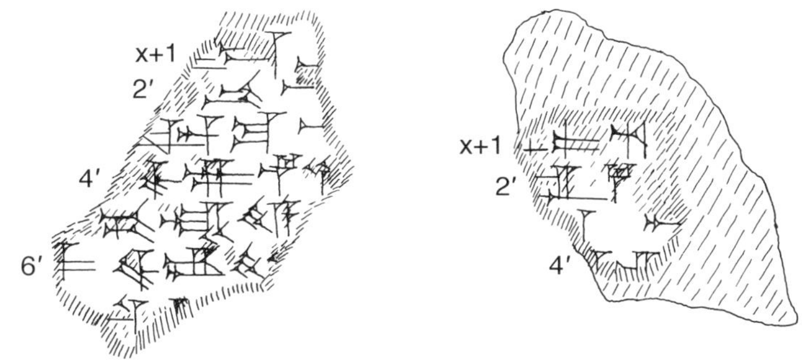

Text 83

AnAr 14965

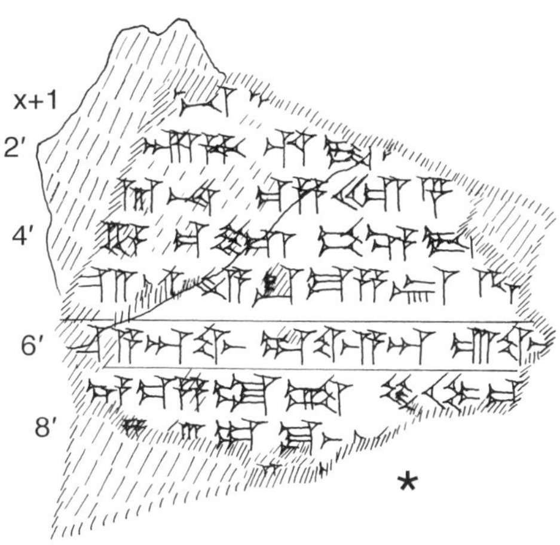

Text 84

AnAr 14994

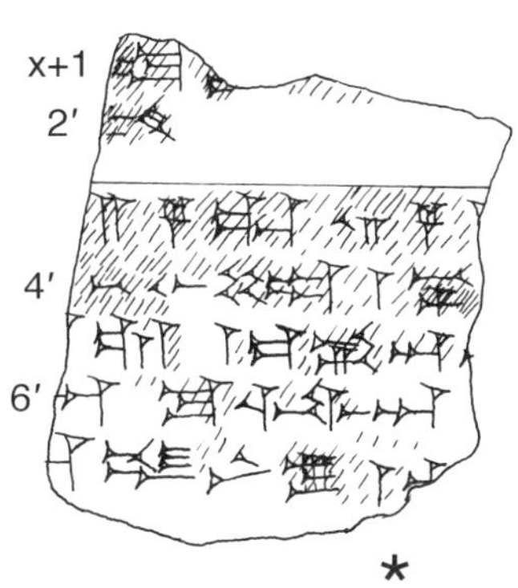

Text 85

AnAr 15155

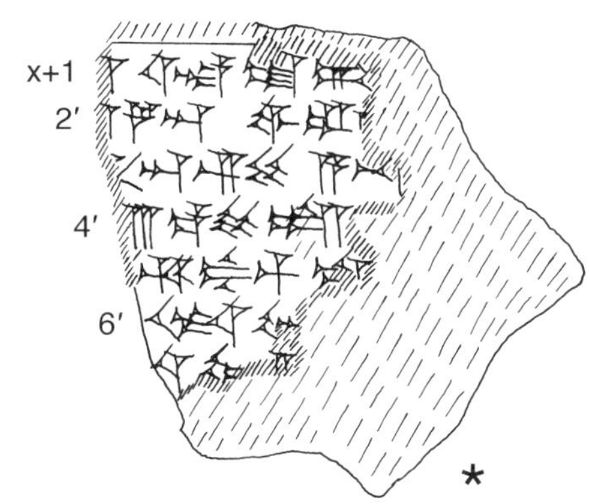

Text 86

AnAr 21631

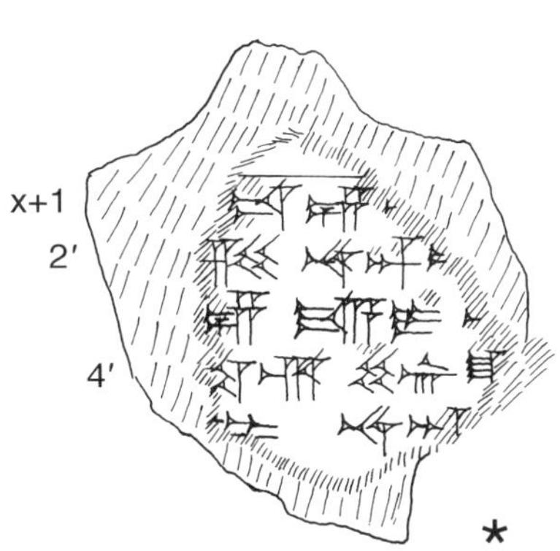

Text 87

AnAr 21370

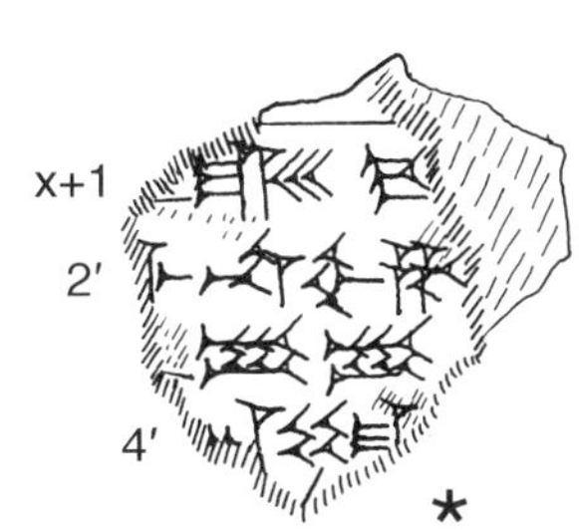

Text 88

AnAr 4220 e

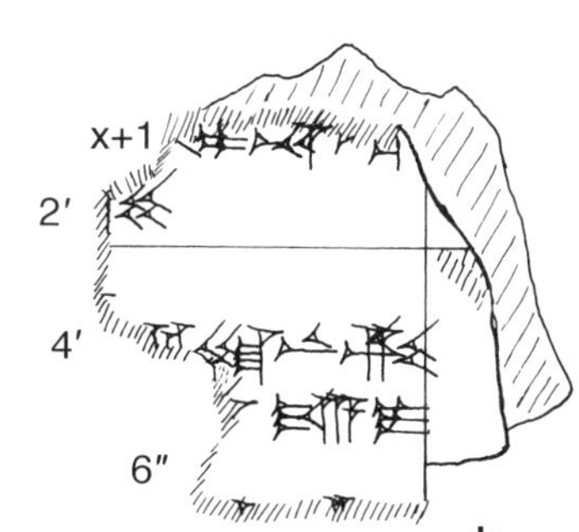

Text 89

AnAr 28-1-66

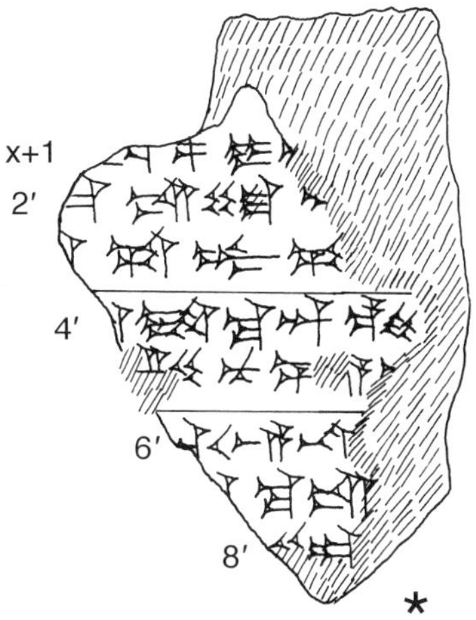

Text 90

AnAr 16-5-68

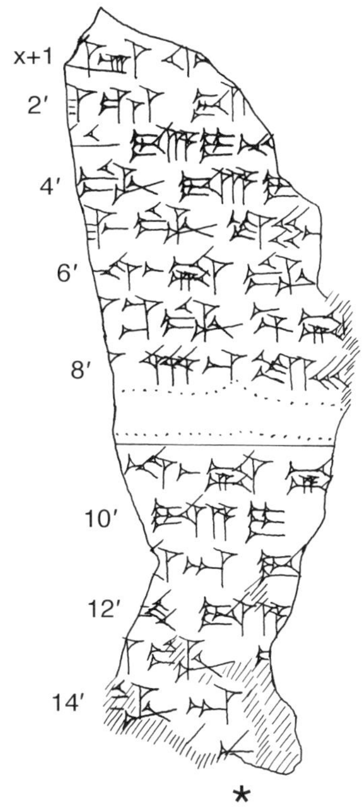

Text 91

AnAr 80-4-74

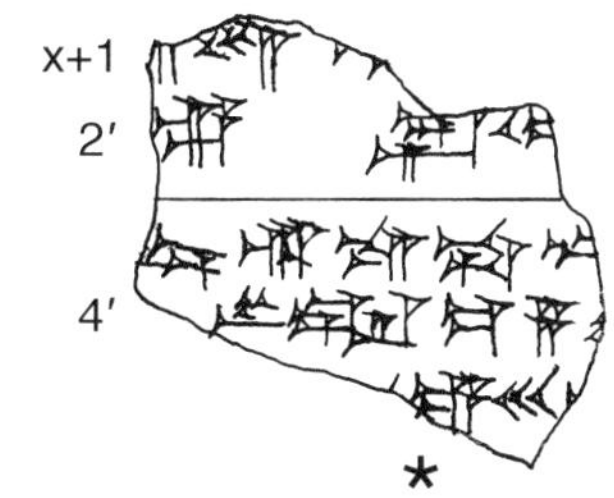

Text 92

AnAr 9464

önyüz / obverse

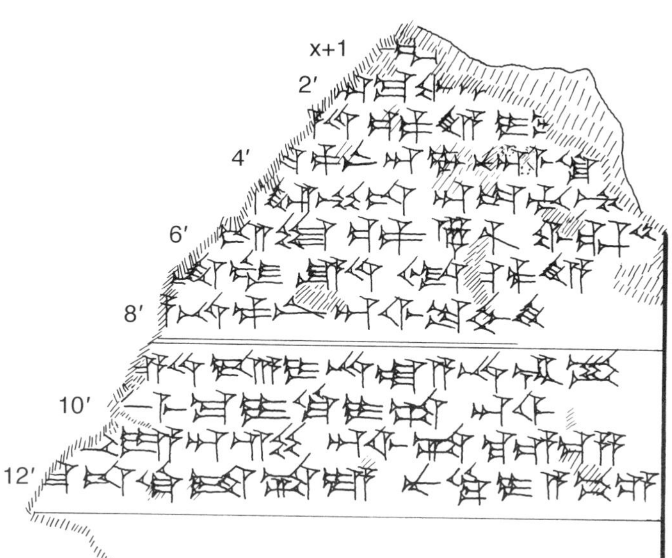

arkayüz / reverse

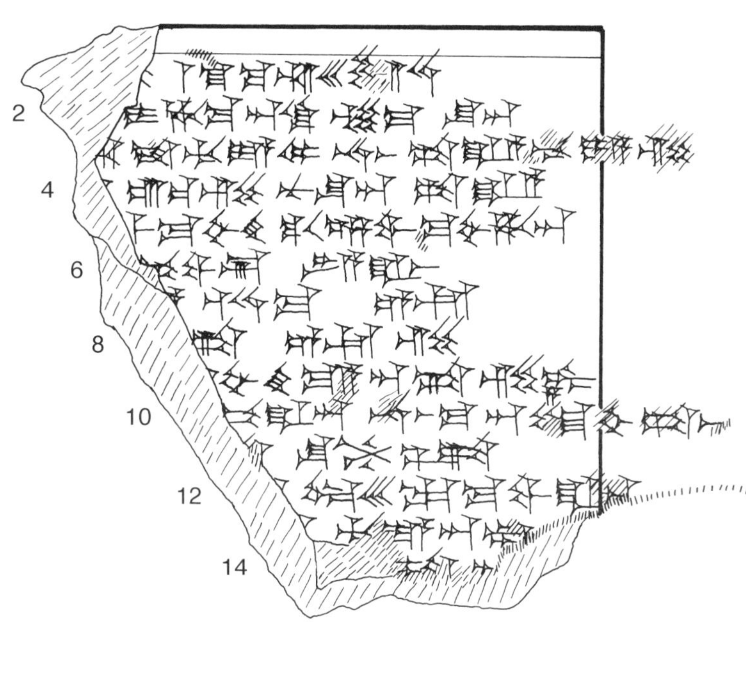

Text 93

AnAr 11618

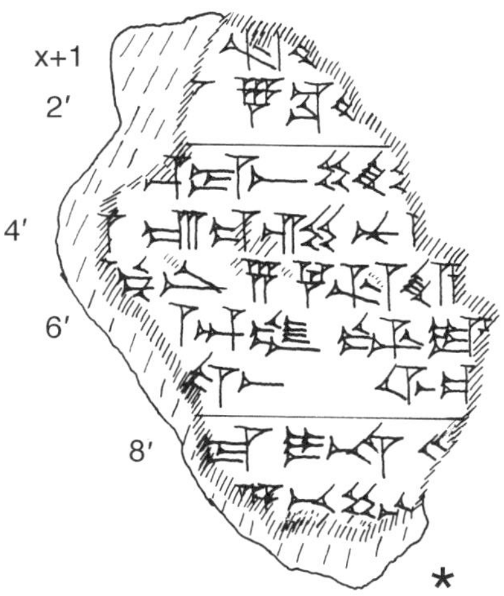

Text 94

AnAr 6984

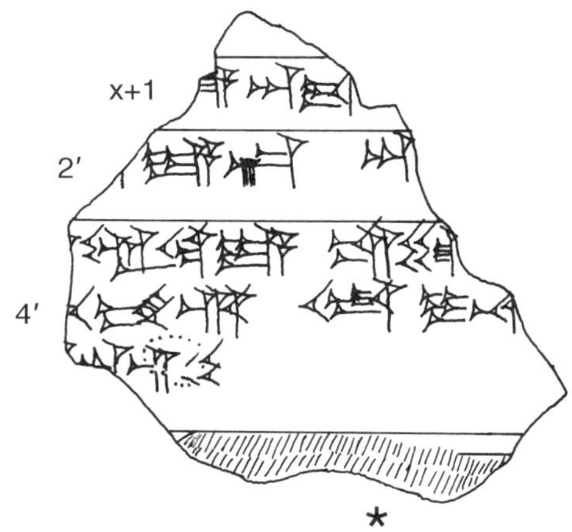

Text 95

AnAr 6987

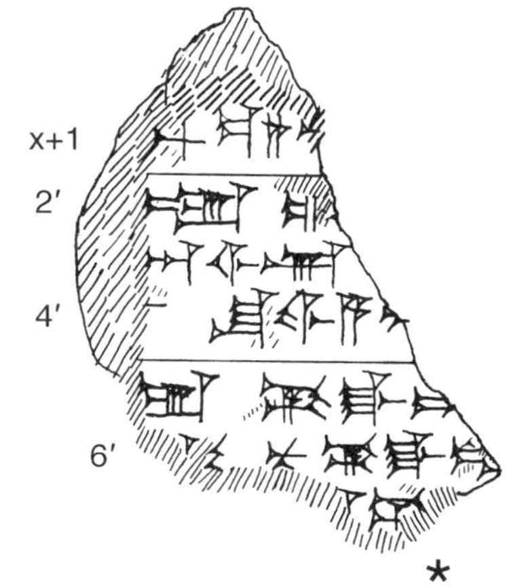

Text 96

AnAr 7007

önyüz / obverse

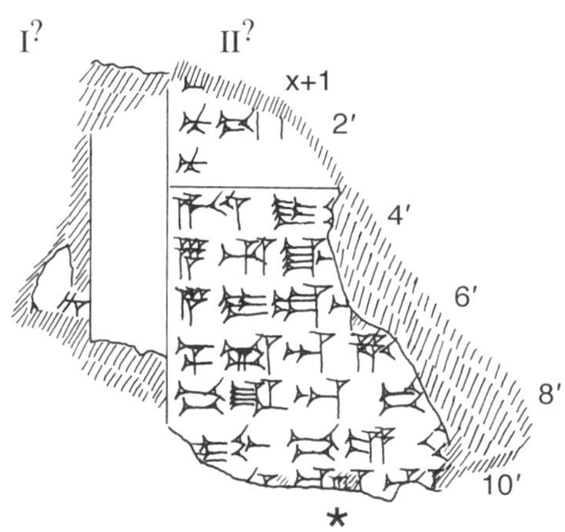

Text 97

AnAr 8358 a+b

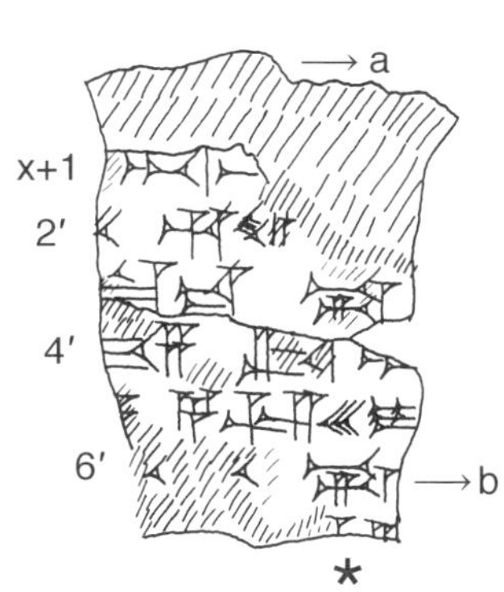

Text 99

AnAr 8363

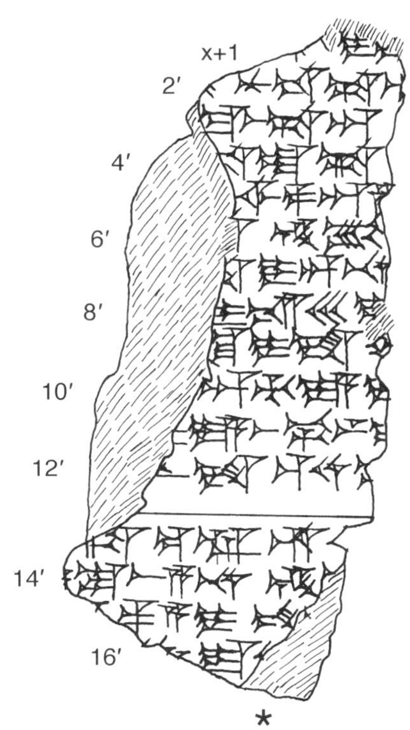

Text 98

AnAr 8360 a

önyüz / obverse

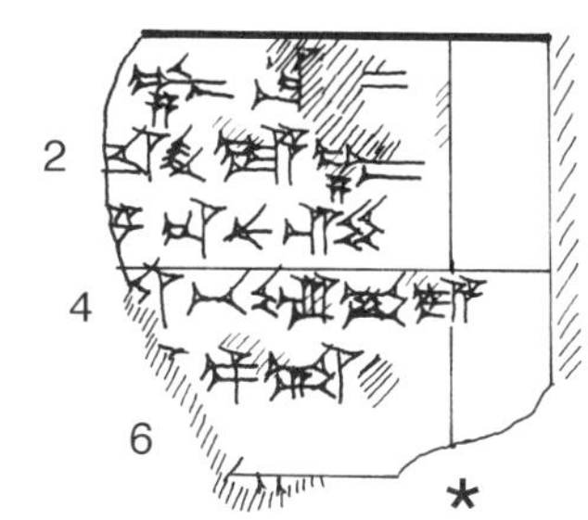

Text 100

AnAr 8847

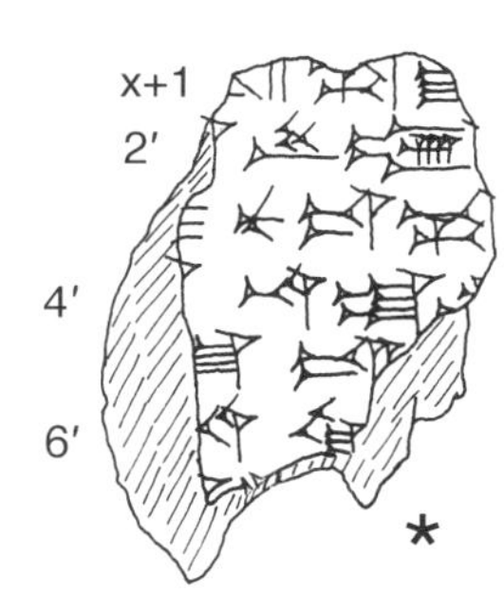

Text 101

AnAr 9157+KBo 41.114

önyüz? / obverse?

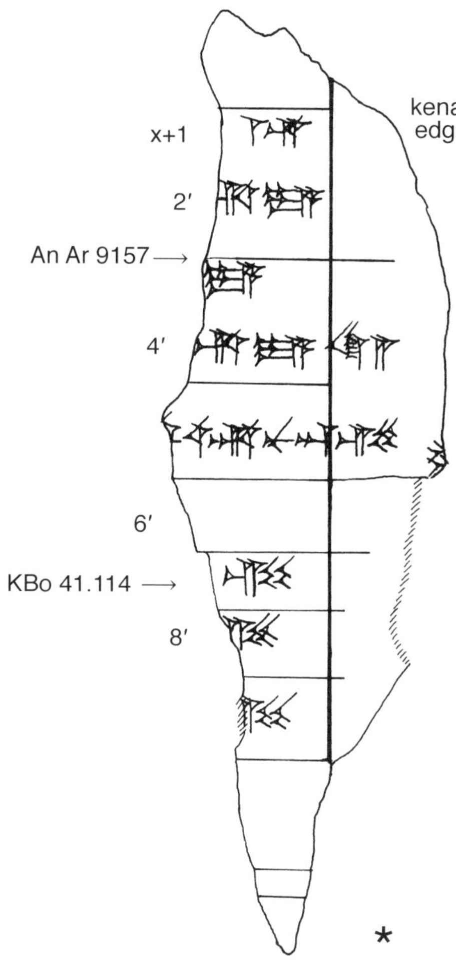

Text 102

AnAr 10310

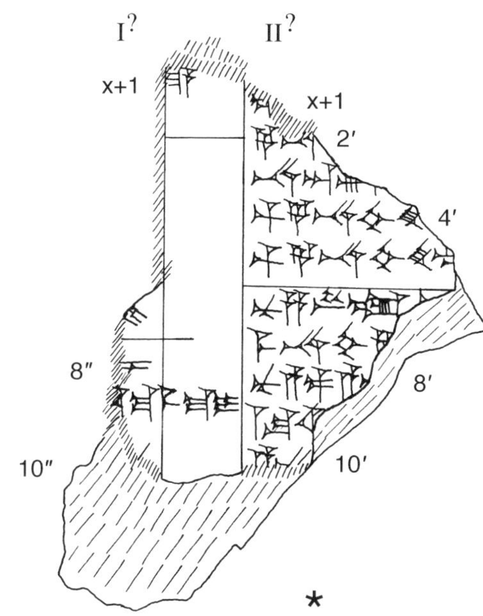

Text 103

AnAr 10313

önyüz / obverse

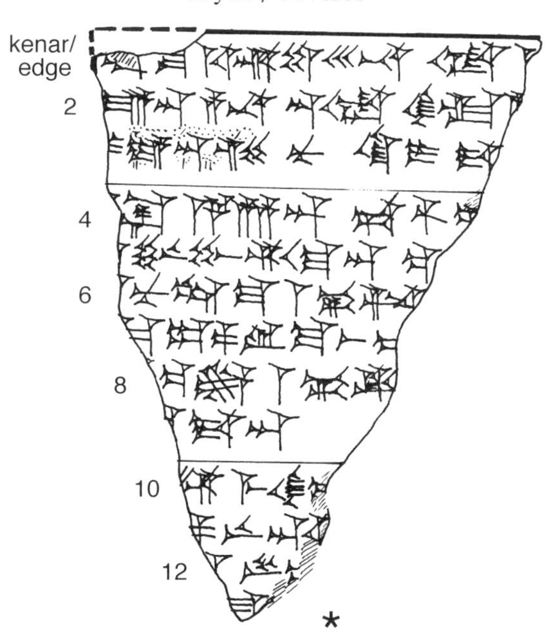

Text 104

AnAr 10587

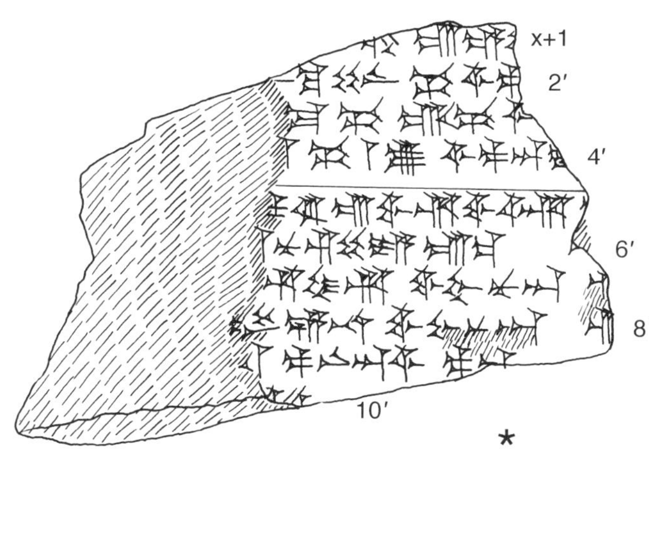

Text 105

AnAr 10865

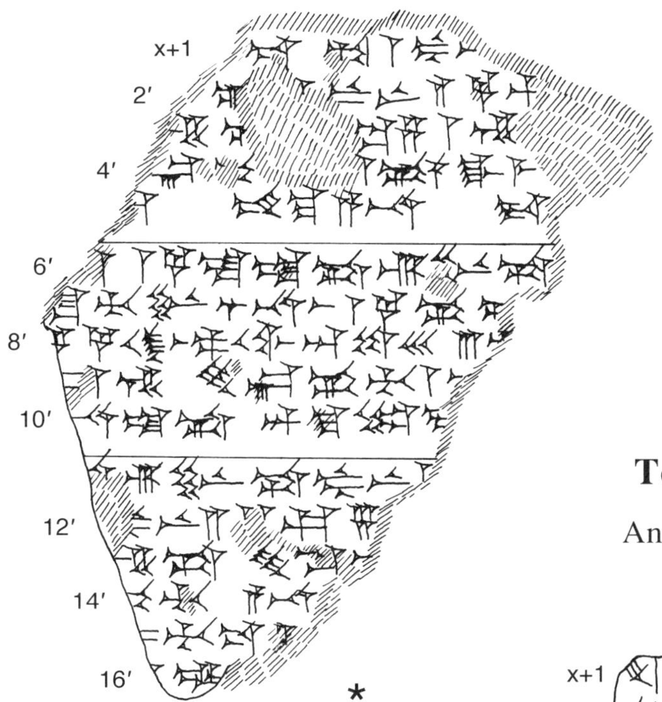

Text 106

AnAr 11246 g

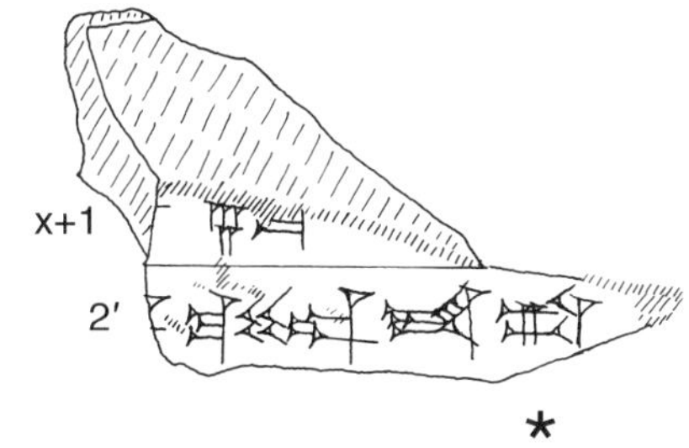

Text 107

AnAr 11388

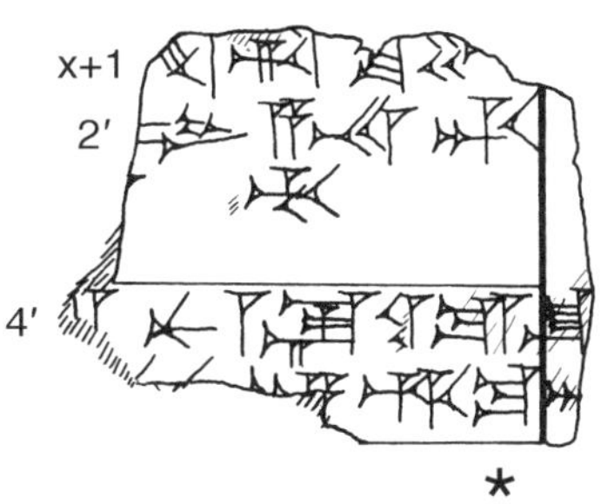

Text 108

AnAr 11408

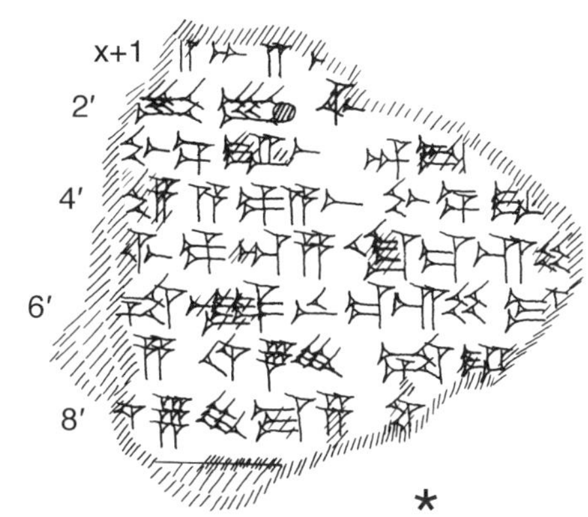

Text 109

AnAr 11620 a

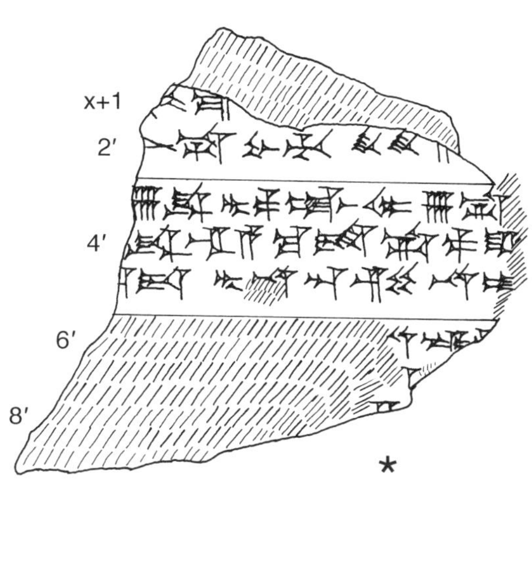

Text 110

AnAr 14919

önyüz / obverse

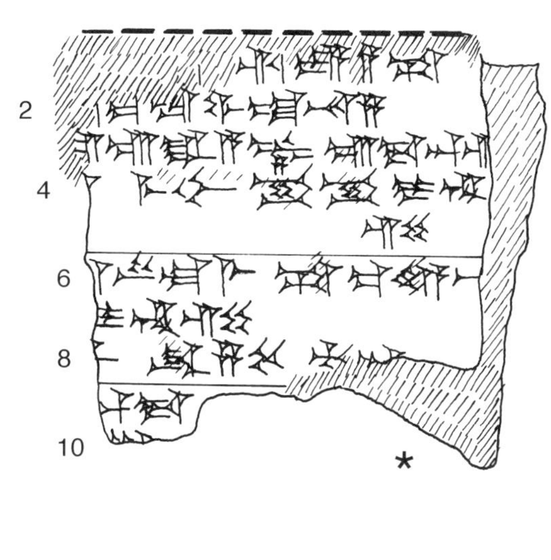

Text 111

AnAr 14955

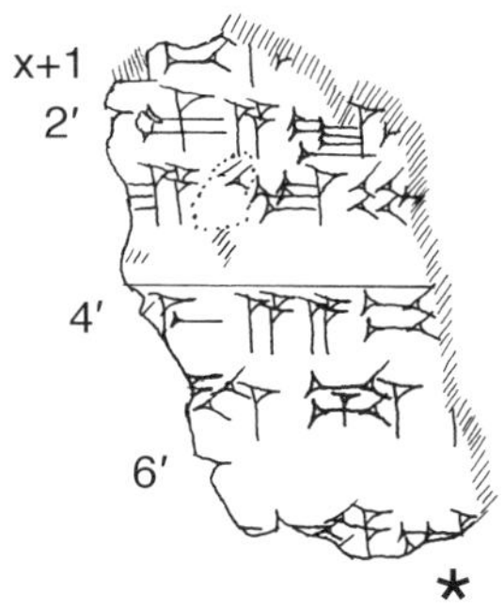

Text 112

AnAr 90-4-68

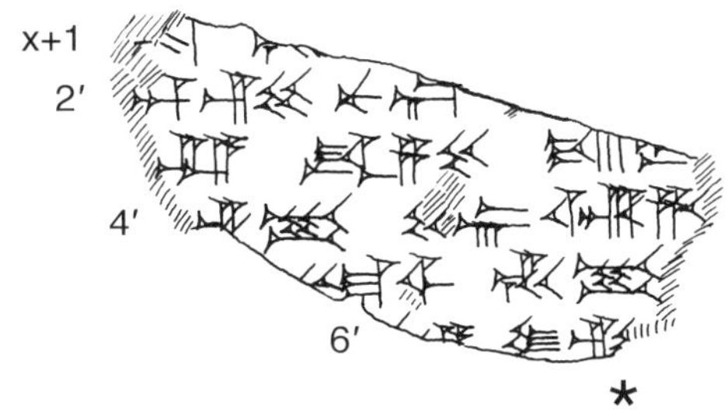

Text 113

AnAr 11615

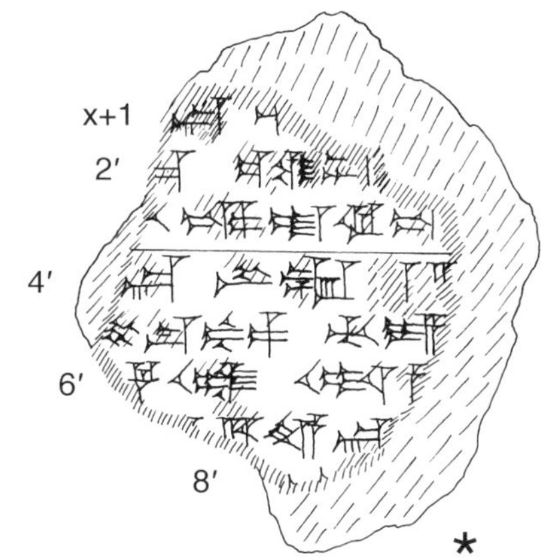

Text 114

AnAr 14922

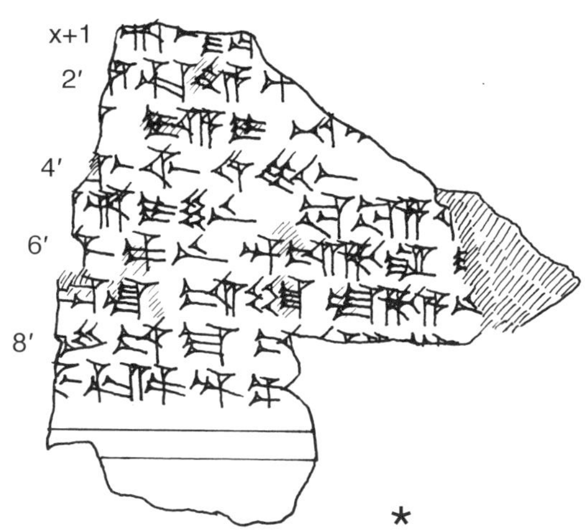

Text 115

AnAr 6964+6991

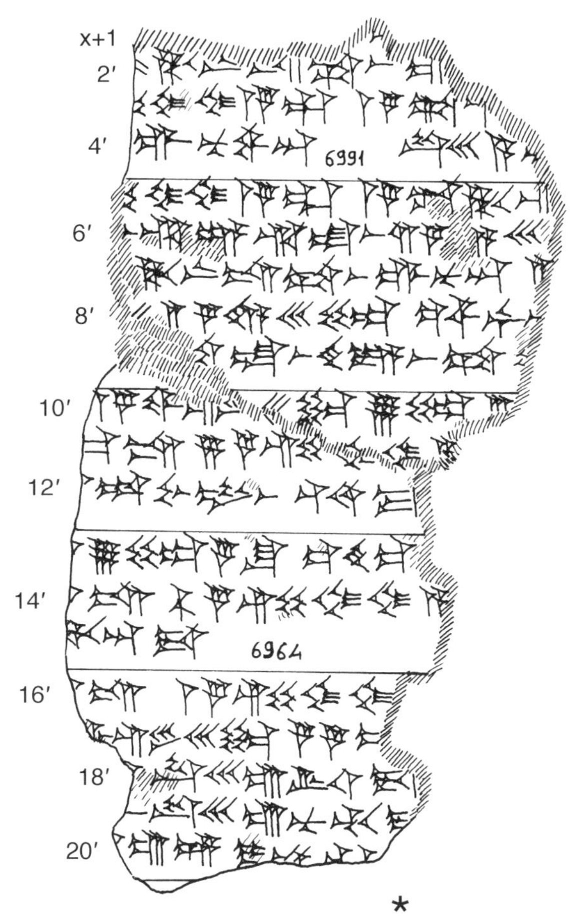

Text 116

AnAr 10326

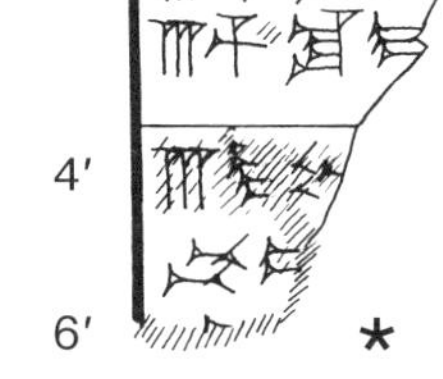

Text 117

AnAr 10606

önyüz / obverse

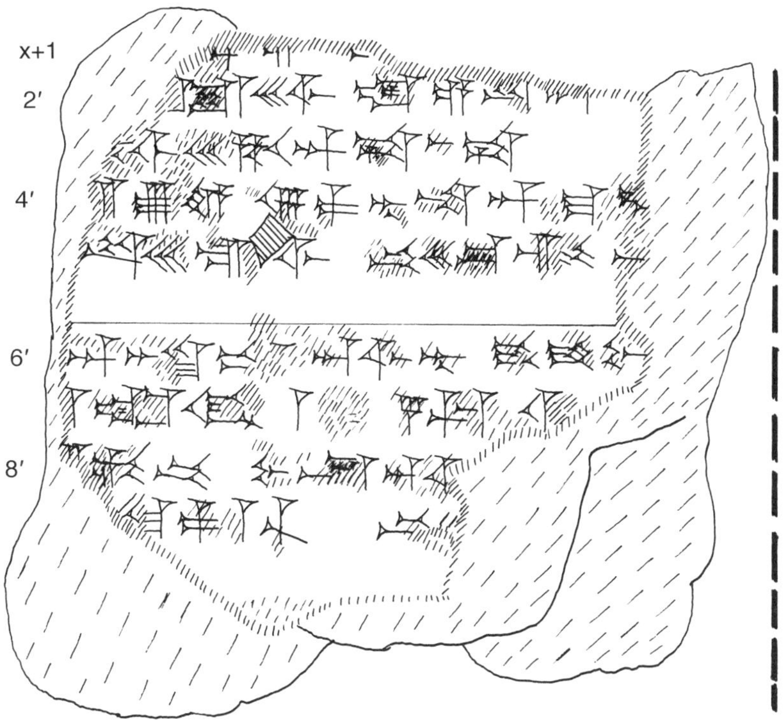

arkayüz / reverse

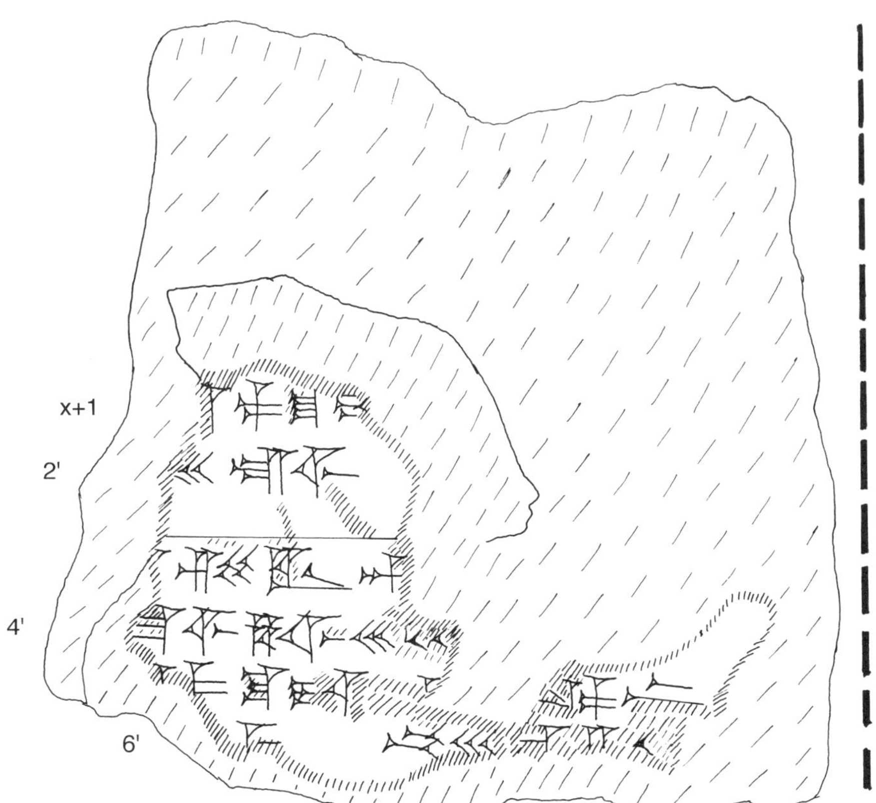

Text 118

AnAr 10871

önyüz / obverse

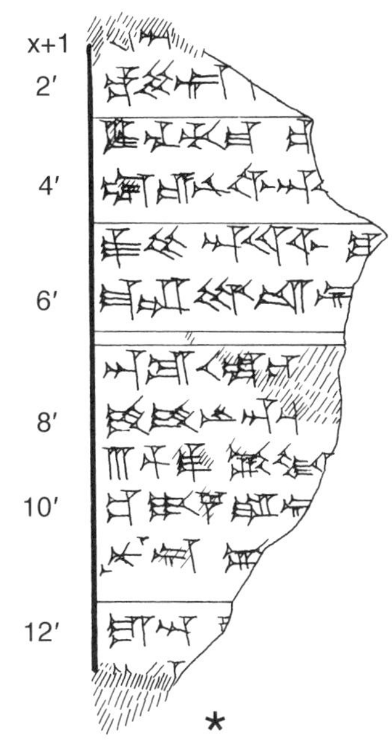

sol kenar / left edge

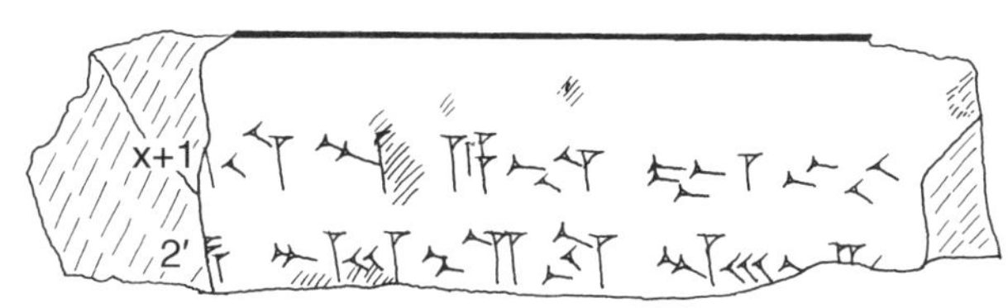

Text 119

AnAr 11499

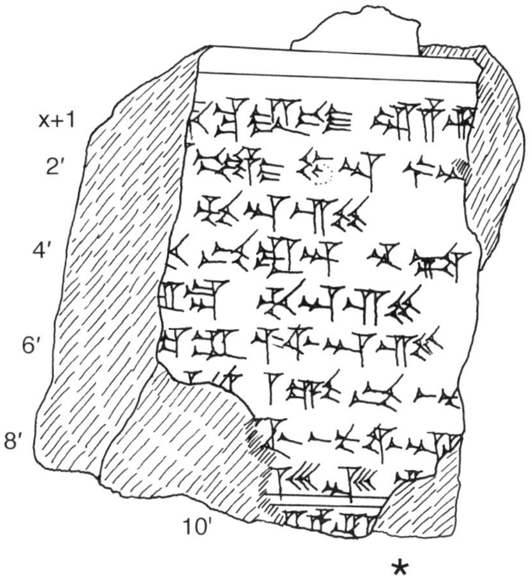

Text 120

AnAr 14913

önyüz / obverse

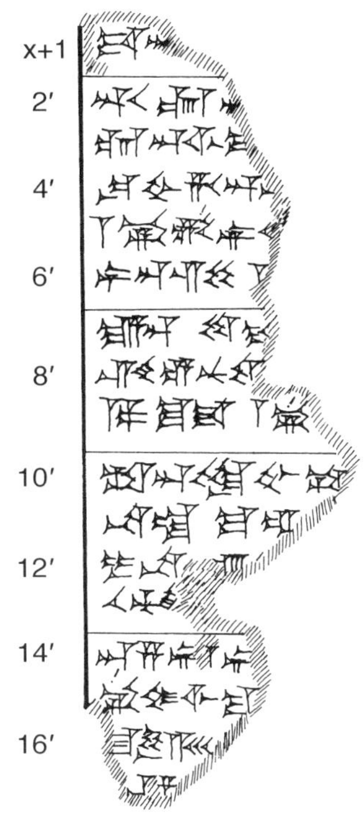

arkayüz / reverse

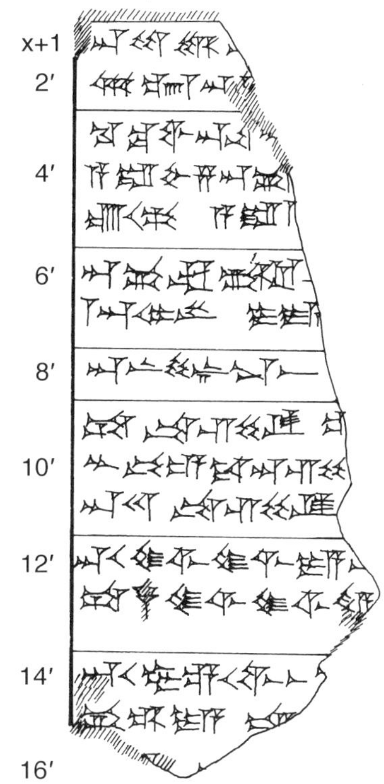

Text 121

AnAr 3544

önyüz / obverse

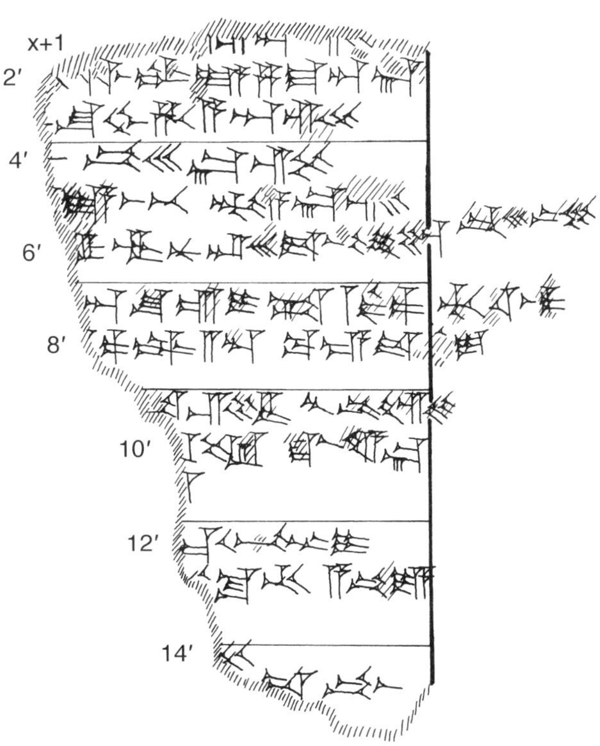

arkayüz / reverse

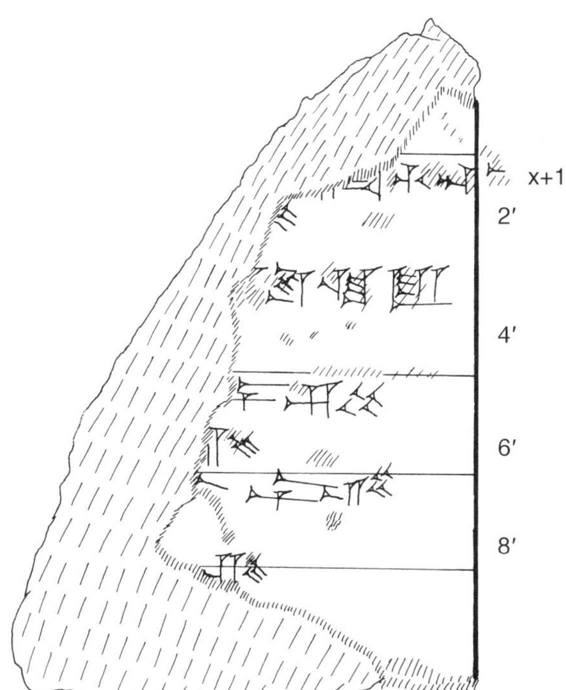

Text 122

AnAr 10315

önyüz / obverse

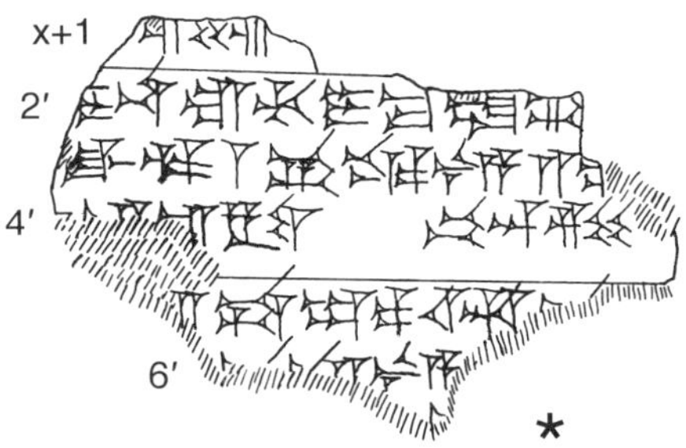

Text 123

AnAr 11613 c

önyüz / obverse

Text 124

AnAr 14920

önyüz / obverse

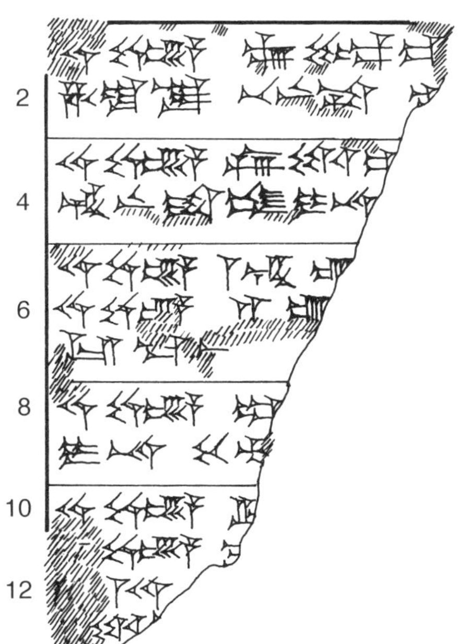

arkayüz / reverse

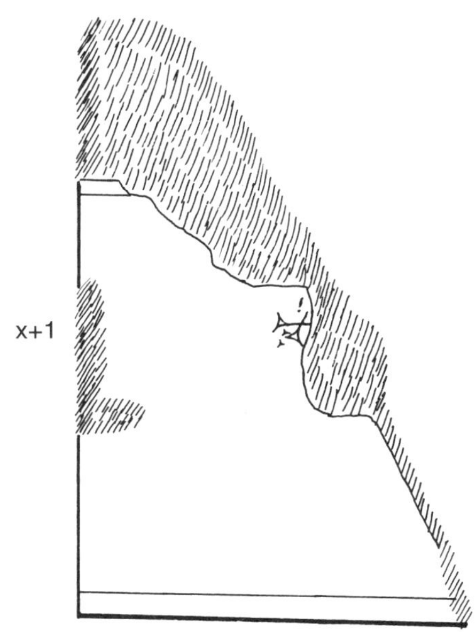

Text 125

AnAr 11407

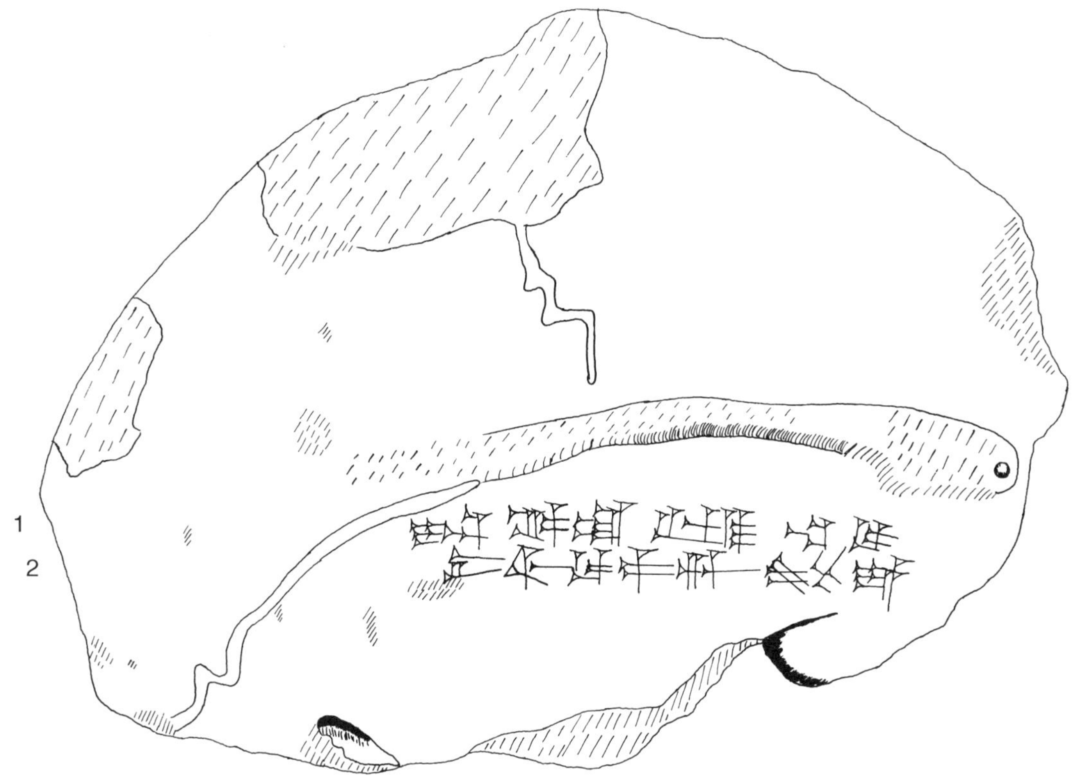

Text 126

AnAr 8357 b+c+d+e+g+h

önyüz / obverse

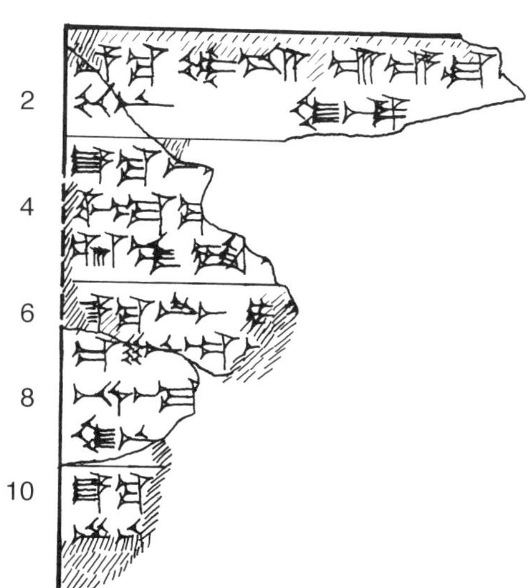

arkayüz / reverse

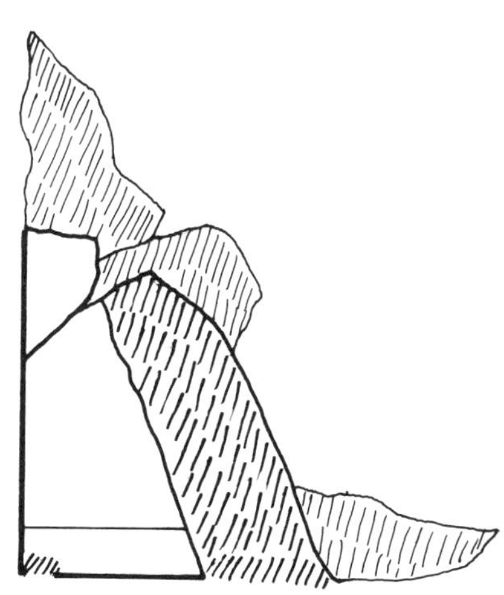

Text 127

AnAr 10609

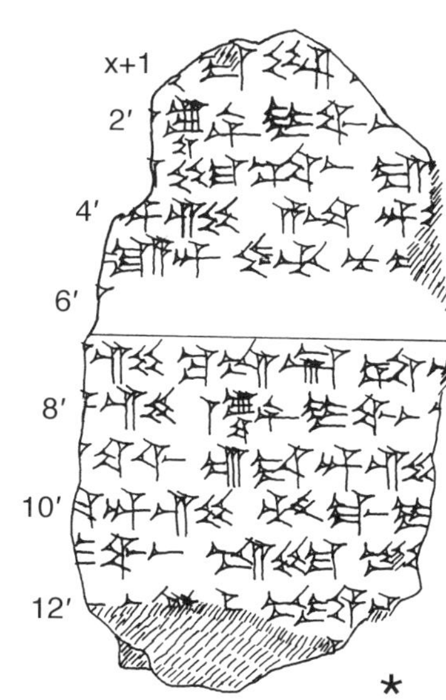

Text 129

AnAr 8357a

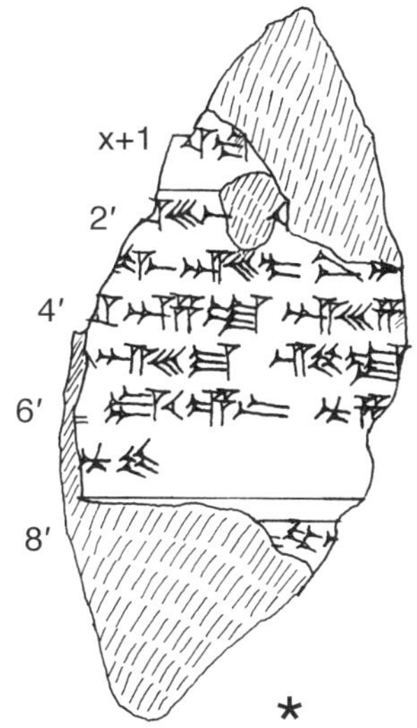

Text 130

AnAr 8840

önyüz / obverse

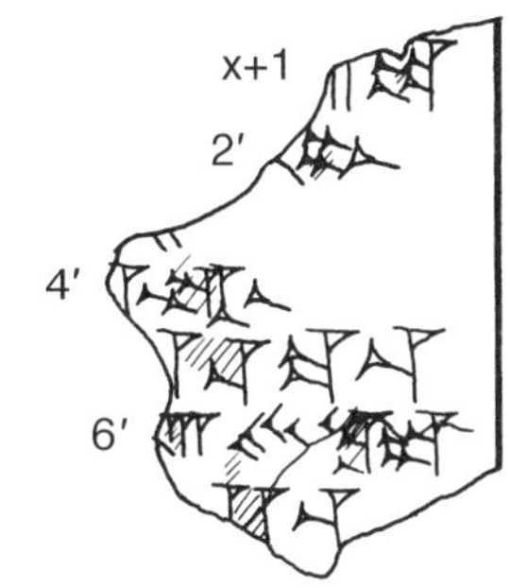

arkayüz / reverse

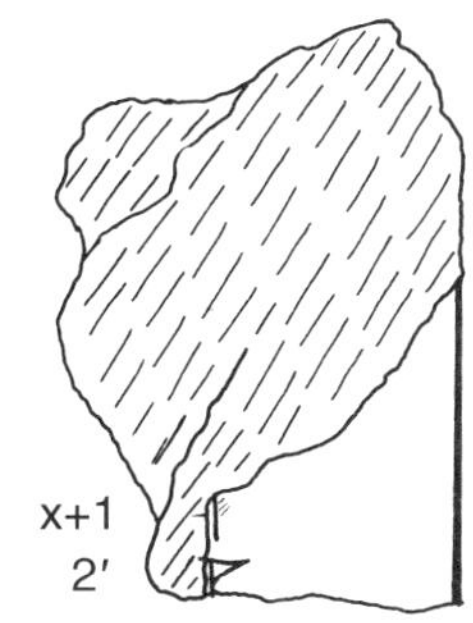

Text 128

AnAr 10872

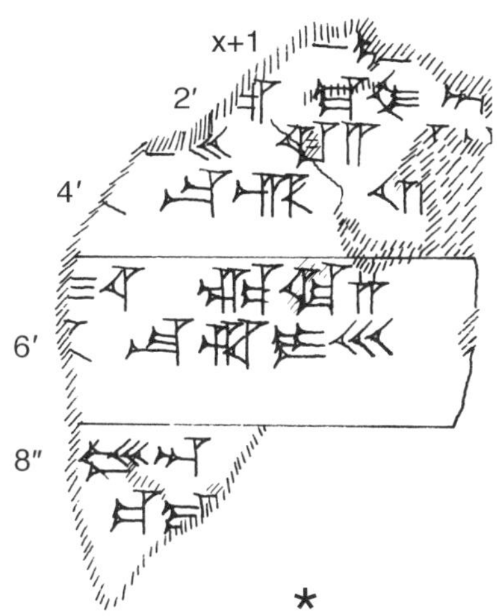

Text 131

AnAr 9163

arkayüz / reverse

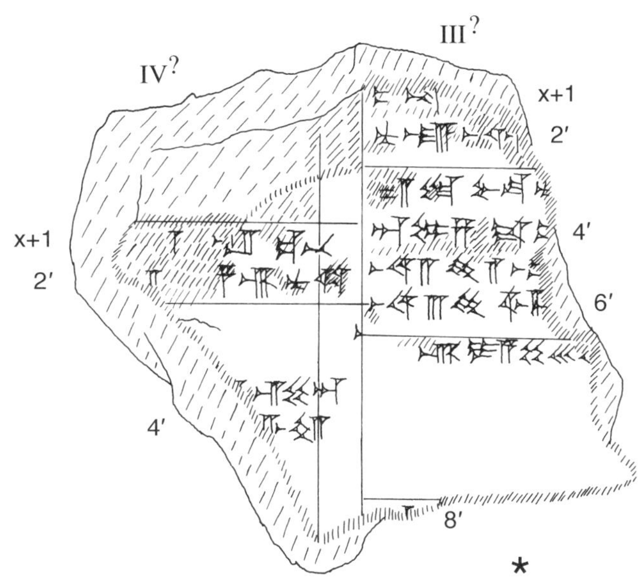

Text 132

AnAr 11246 1

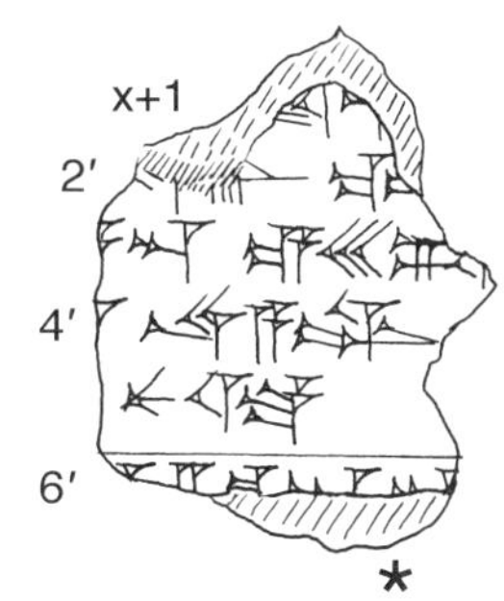

Text 133

AnAr 11387

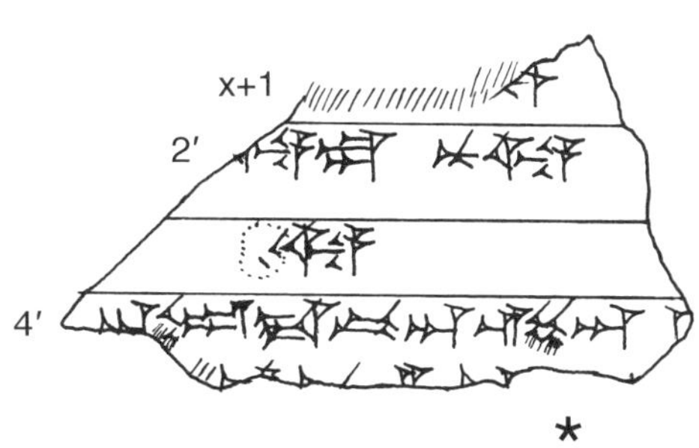

Text 134

AnAr 12174

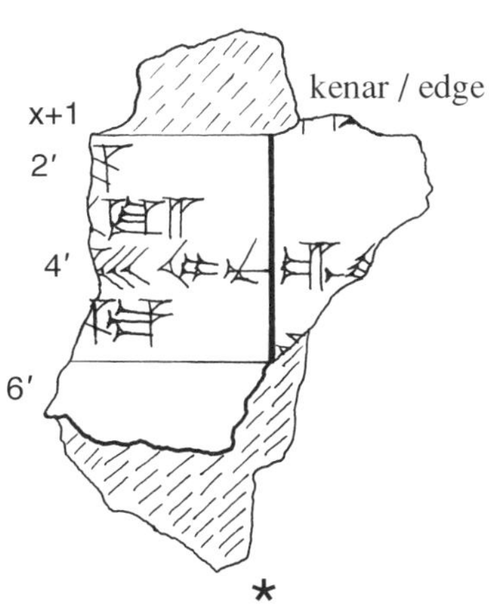

Text 135

AnAr 12216

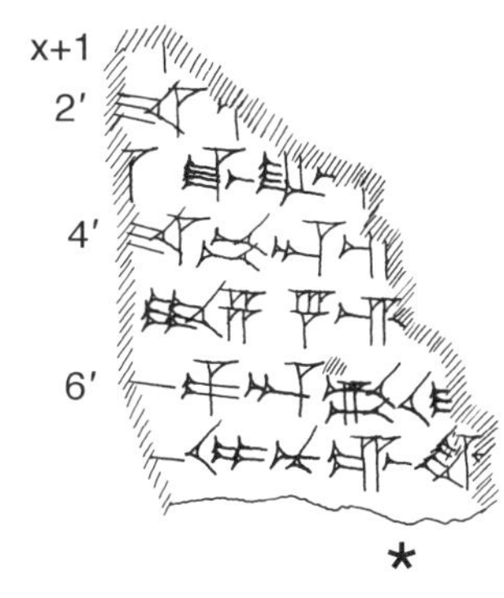

Text 136

AnAr 10757

arkayüz / reverse

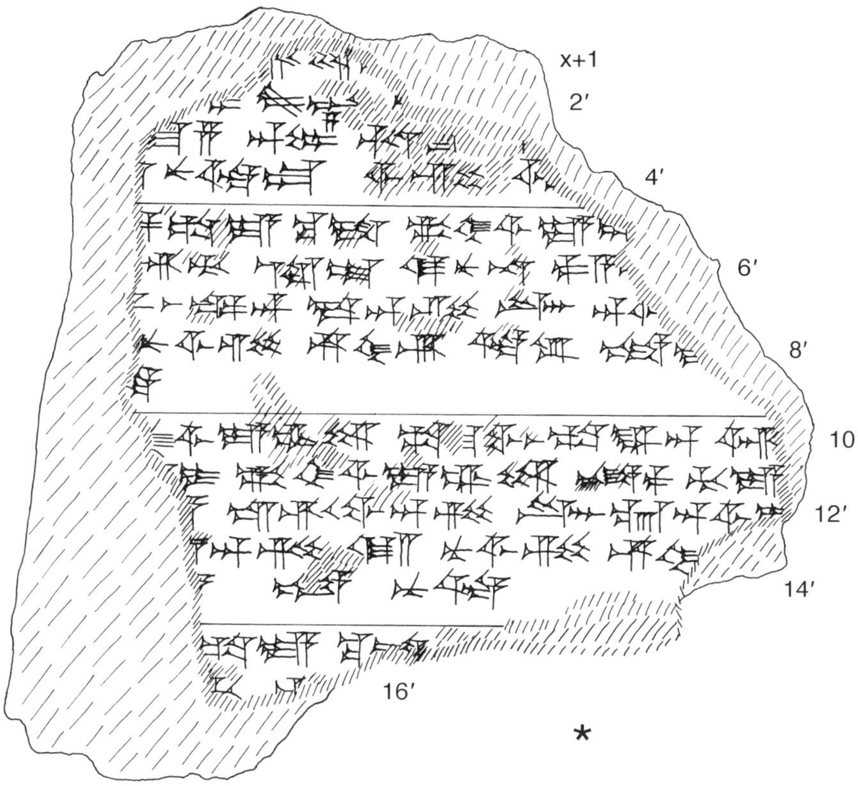

Text 138

AnAr 90-6-68

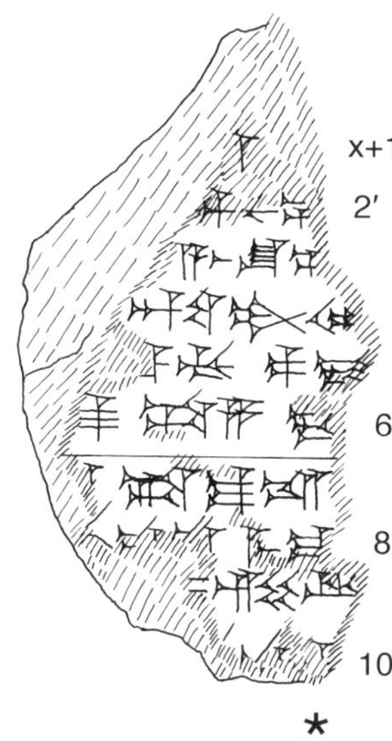

Text 137

AnAr 15151+KUB 5.17

önyüz / obverse

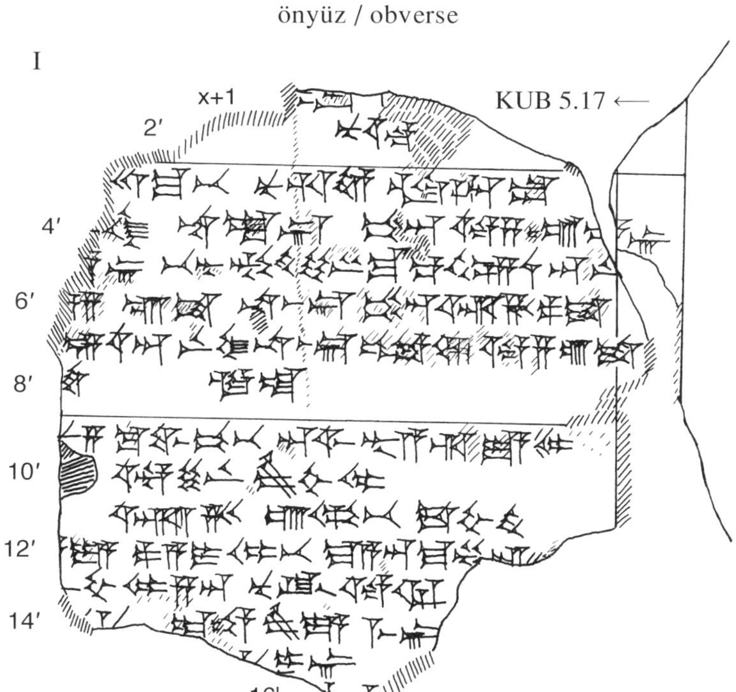

Text 139

AnAr 70-1-76

önyüz / obverse

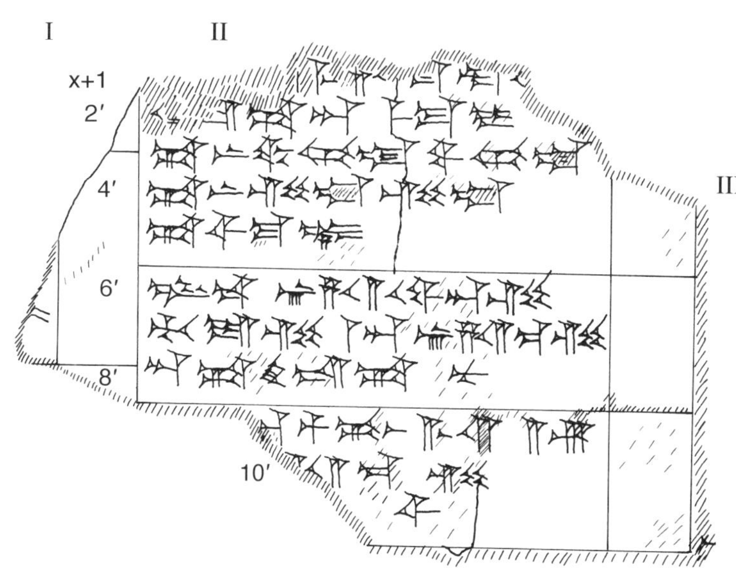

Text 140

AnAr 10285

önyüz / obverse

arkayüz / reverse

Text 141

AnAr 12157

önyüz / obverse

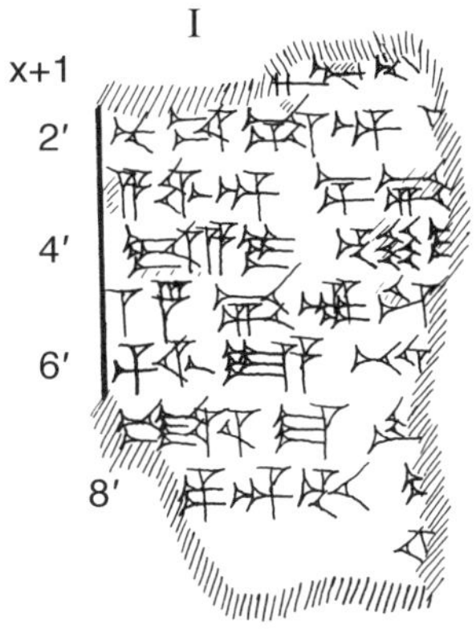

arkayüz / reverse

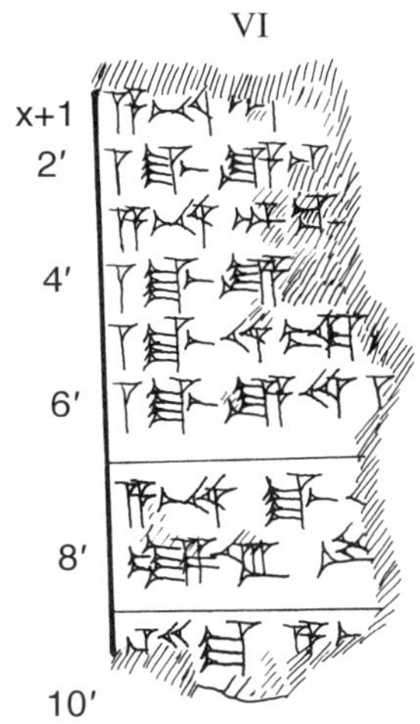

Text 142

AnAr 8360 i

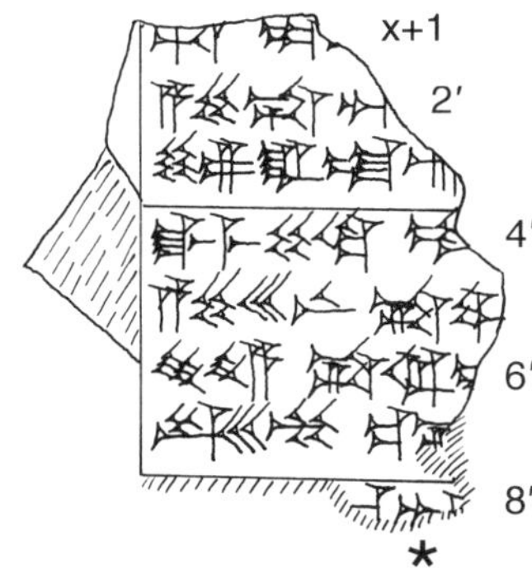

Text 143

AnAr 96-2-76

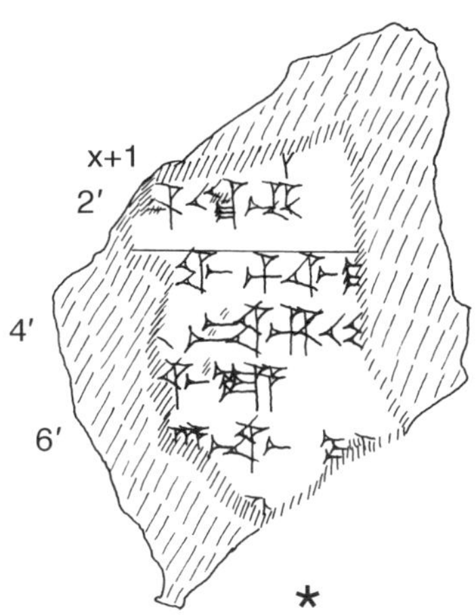

Text 144

AnAr 16-6-68

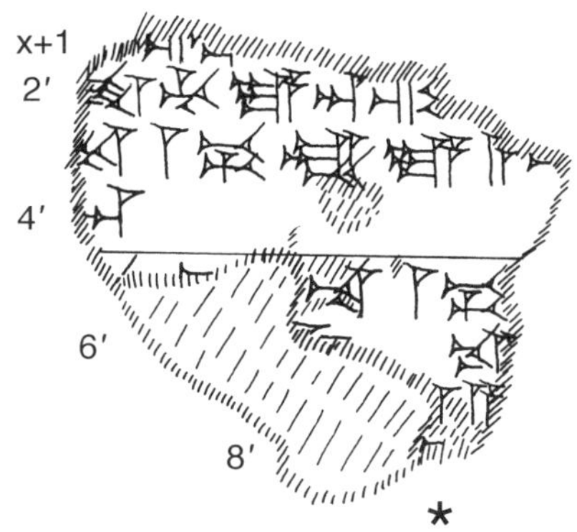

Text 145

AnAr 9723

önyüz / obverse

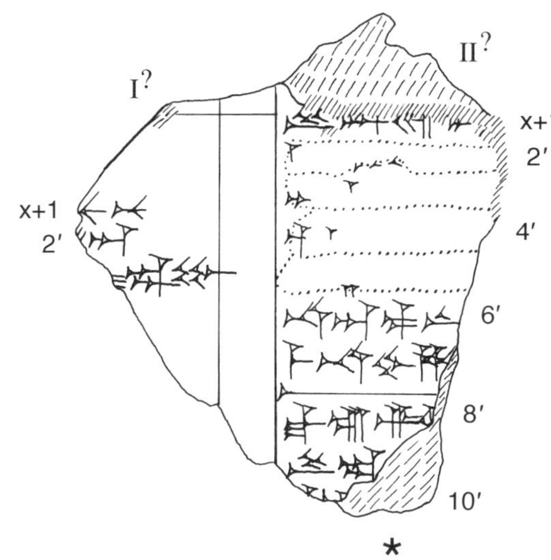

Text 146

AnAr 12156

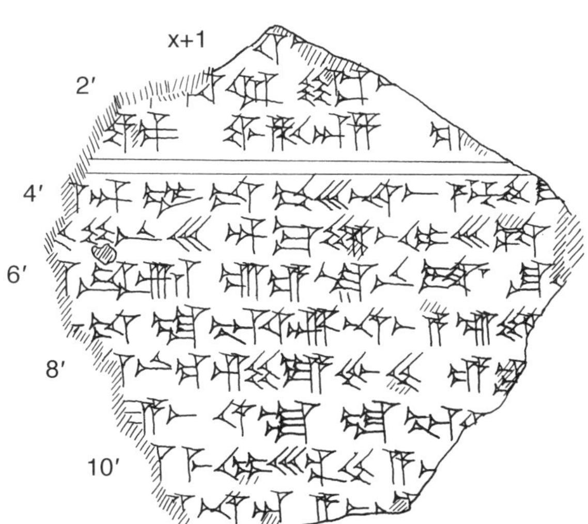

Text 147

AnAr 11502 c

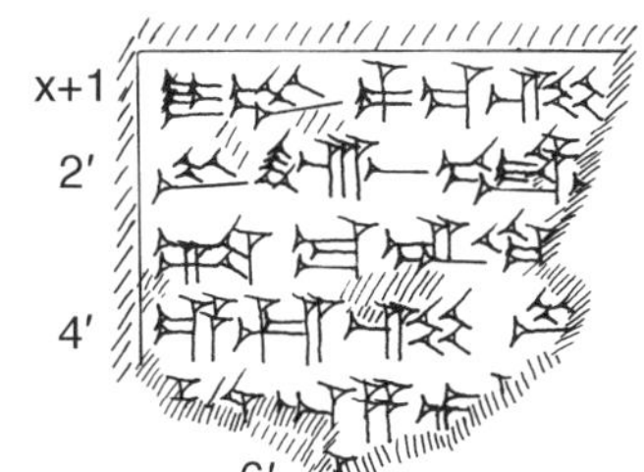

Text 148

AnAr 10311

arkayüz / reverse

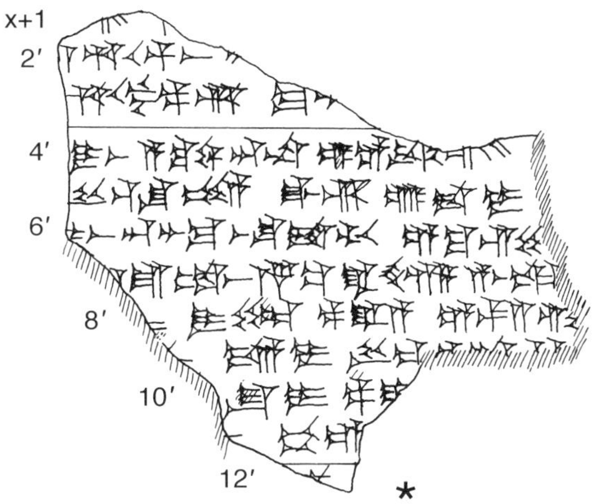

Text 149

AnAr 10300

önyüz / obverse

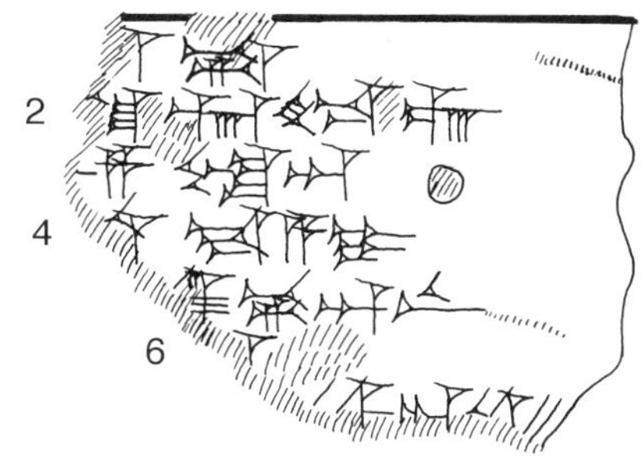

arkayüz / reverse

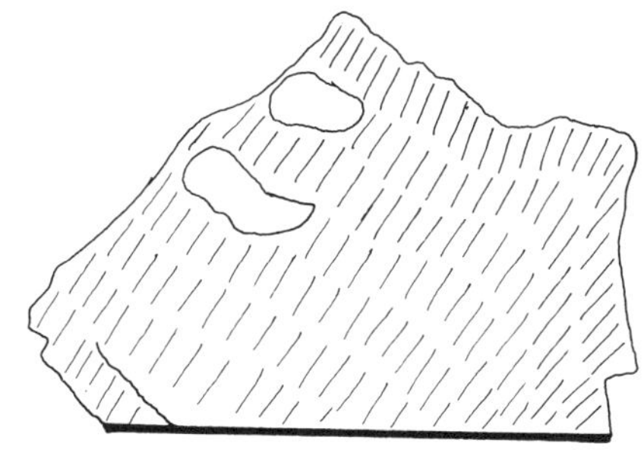

Text 152

AnAr 70-2-76

önyüz / obverse

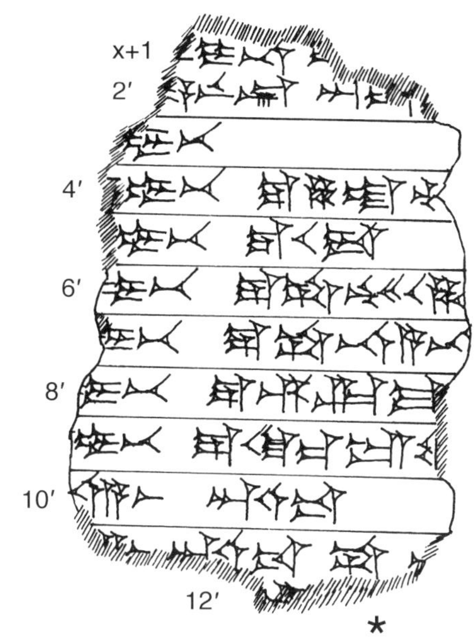

Text 150

AnAr 12176

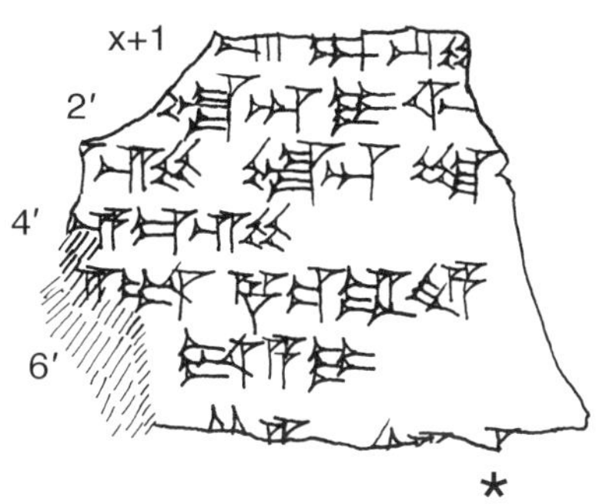

Text 151

AnAr 4220 d

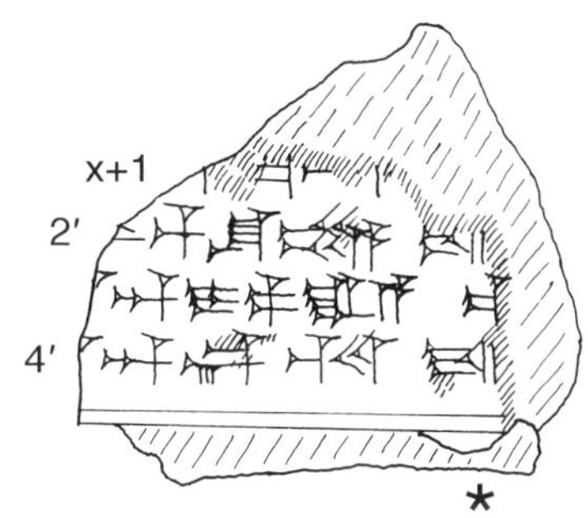

Text 154

AnAr 3137

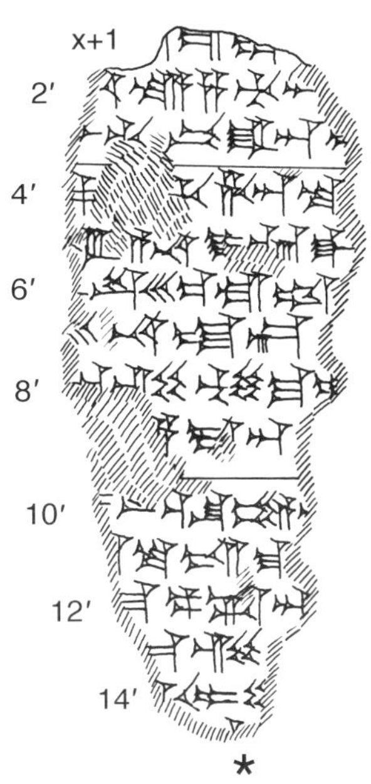

Text 153

AnAr 10299

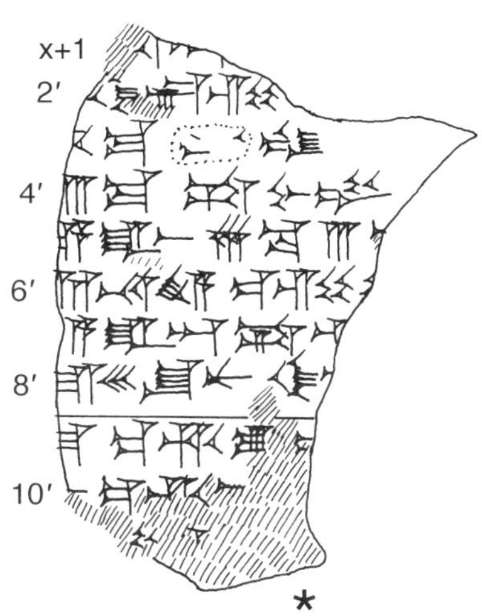

Text 155

AnAr 6995

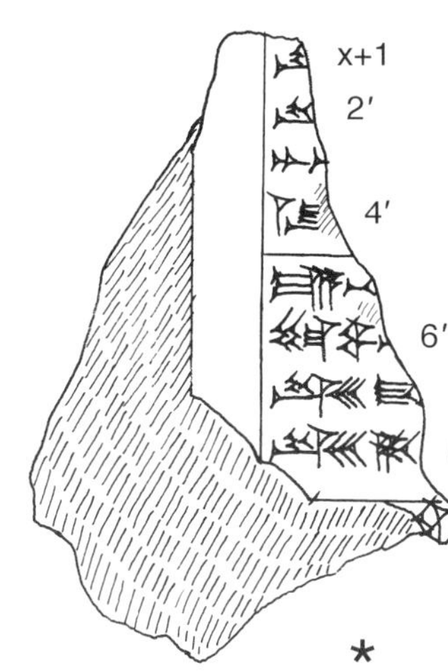

Text 156

AnAr 8357 f

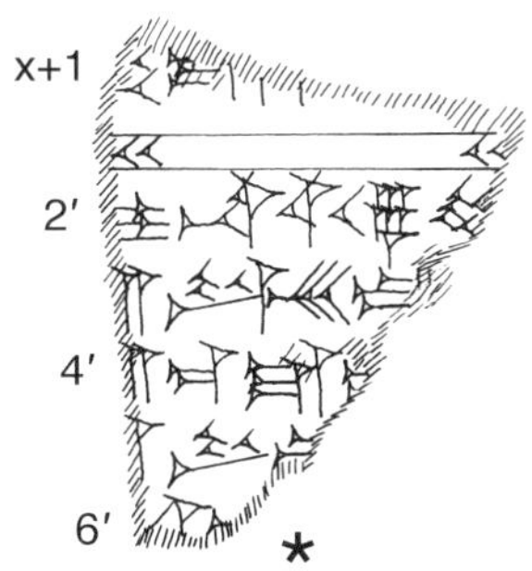

Text 157

AnAr 8360 c+ğ+m

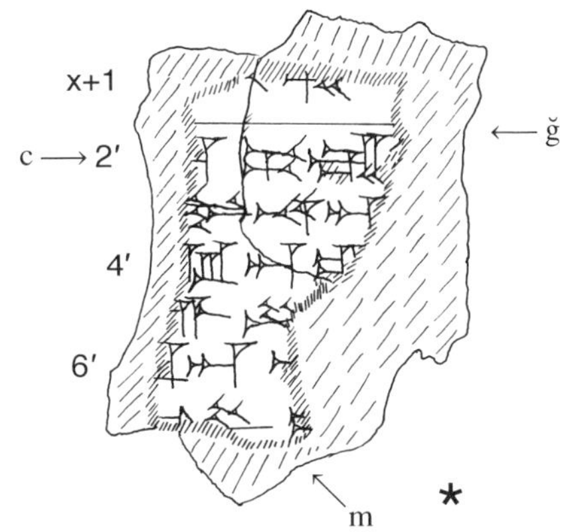

Text 158

AnAr 8360 f

Text 159

AnAr 8360 h

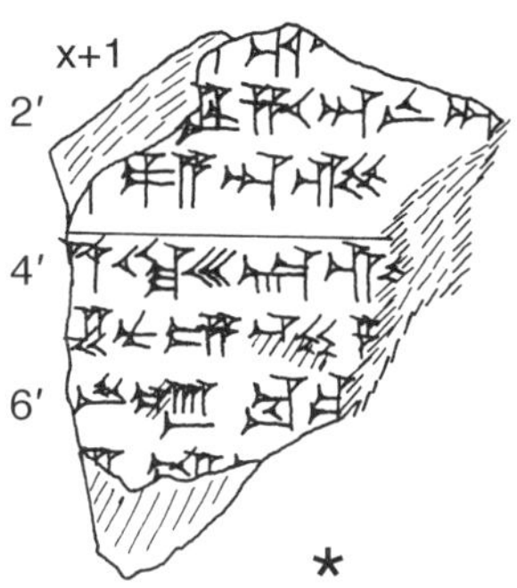

Text 160

AnAr 8360 n+s+ş

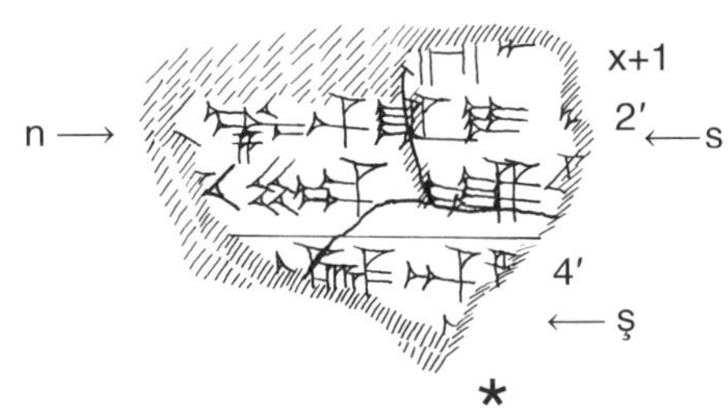

Text 161

AnAr 8365 b

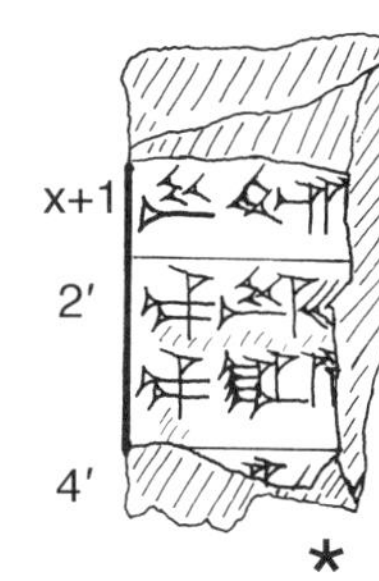

Text 162

AnAr 8857

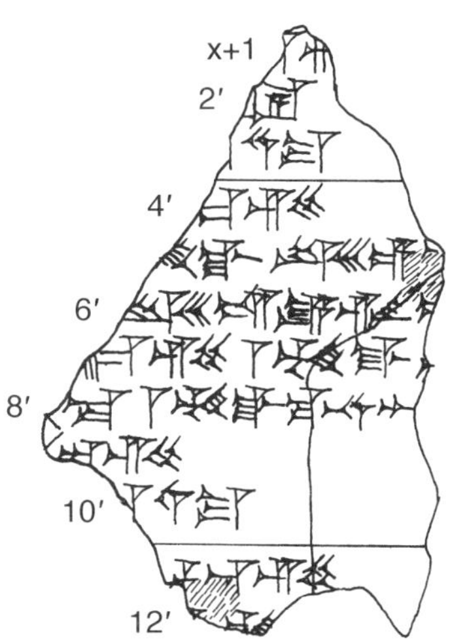

Text 163

AnAr 8911

önyüz / obverse

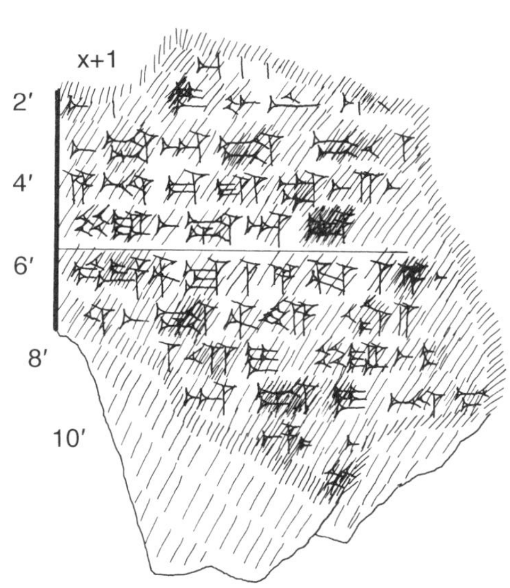

arkayüz / reverse

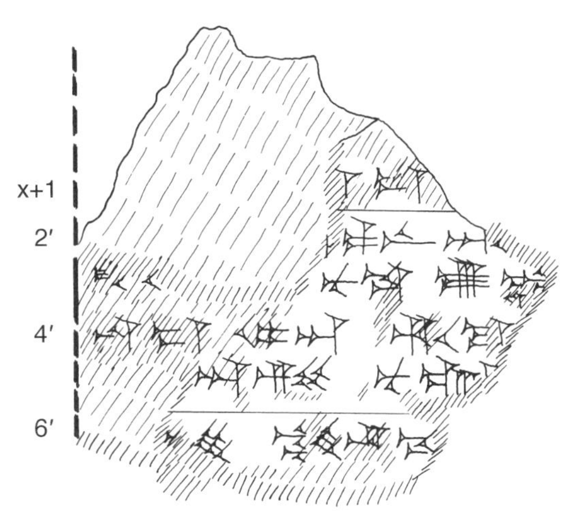

Text 164

AnAr 8919

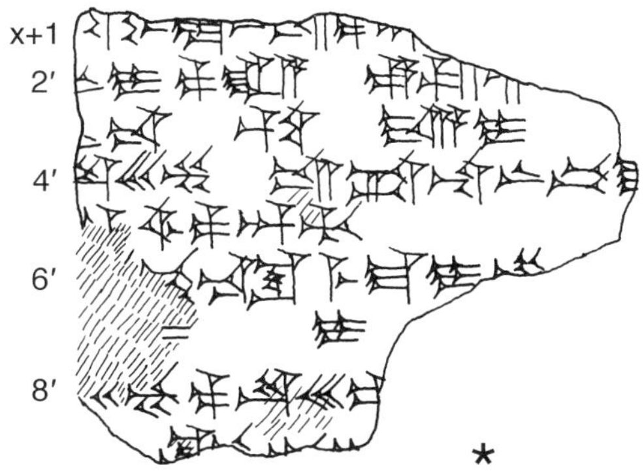

Text 165

AnAr 9145

önyüz? / obverse?

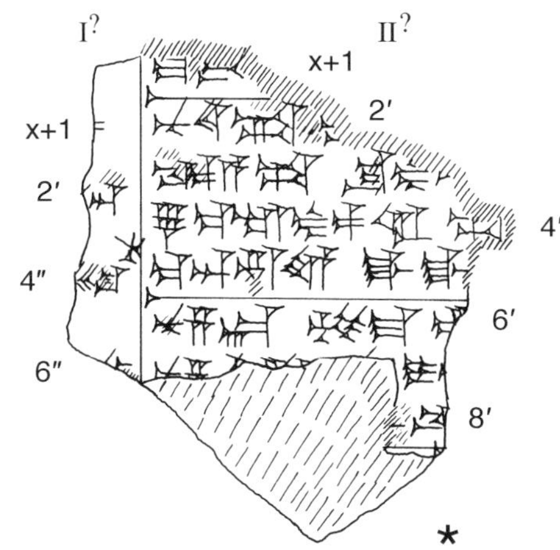

Text 166

AnAr 9716

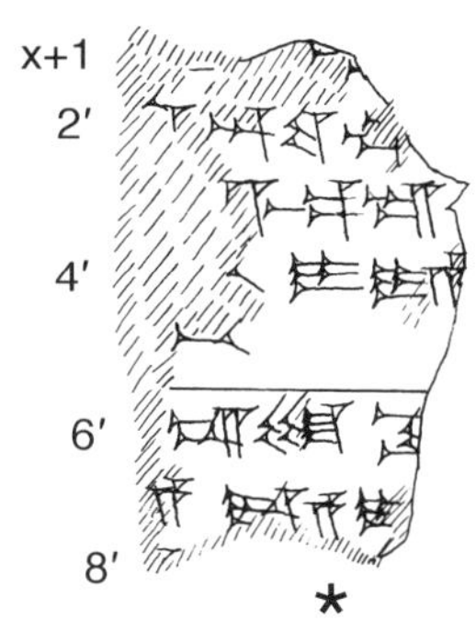

Text 167

AnAr 9720

önyüz / obverse

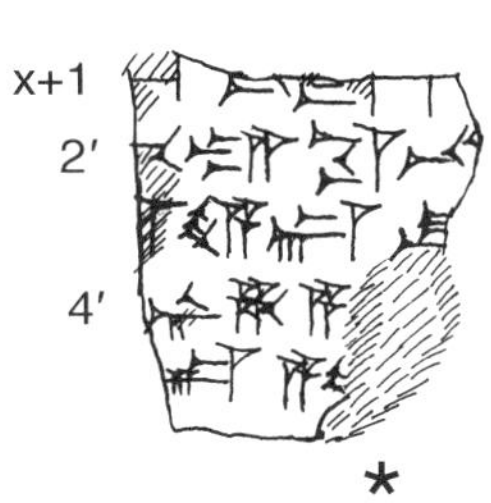

Text 168

AnAr 9730

önyüz / obverse

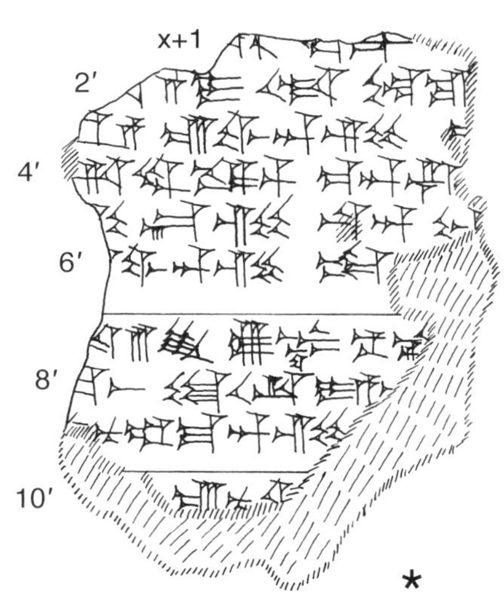

Text 169

AnAr 10301

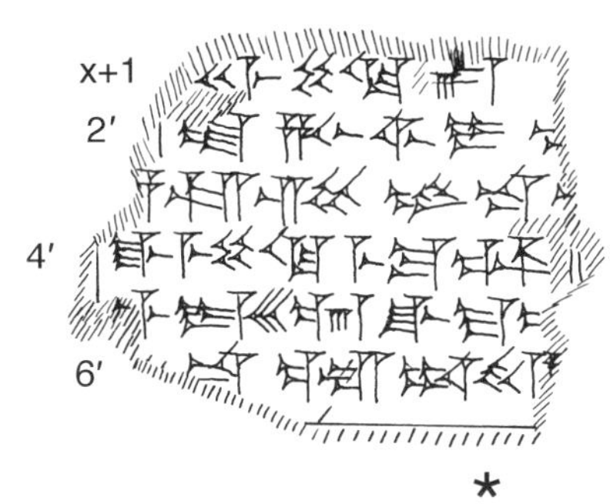

Text 170

AnAr 10309

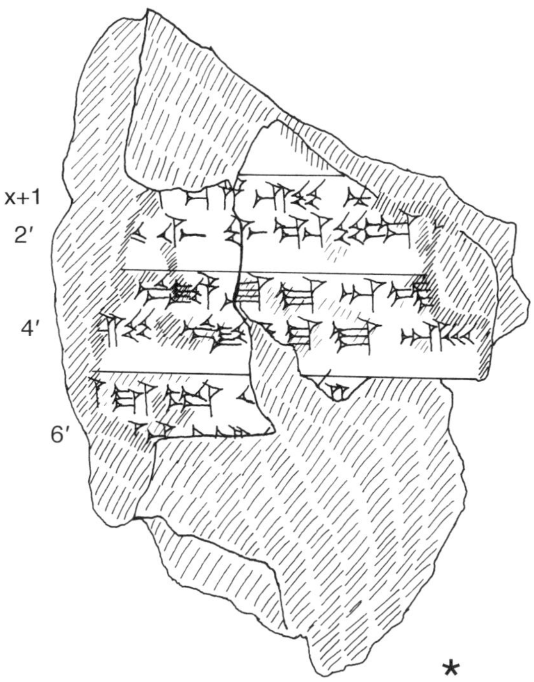

Text 171

AnAr 10325

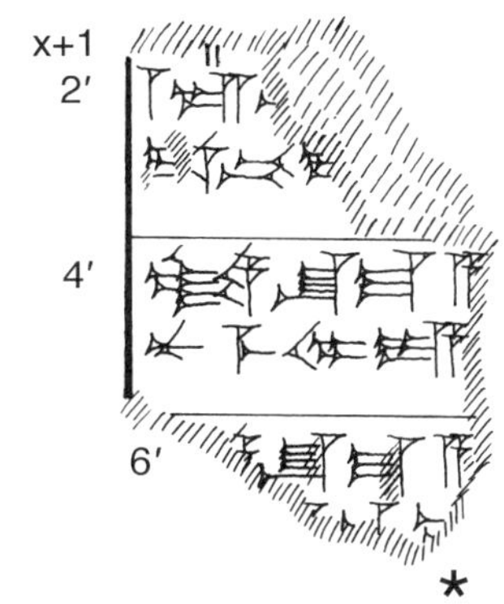

Text 172

AnAr 10588

önyüz / obverse

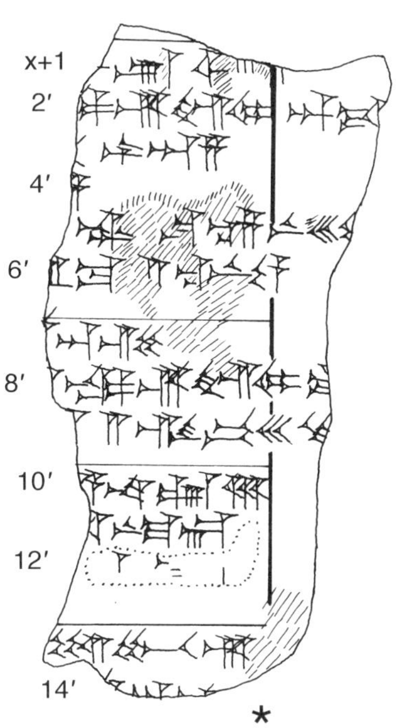

Text 173

AnAr 10593

önyüz / obverse

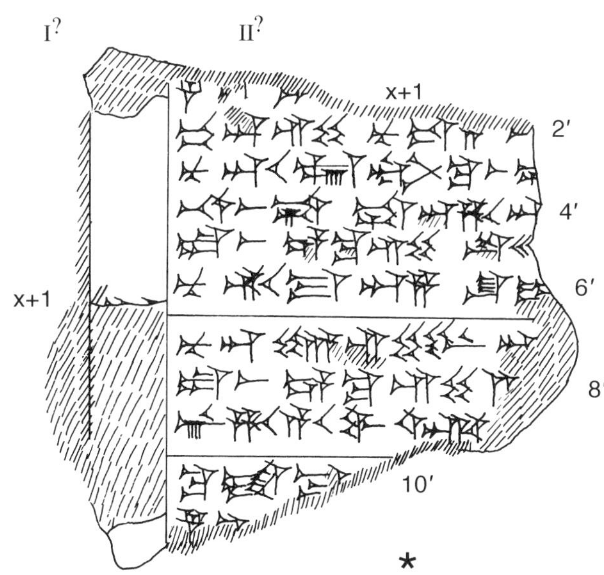

Text 174

AnAr 10596

önyüz / obverse

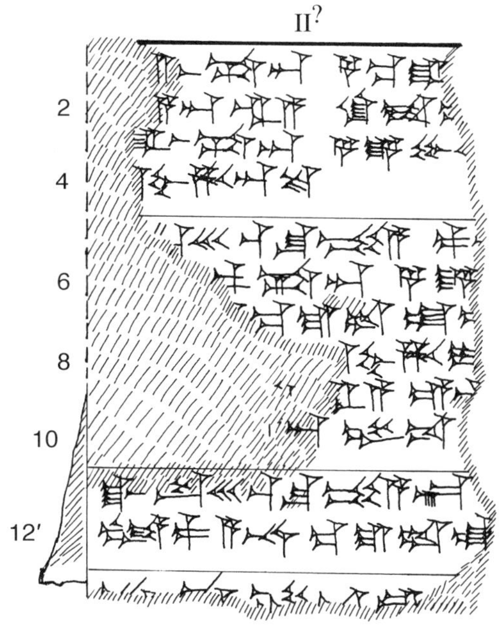

arkayüz / reverse

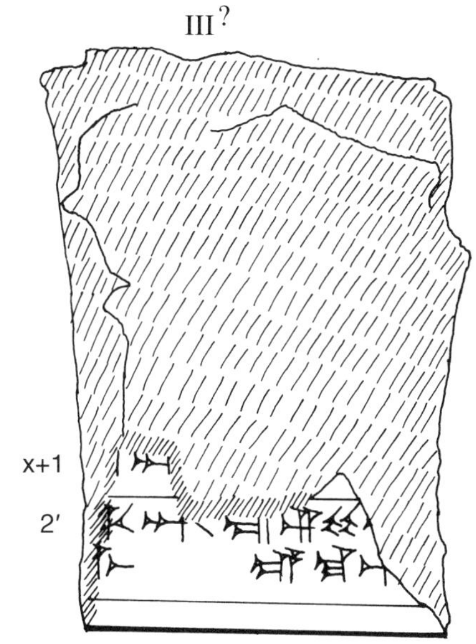

Text 175

AnAr 10597

önyüz / obverse

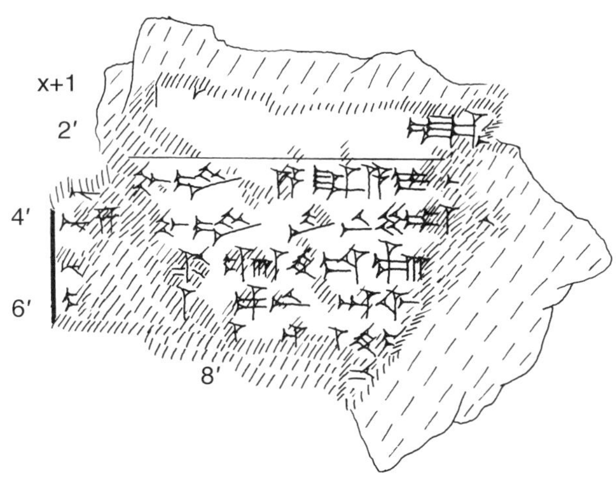

arkayüz / reverse

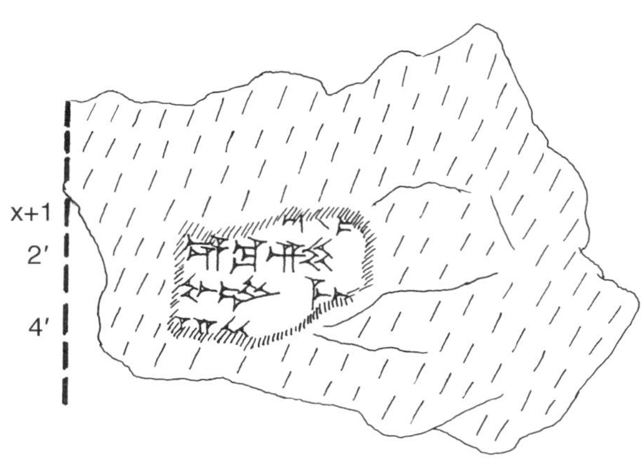

Text 176

AnAr 10604

önyüz / obverse

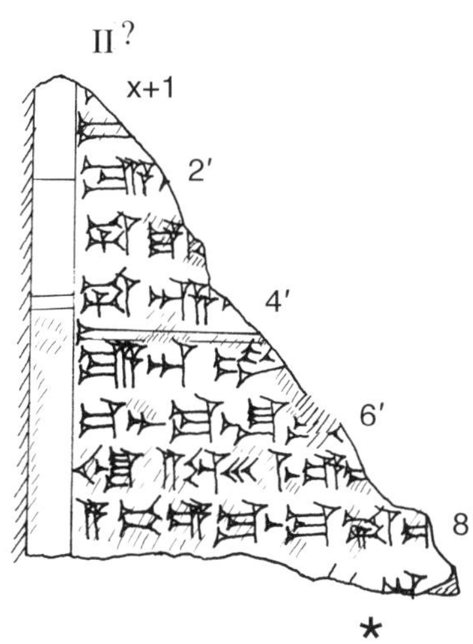

Text 177

AnAr 10611

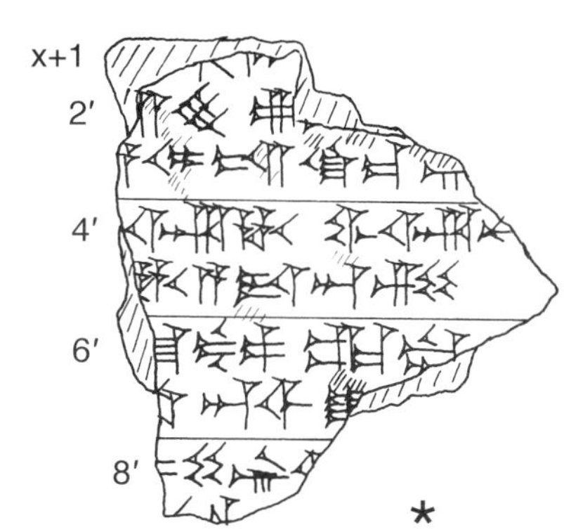

Text 178

AnAr 10758

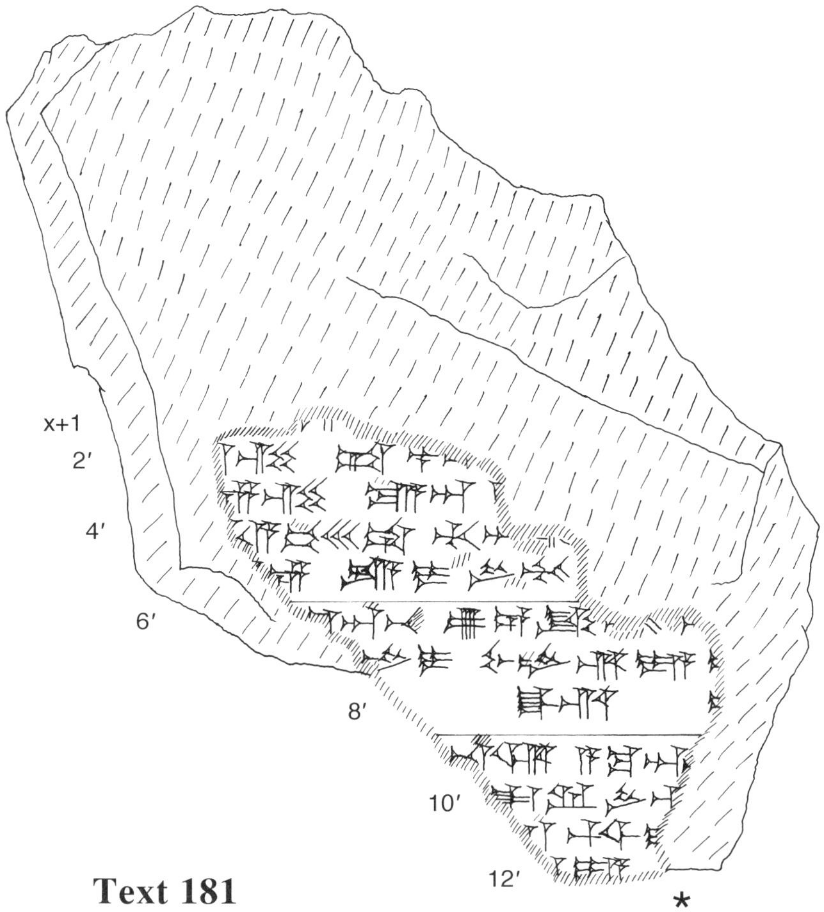

Text 179

AnAr 10866

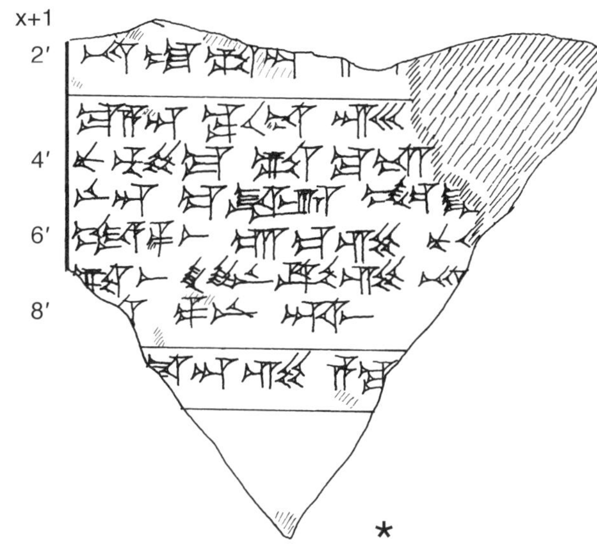

Text 180

AnAr 11246 h

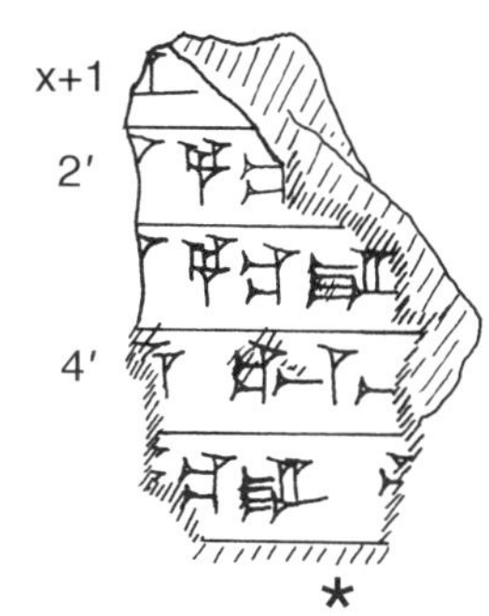

Text 181

11288 a

önyüz / obverse

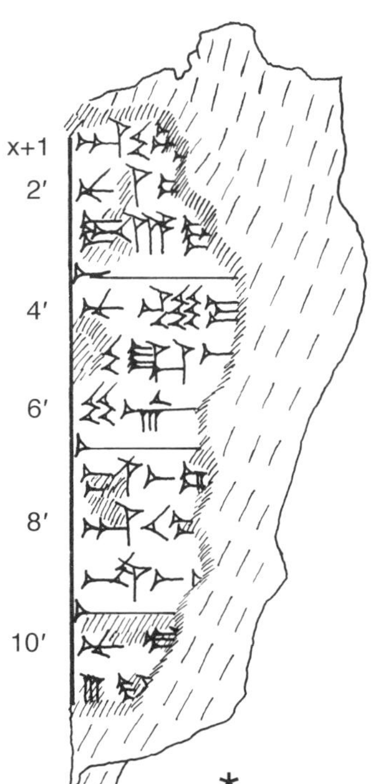

Text 182

AnAr 11288 b

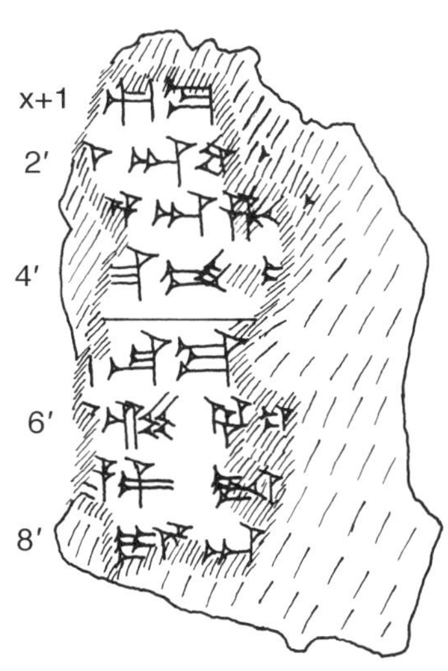

Text 183

AnAr 11385 b

önyüz / obverse

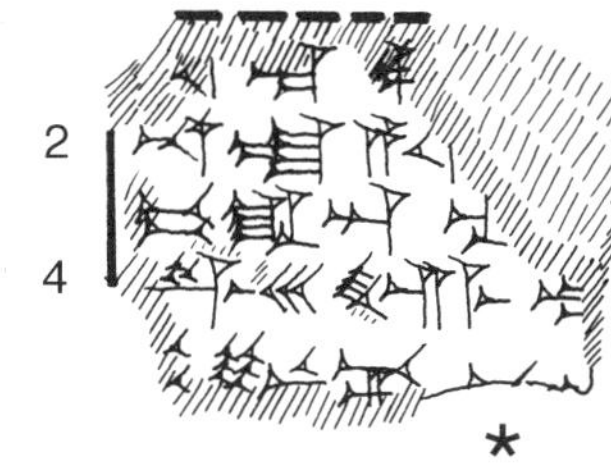

Text 184

AnAr 11402 a

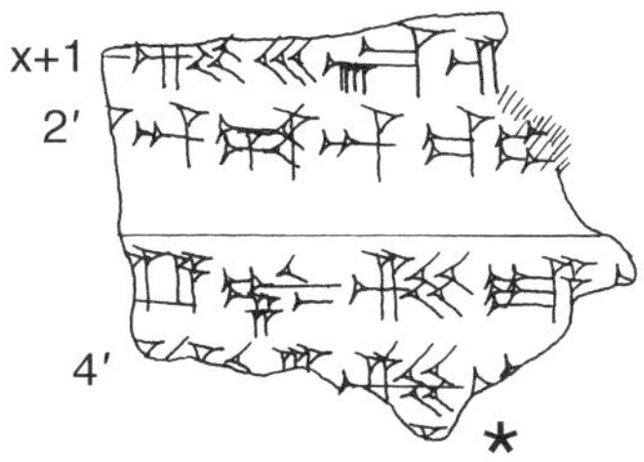

Text 185

AnAr 11503 b

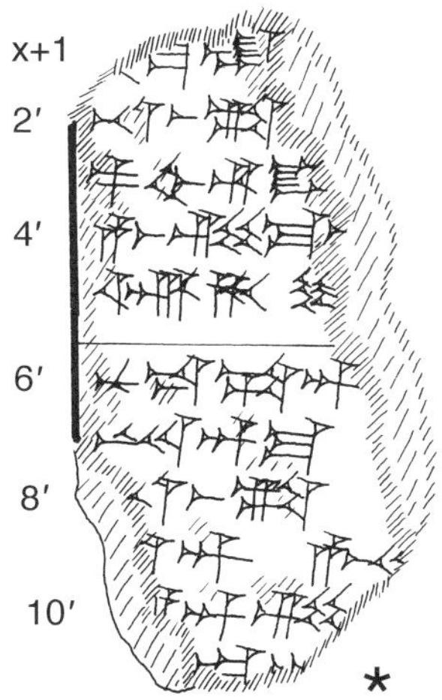

Text 186

AnAr 11504

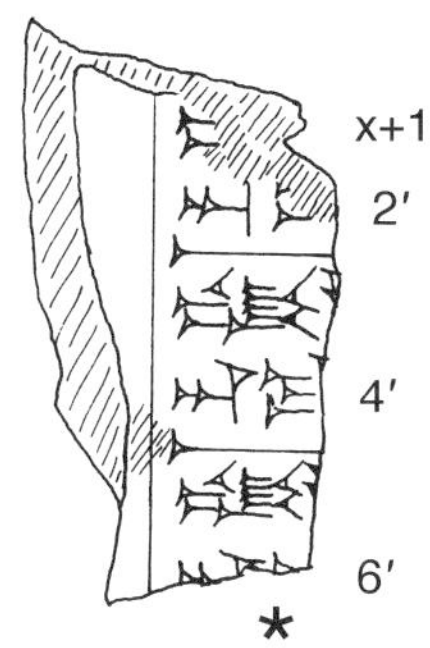

Text 187

AnAr 11619 a

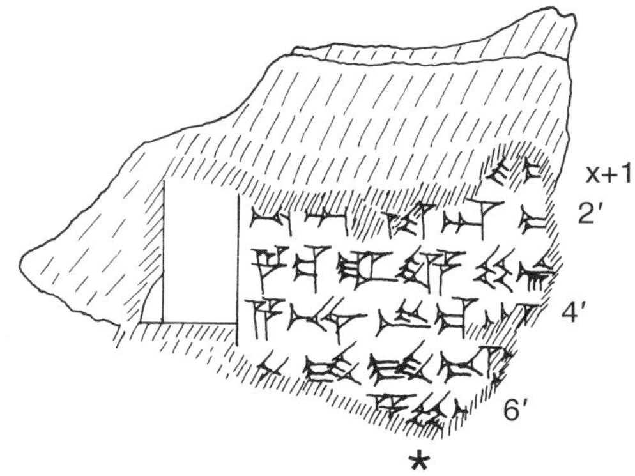

Text 188

AnAr 11621 b

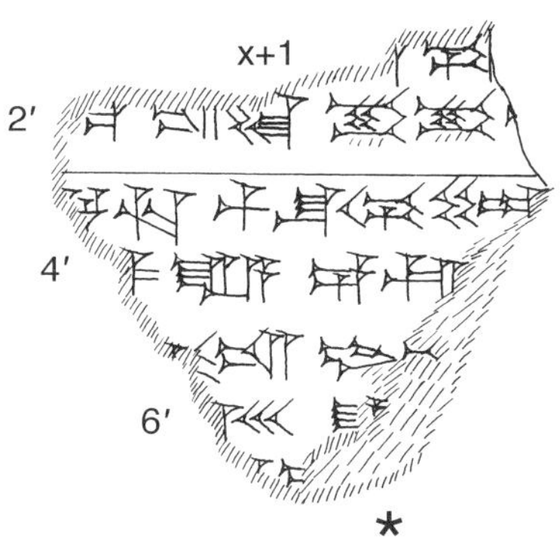

Text 189

AnAr 12166

arkayüz / reverse

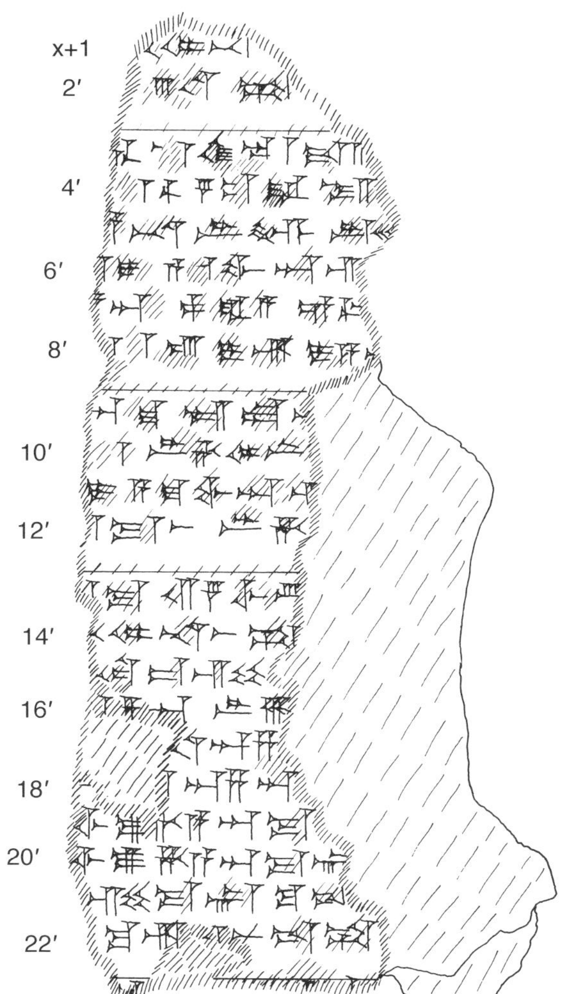

Text 190

AnAr 12169

önyüz / obverse

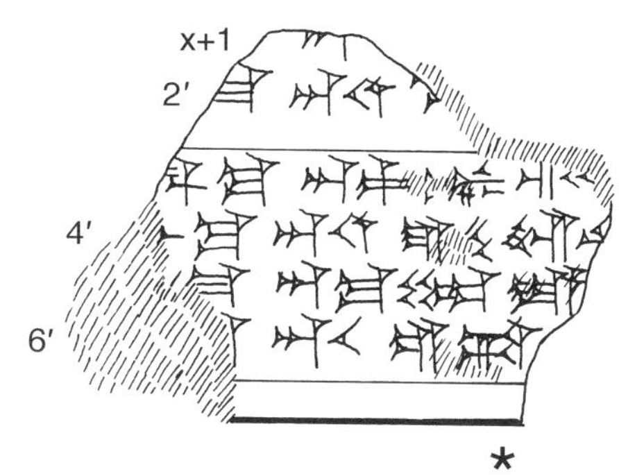

Text 191

AnAr 12178

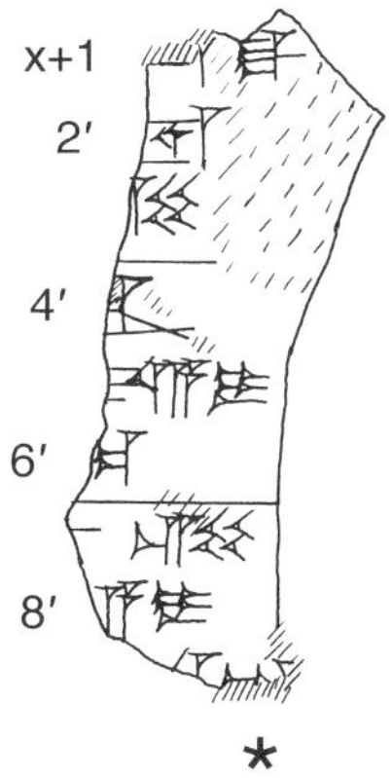

Text 192

AnAr 12186

önyüz? / obverse?

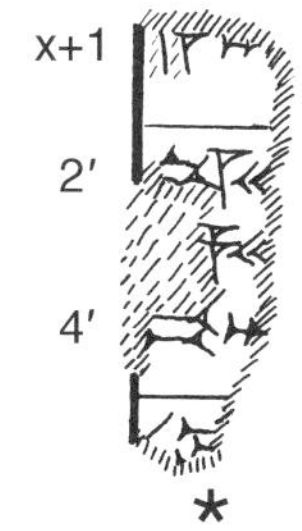

sol kenar / left edge

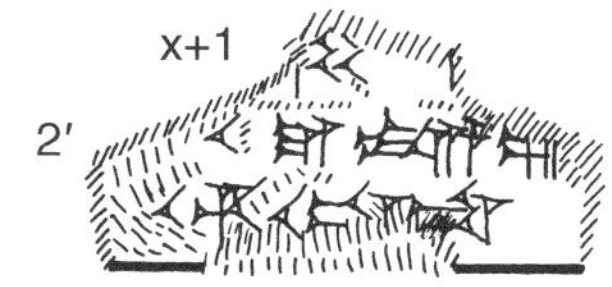

Text 193

AnAr 12188

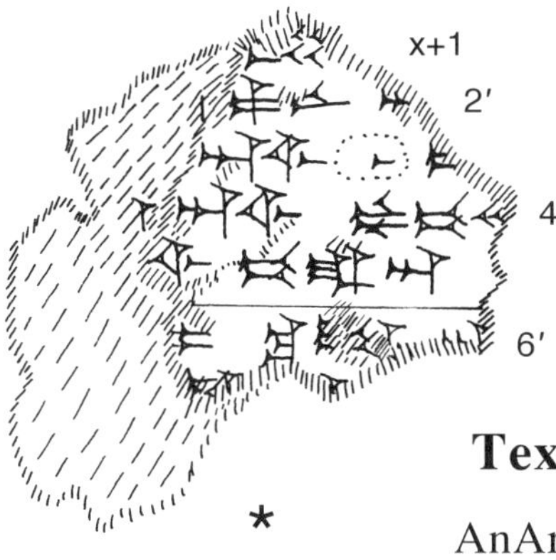

Text 194

AnAr 14839 b

önyüz / obverse

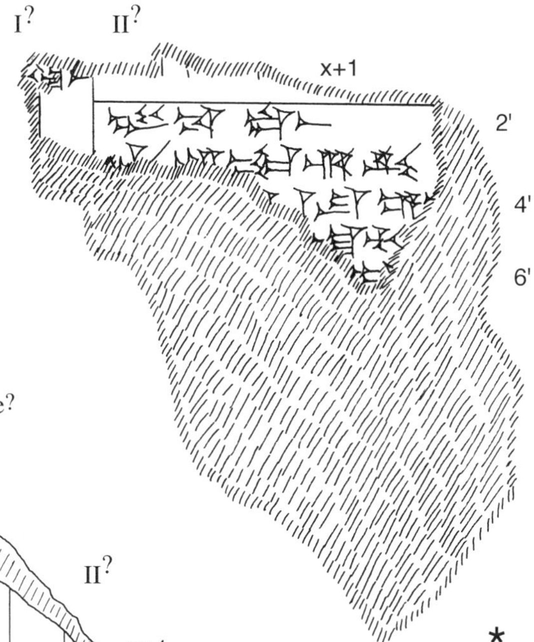

Text 195

AnAr 14839 c

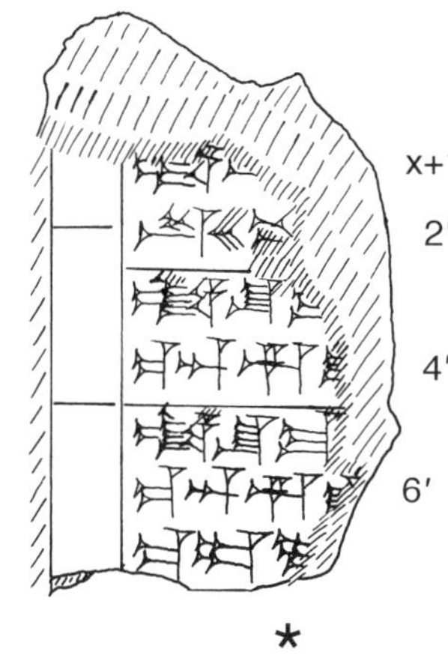

Text 196

AnAr 14923

önyüz? / obverse?

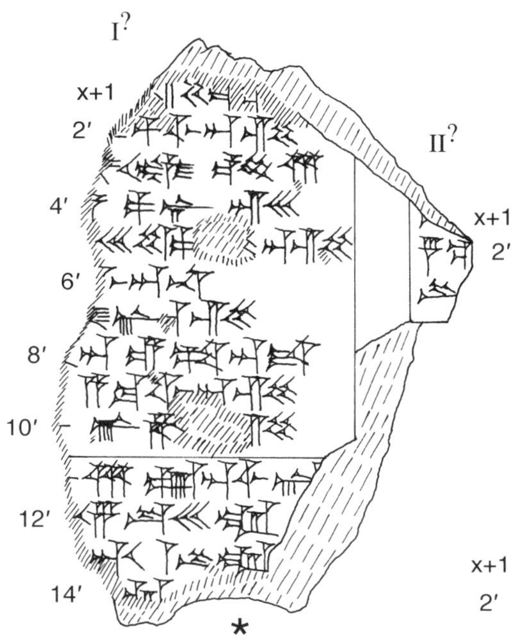

Text 197

AnAr 14926

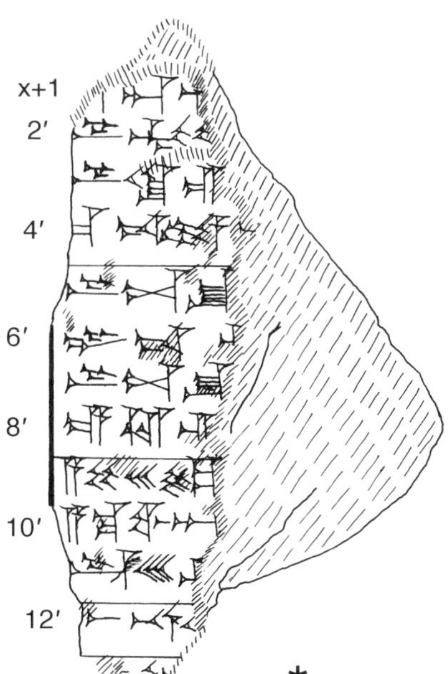

Text 198

AnAr 14927

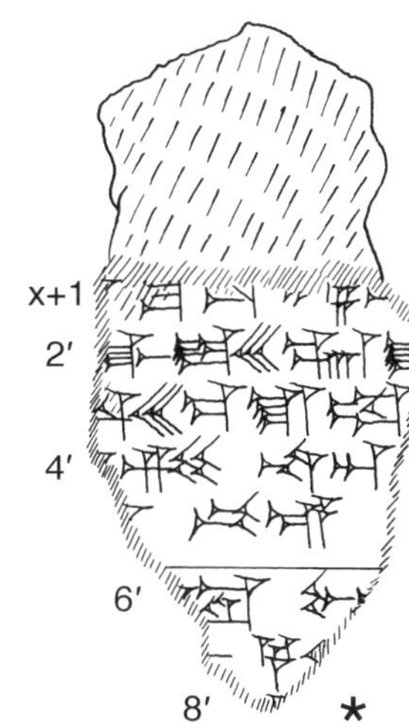

Text 199

AnAr 14928

önyüz / obverse

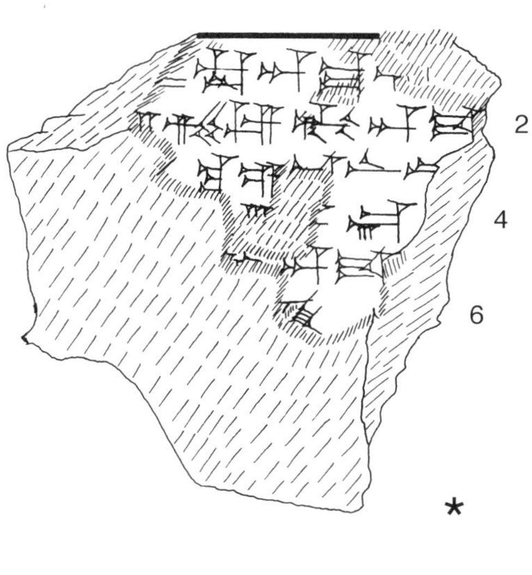

Text 200

AnAr 14936

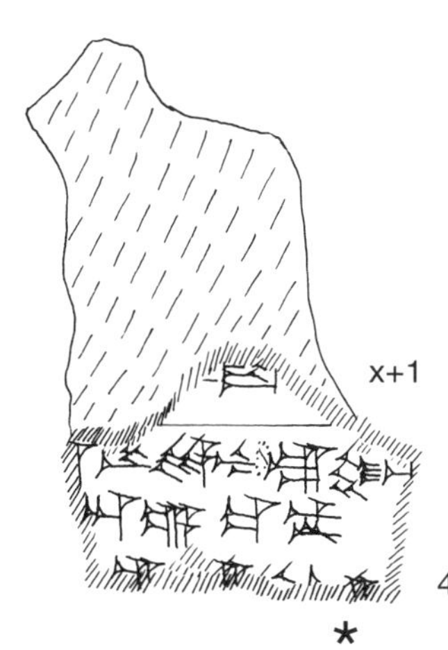

Text 201

AnAr 14939

önyüz / obverse

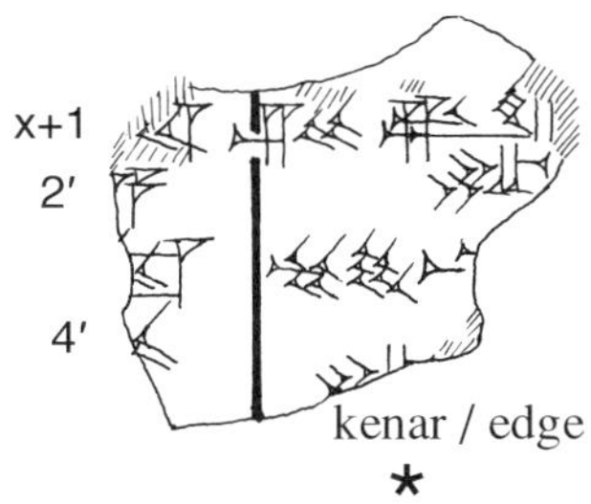

Text 202

AnAr 14942

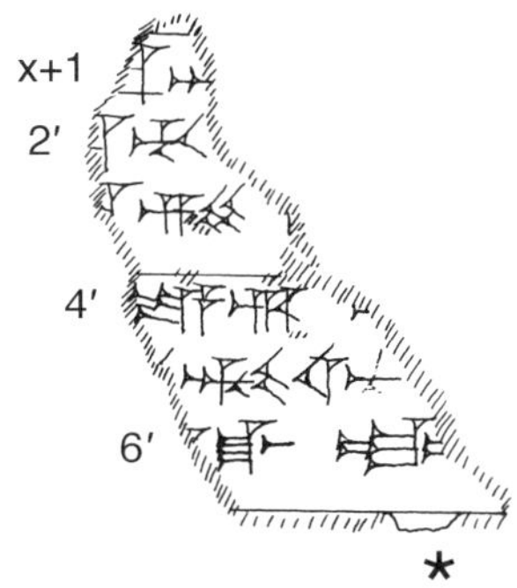

Text 203

AnAr 14967

önyüz / obverse

sağ kenar / right edge

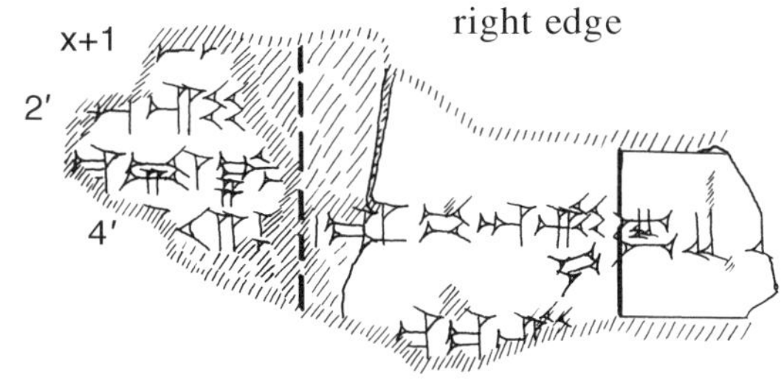

arkayüz/ reverse

Text 204

AnAr 14970

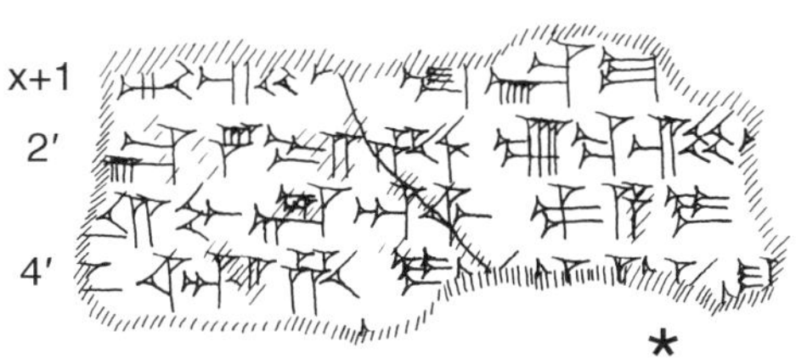

Text 205

AnAr 14971

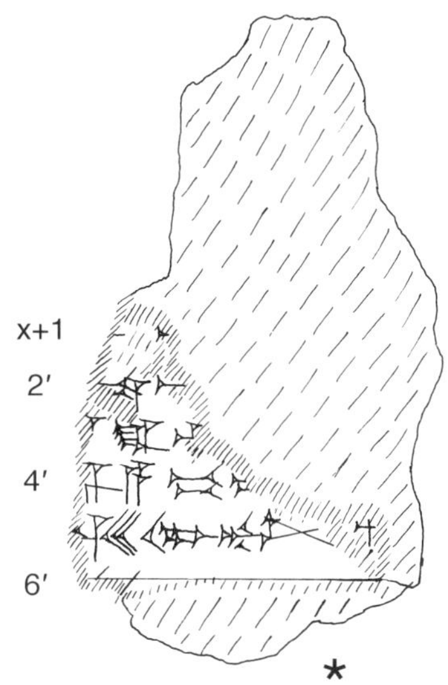

Text 206

AnAr 14972

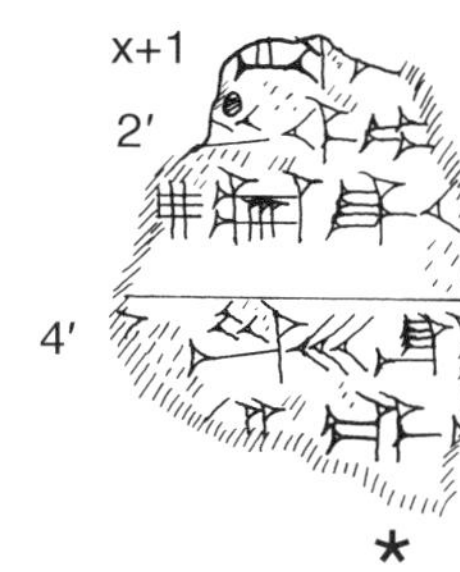

Text 207

AnAr 14984

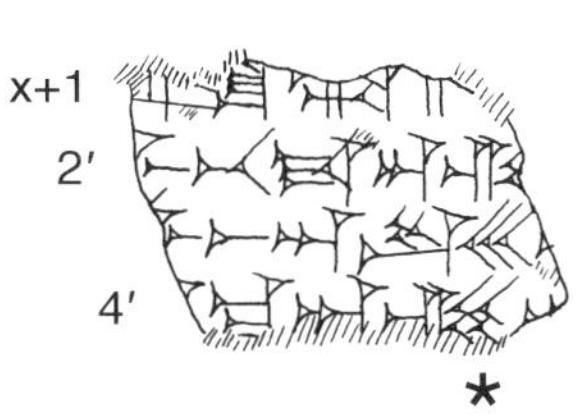

Text 208

AnAr 15160

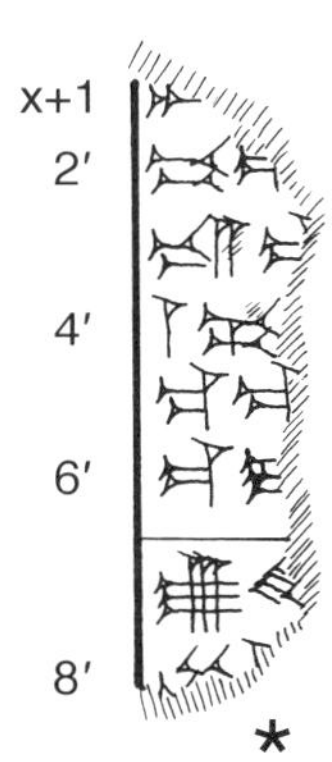

Text 209

AnAr 21627

arkayüz / reverse

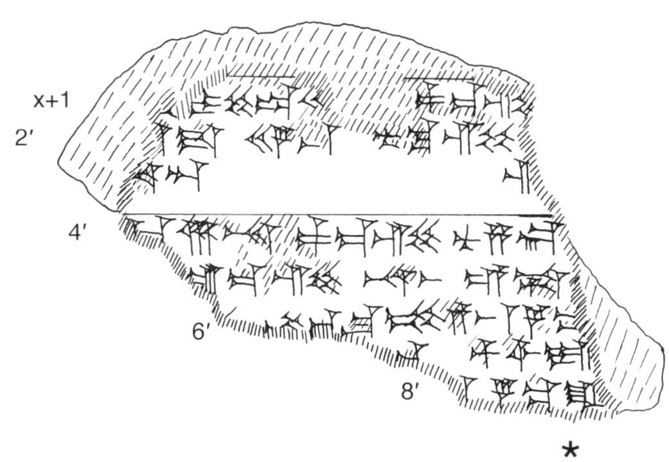

Text 210

AnAr 21632

önyüz / obverse

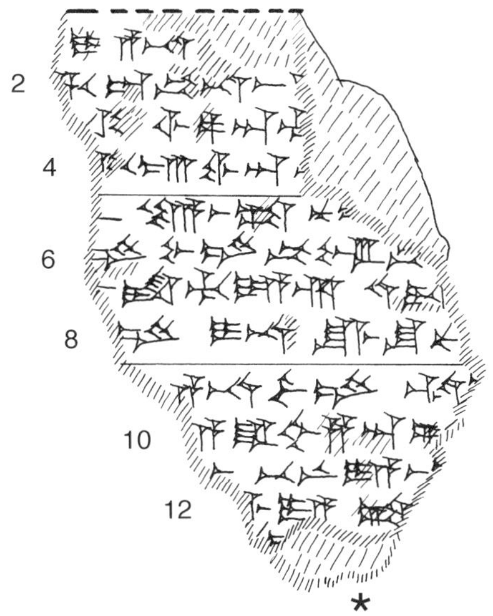

Text 211

AnAr 21633

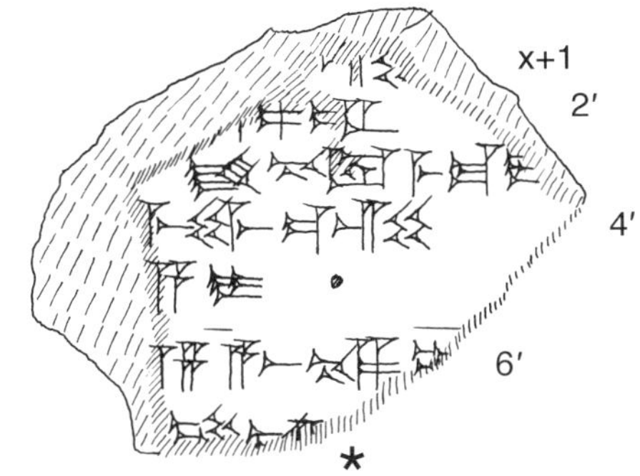

Text 212

AnAr 28-3-66

önyüz / obverse

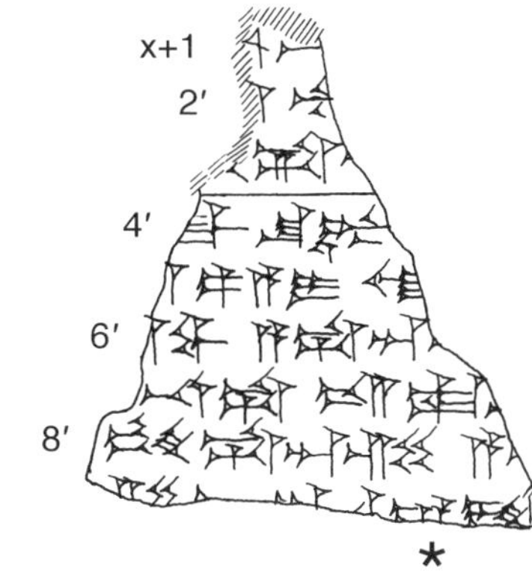

Text 213

AnAr 151-1-67

önyüz / obverse

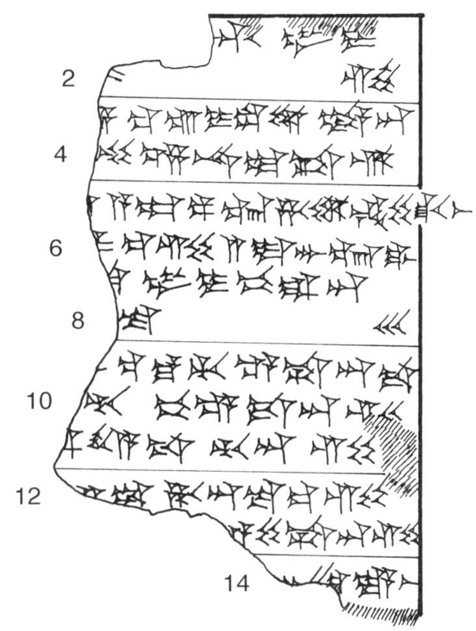

arkayüz / reverse

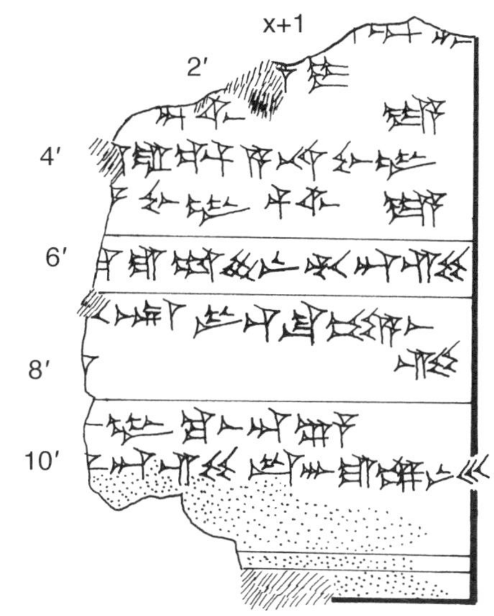

Text 214

AnAr 16-1-68

önyüz / obverse

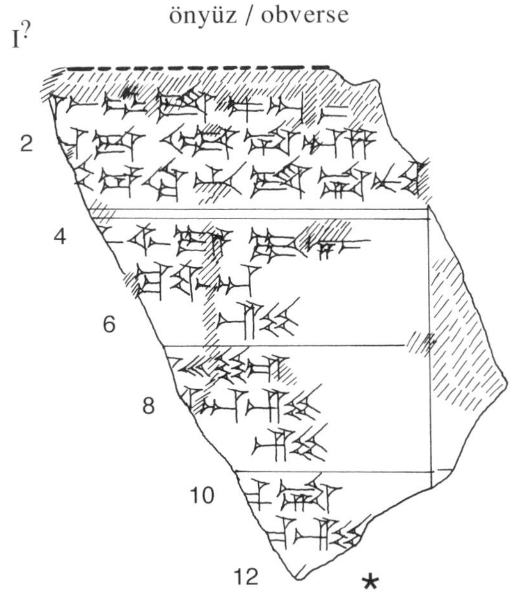

Text 215

AnAr 16-2-68

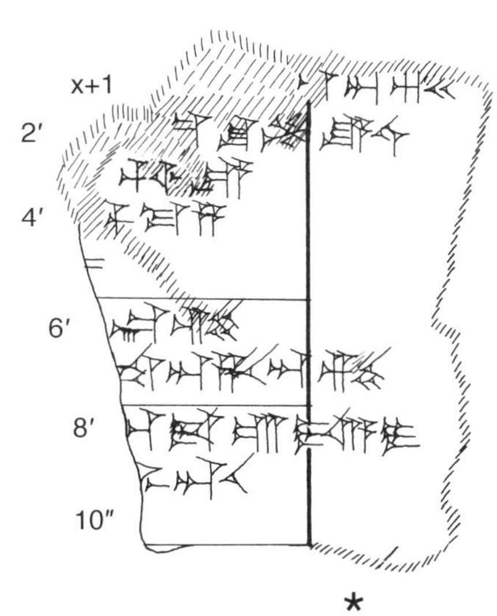

Text 216

AnAr 16-3-68

önyüz / obverse

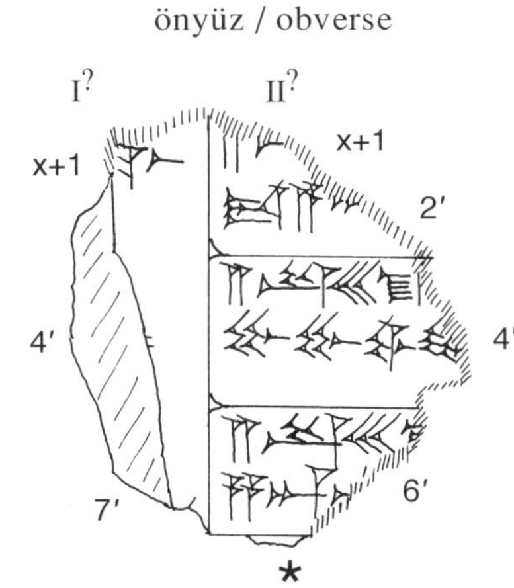

Text 217

AnAr 16-4-68

önyüz / obverse

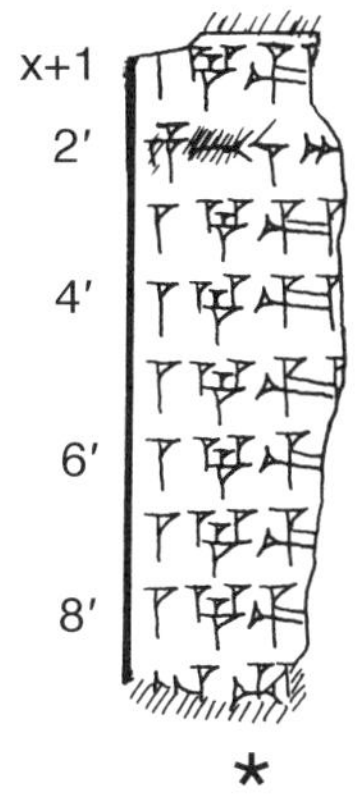

Text 218

AnAr 16-8-68

Text 219

AnAr 16-9-68

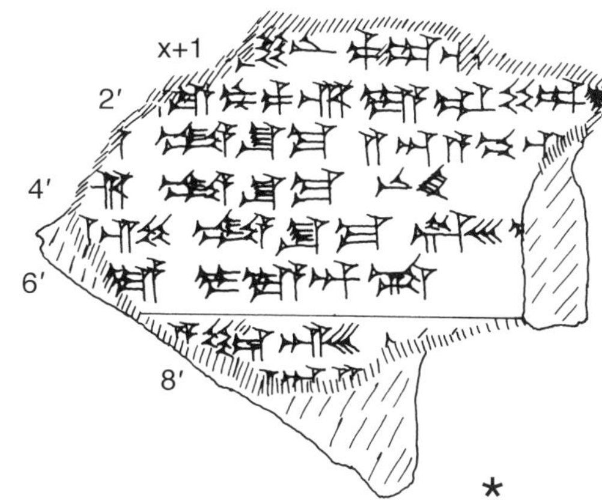

Text 220

AnAr 16-10-68

önyüz / obverse

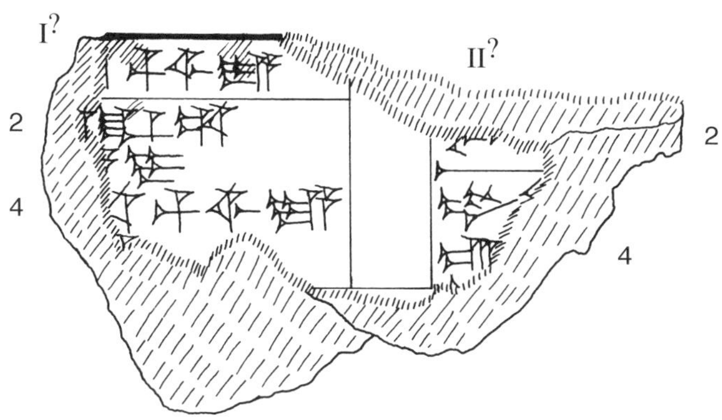

arkayüz / reverse

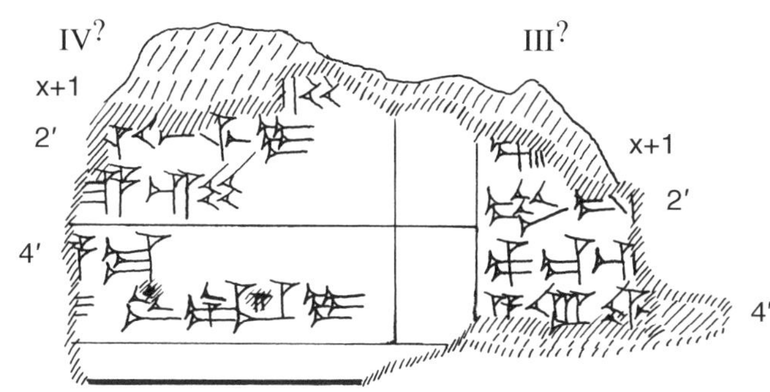

Text 221

AnAr 16-11-68

önyüz / obverse

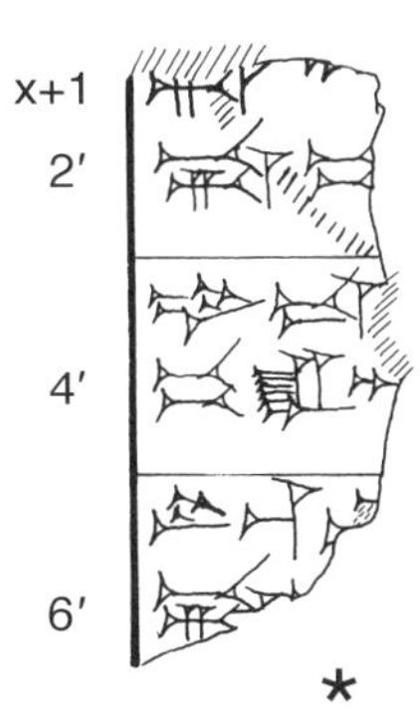

sol kenar / left edge

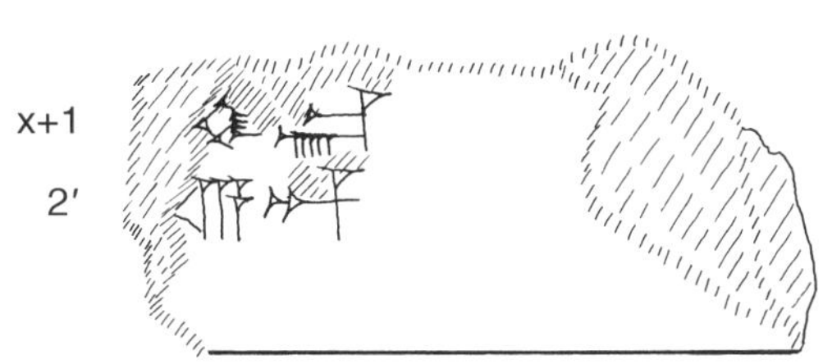

Text 222

AnAr 90-2-68

önyüz / obverse

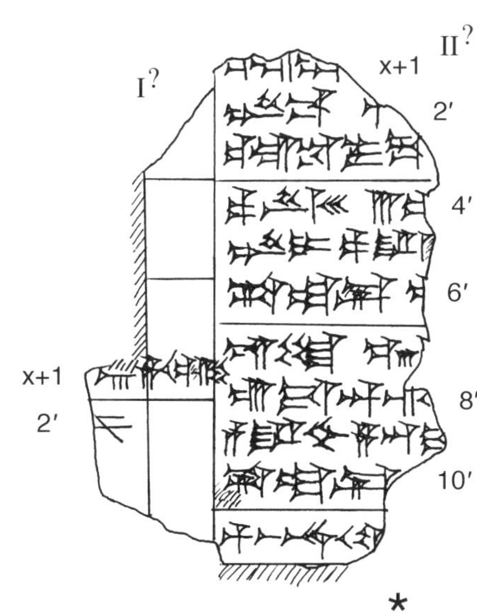

Text 223

AnAr 87-2-06

önyüz / obverse

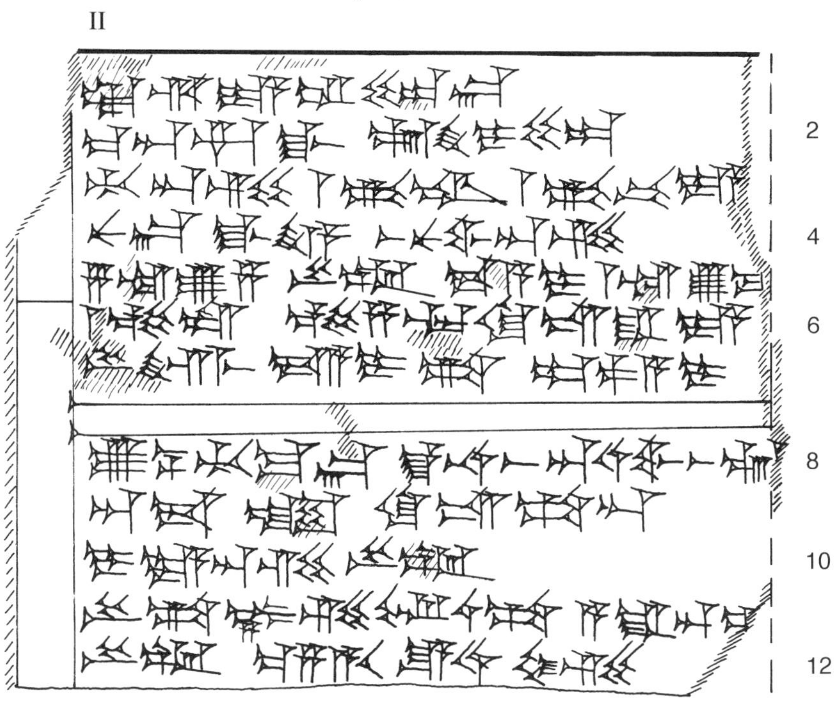

arkayüz / reverse

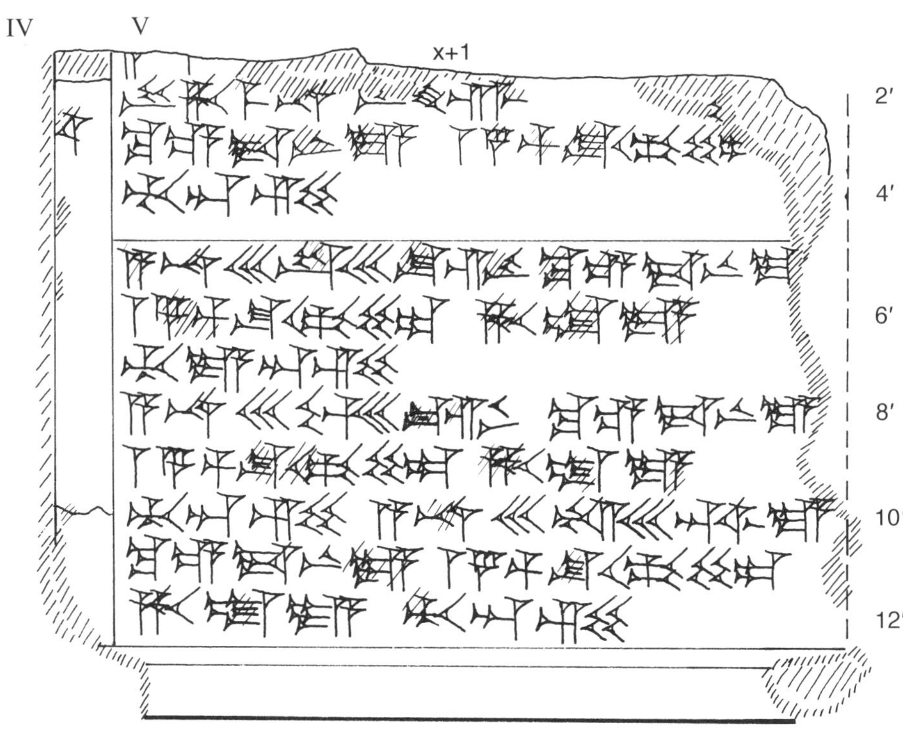

Text 224

AnAr 4038

önyüz / obverse

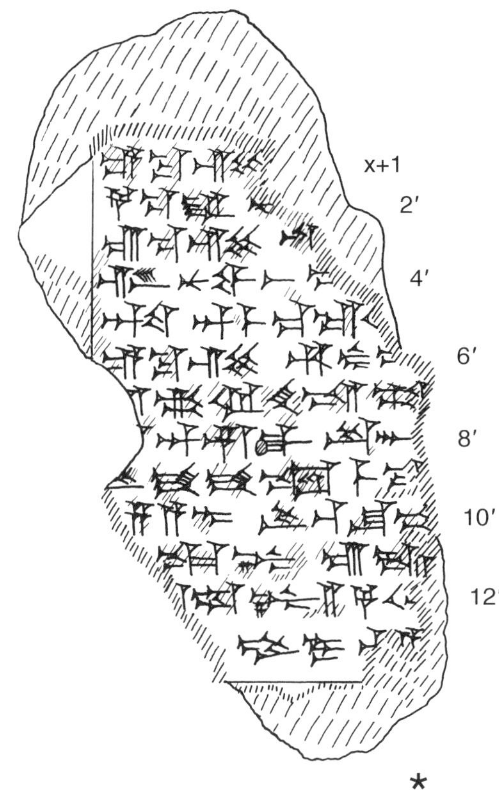

Text 225

AnAr 11619 b

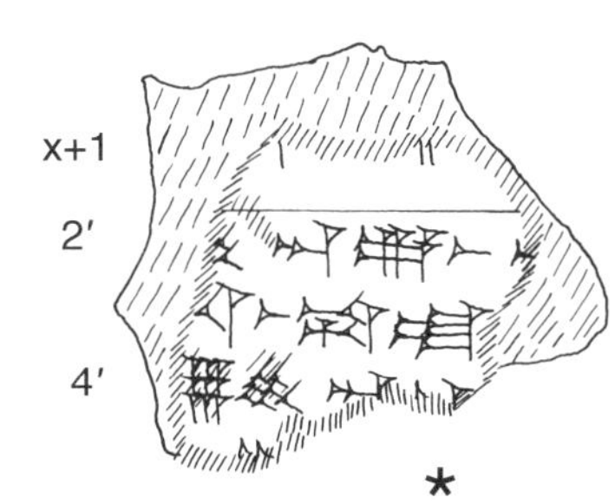

Text 226

AnAr 11202

arkayüz / reverse

önyüz / obverse

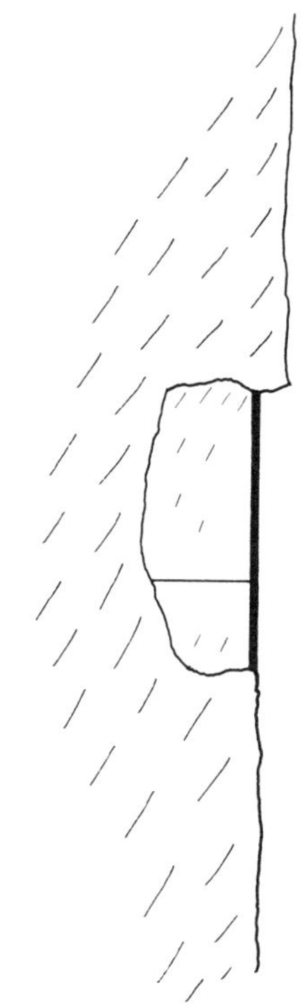

Text 227

AnAr 12131 a

önyüz / obverse

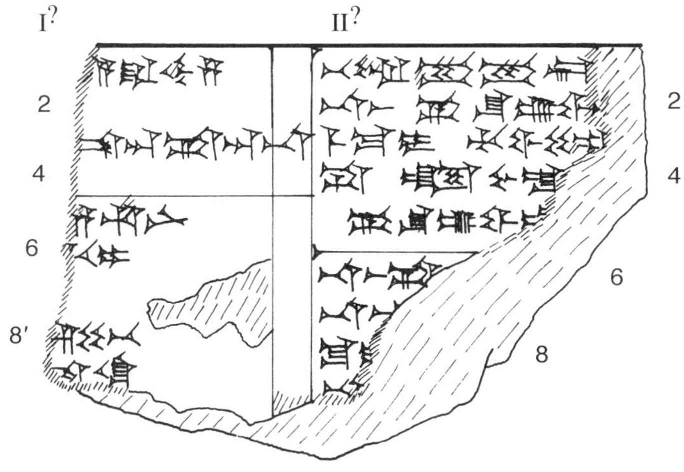

arkayüz / reverse

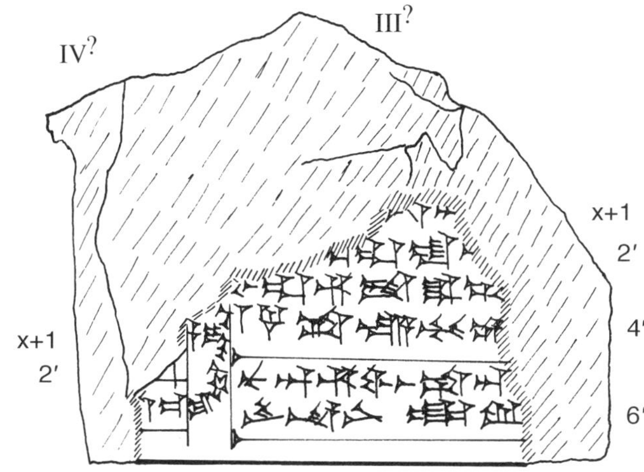

Text 228

AnAr 10307 (+) KBo 29.130

önyüz / obverse

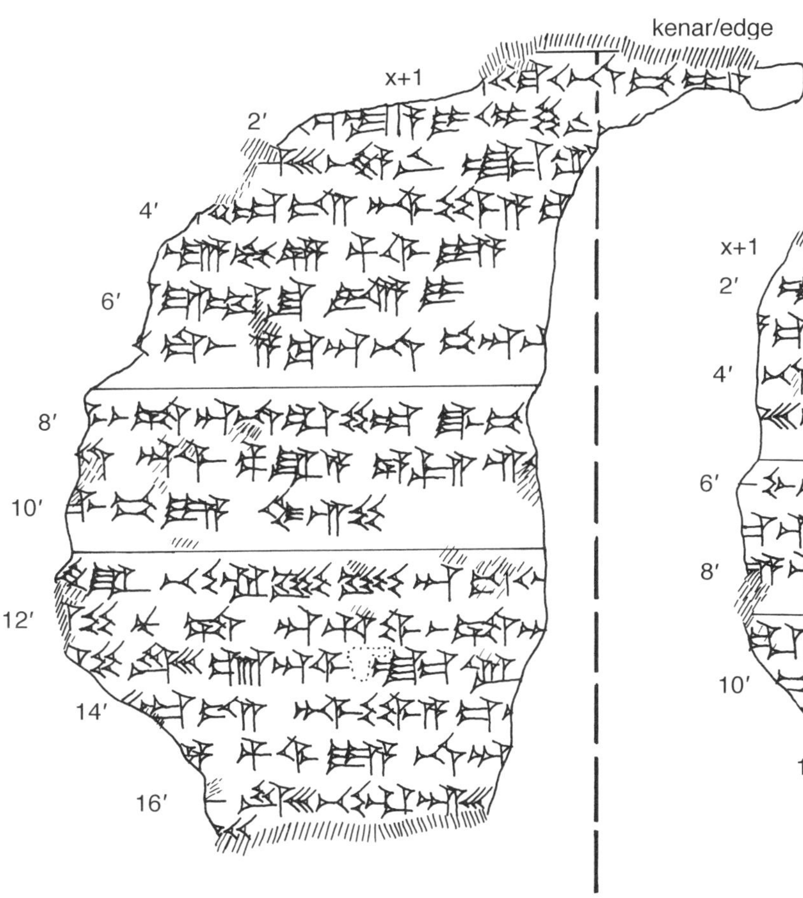

arkayüz / reverse

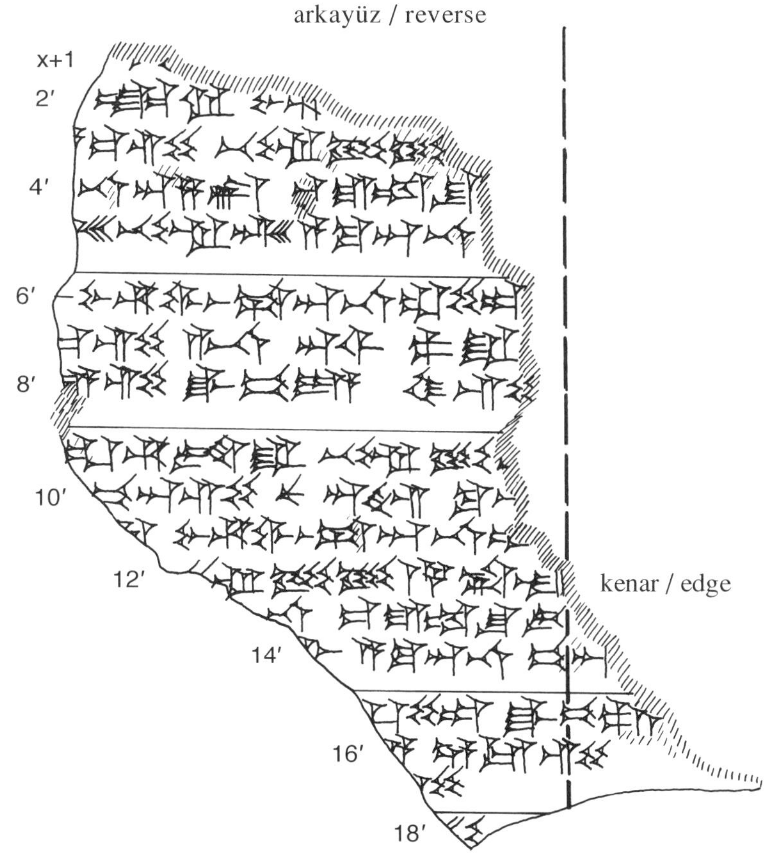

Text 229

AnAr 26-1-68

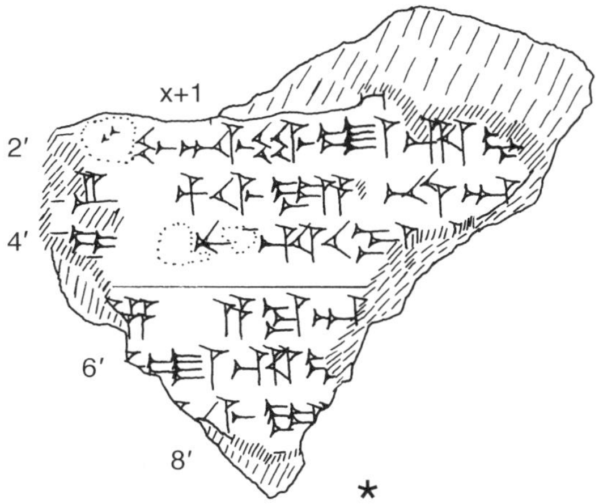

Text 230

AnAr 16-7-68

önyüz / obverse

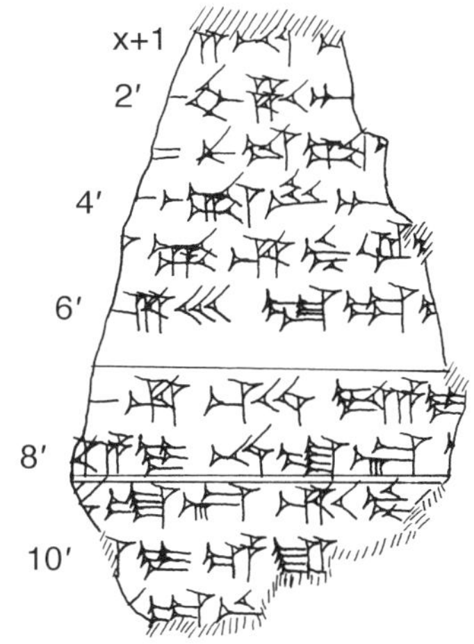

arkayüz / reverse

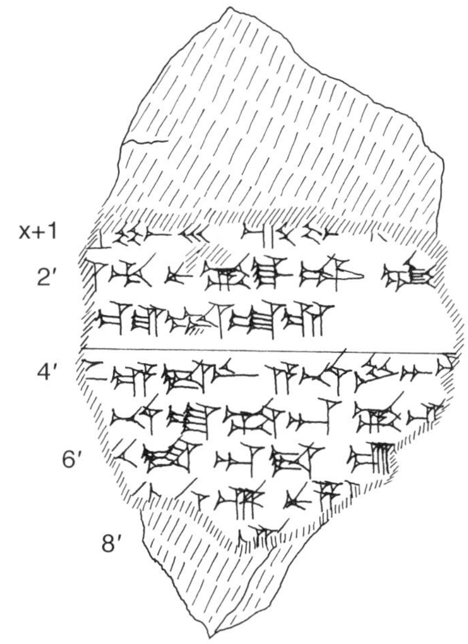

Text 231

AnAr 21629 +KBo 11.5

önyüz / obverse

I

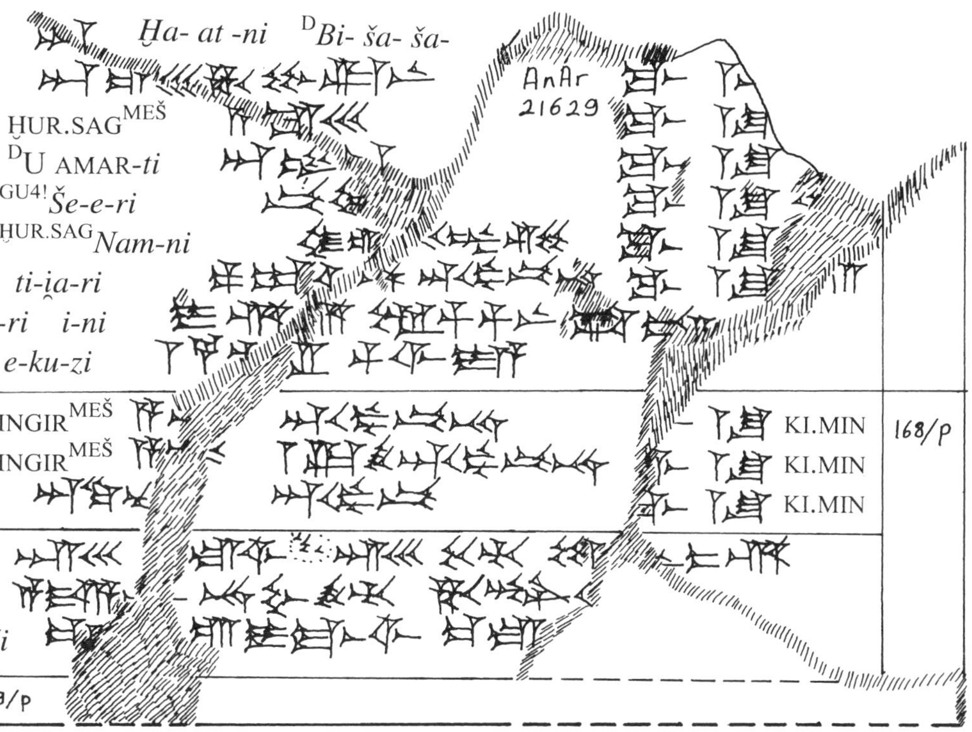

20′ [EGIR-*ŠÚ-m*]*a* *Ḫa- at -ni* ^{D}*Bi- ša- ša-*
[EGIR-*ŠÚ-m*]*a*
22′ [EGIR-*Š*]*Ú-ma* ḪUR.SAG^{MEŠ}
⸢EGIR⸣-*ŠÚ-ma* ^{D}U AMAR-*ti*
24′ EGIR-*ŠÚ-ma* $^{GU4!}$*Še-e-ri*
EGIR-*ŠÚ-ma* $^{ḪUR.SAG}$*Nam-ni*
26′ ⸢EGIR⸣-*ŠÚ-ma* *ti-i̯a-ri*
[*a-*]*a-ri* *mu-ut-ri* *i-ni*
28′ [I-*Š*]*U*$^{?}$ TUŠ-*aš* *e-ku-zi*
[EGI]R-*ŠÚ-ma* DINGIR^{MEŠ} KI.MIN
30′ [EGIR-*Š*]*Ú-ma* DINGIR^{MEŠ} KI.MIN
[EGIR-*Š*]*Ú-ma* KI.MIN
32′ [EGIR-*ŠÚ-m*]*a*
[*ke-eš-ḫ*]*i*
34′ [ ]x-*aš-ši*

VI

arkayüz / reverse

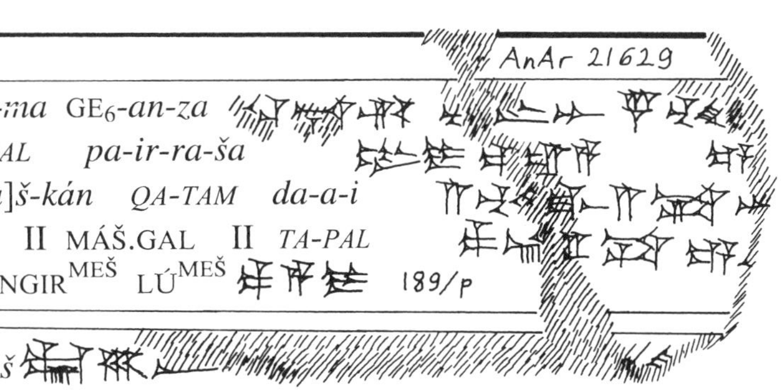

[GIM-*a*]*n-ma* GE$_6$-*an-za*
2 [IV *T*]*A-PAL* *pa-ir-ra-ša*
[LUGAL-*u*]*š-kán* *QA-TAM* *da-a-i*
4 x x –*za* II MÁŠ.GAL II *TA-PAL*
[*A-N*]*A* DINGIR^{MEŠ} LÚ^{MEŠ}
6 [LUGA]L-*uš*

Text 232

AnAr 9150

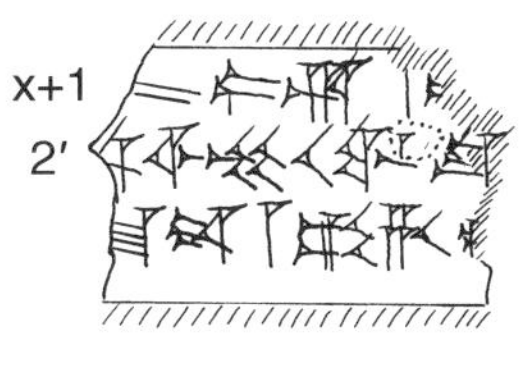

Text 233

AnAr 12168

arkayüz? / reverse?

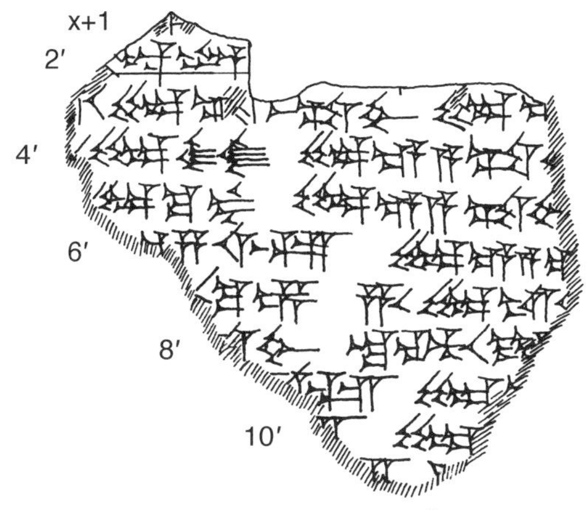

Text 234

AnAr 3136

önyüz / obverse

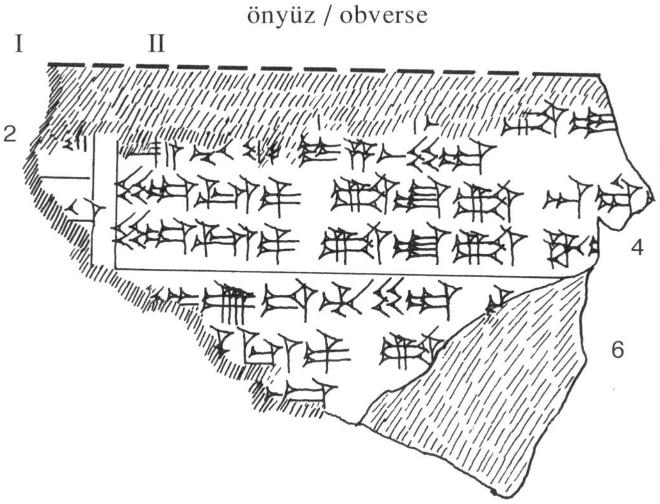

arkayüz / reverse

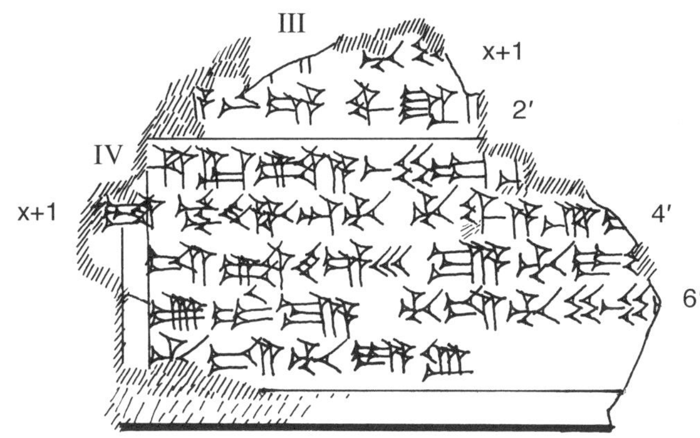

Text 235

AnAr 10610

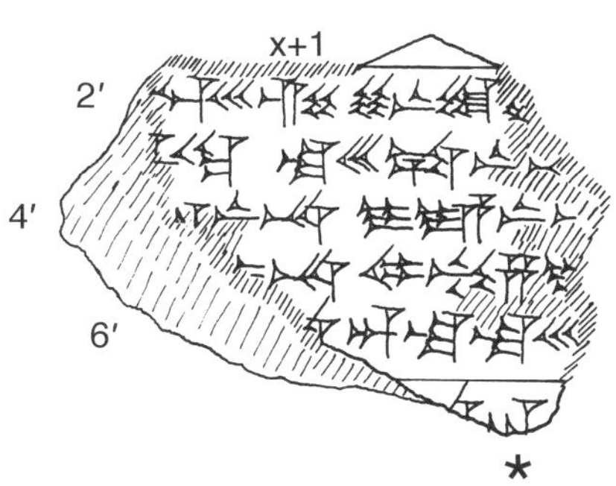

Text 236

AnAr 12175

önyüz / obverse

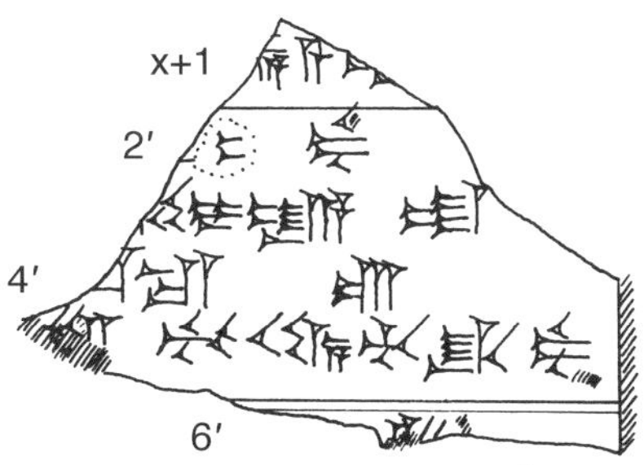

Text 237

AnAr 11502 b

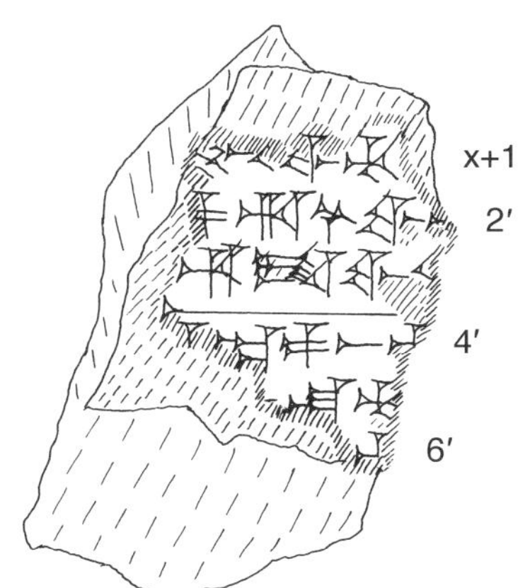

Text 238

AnAr 8918

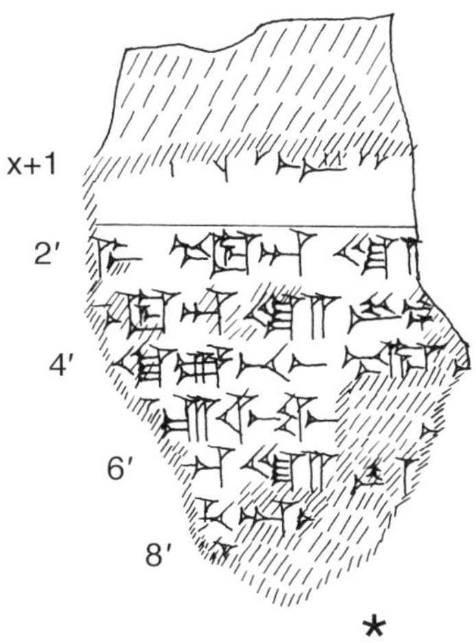

Text 239

AnAr 11621 d+g

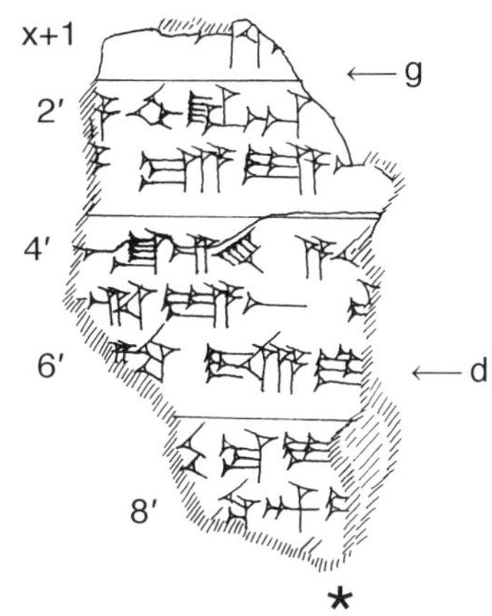

Text 240

AnAr 14917

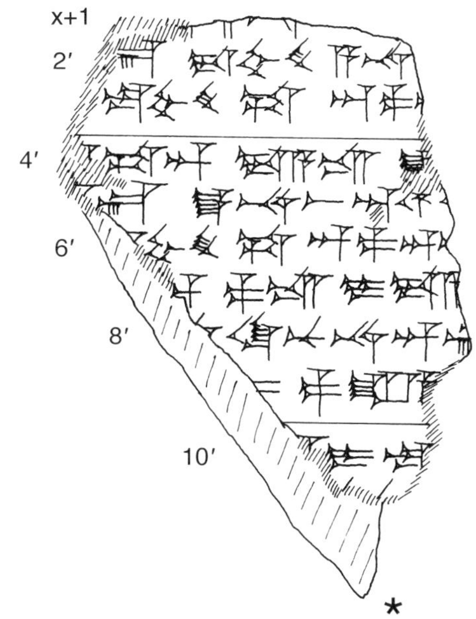

Text 241

AnAr 14839a

önyüz / obverse

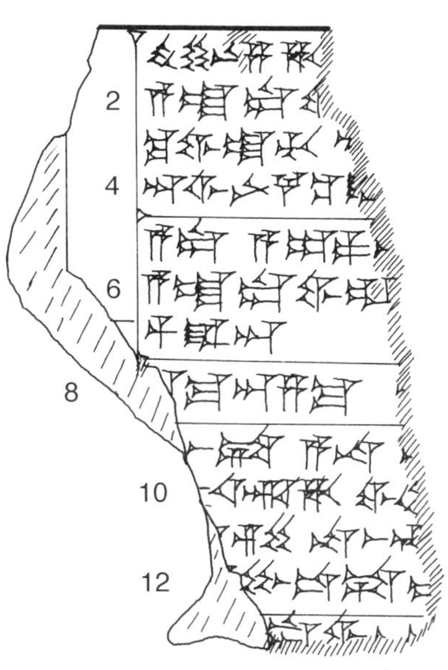

Text 242

AnAr 14914

önyüz / obverse

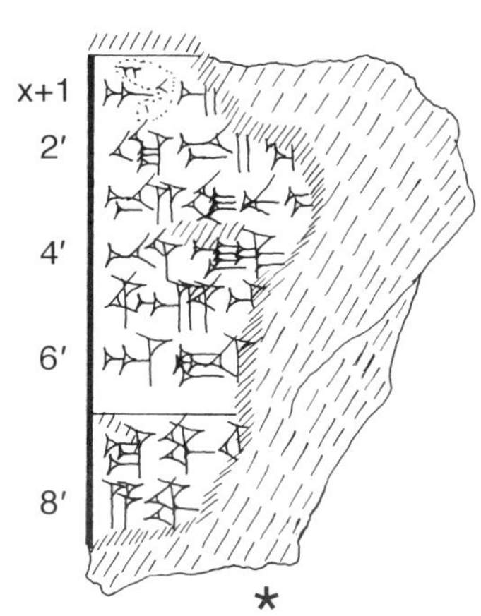

sol kenar / left edge

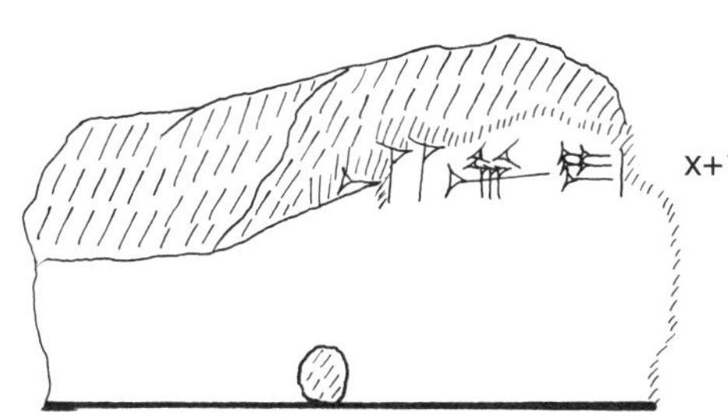

Text 243

AnAr 9251

önyüz / obverse

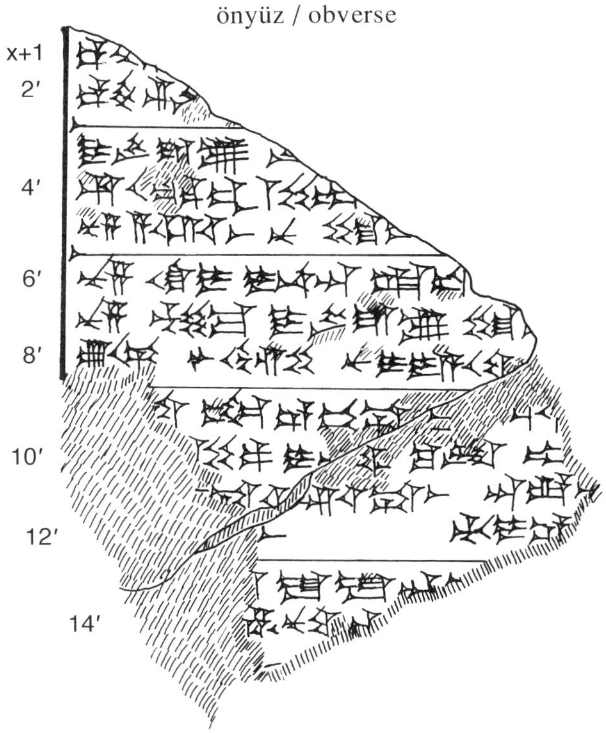

arkayüz / reverse

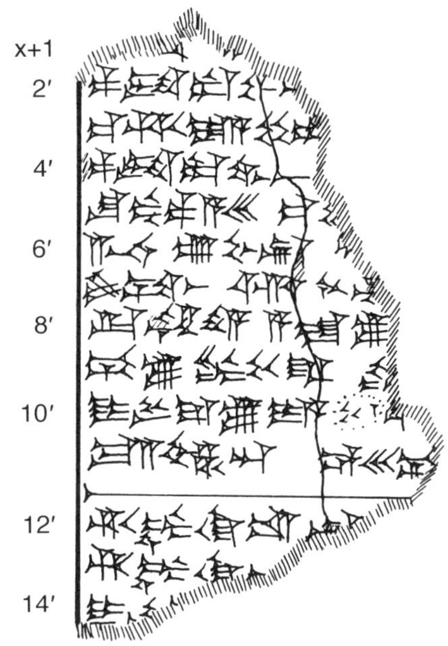

Text 244

AnAr 12170

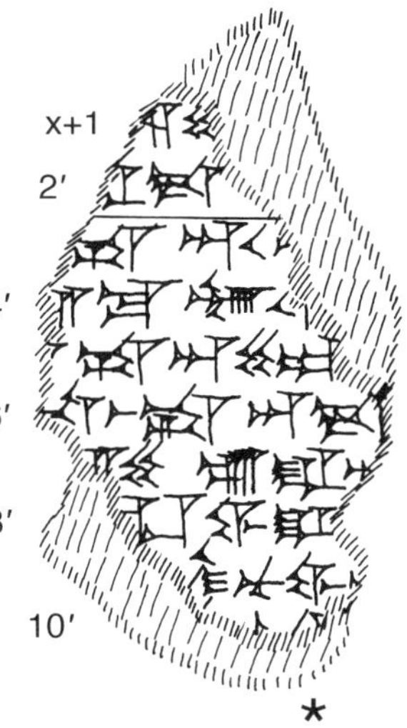

Text 245

AnAr 10319

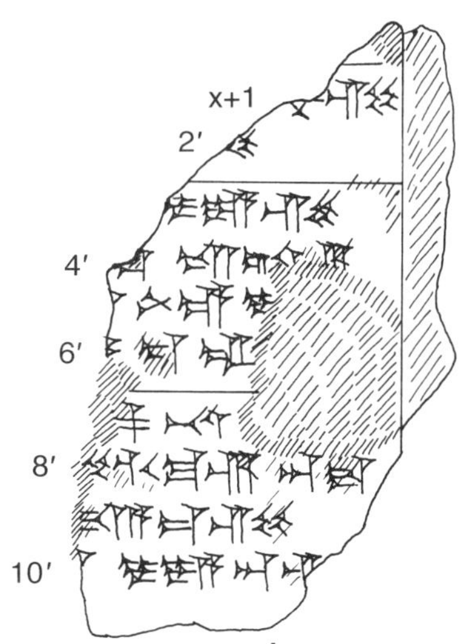

Text 246

AnAr 12131 c

önyüz / obverse

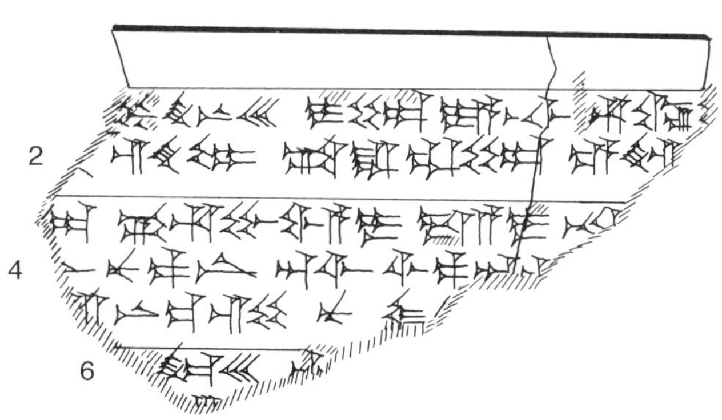

arkayüz / reverse

Text 247

AnAr 42-2-66

önyüz / obverse

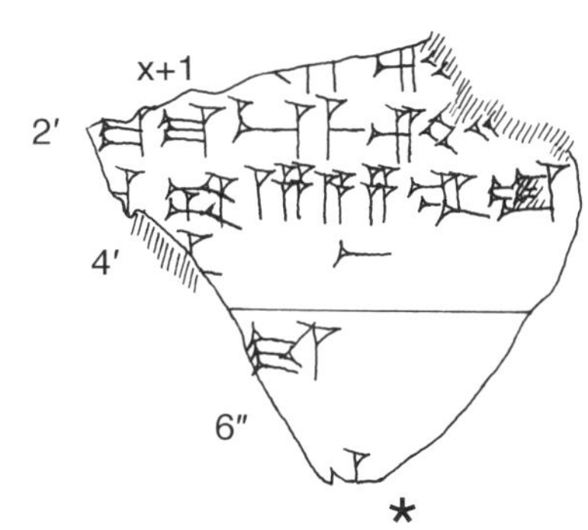

Text 248

AnAr 14918

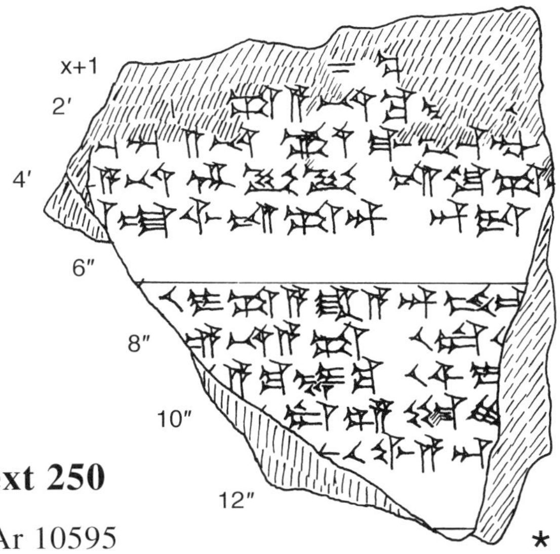

Text 249

AnAr 10318

önyüz / obverse

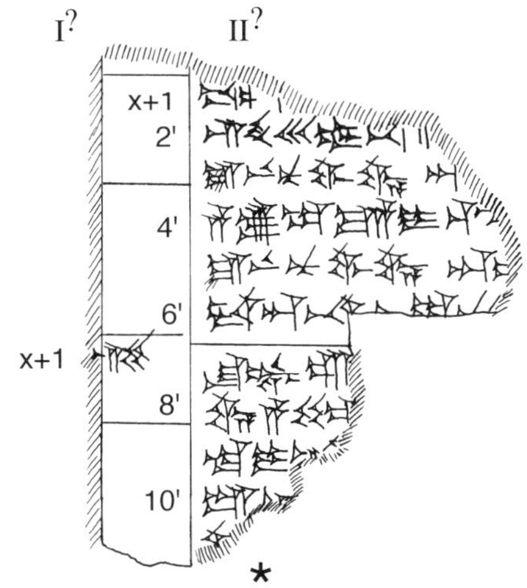

Text 250

AnAr 10595

önyüz / obverse

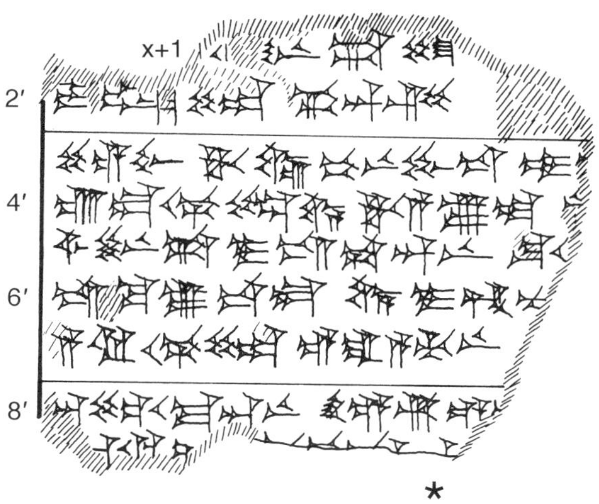

Text 251

AnAr 11616 a

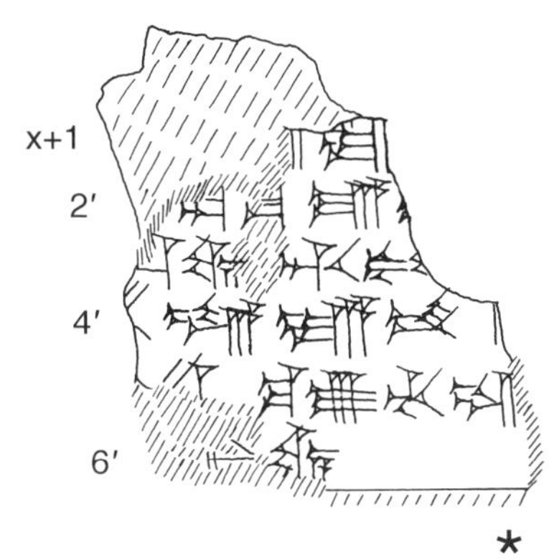

Text 252

AnAr 12155

önyüz / obverse

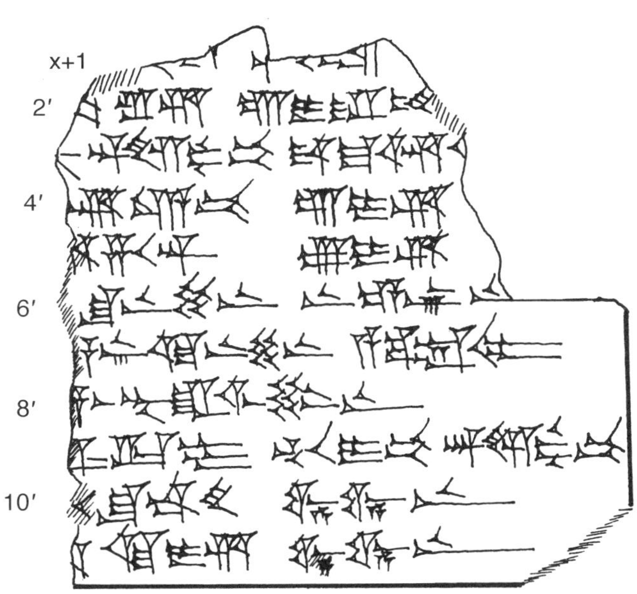

arkayüz / reverse

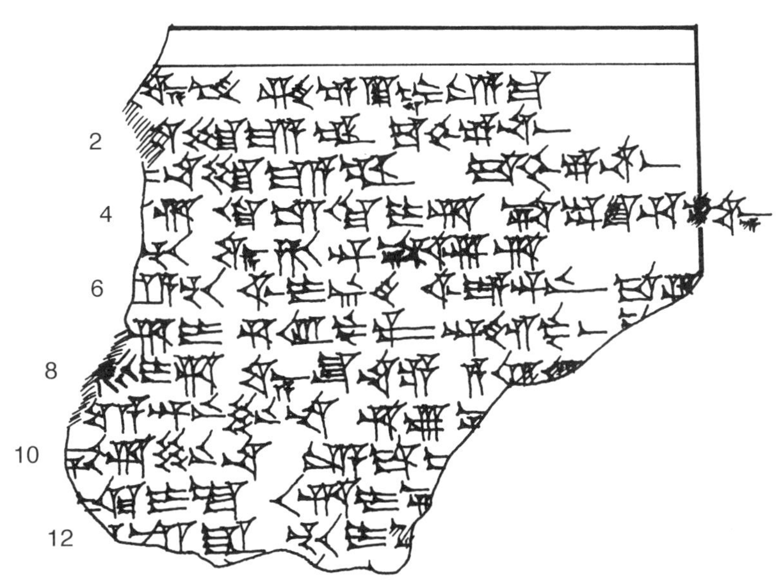

Text 253

AnAr 8915

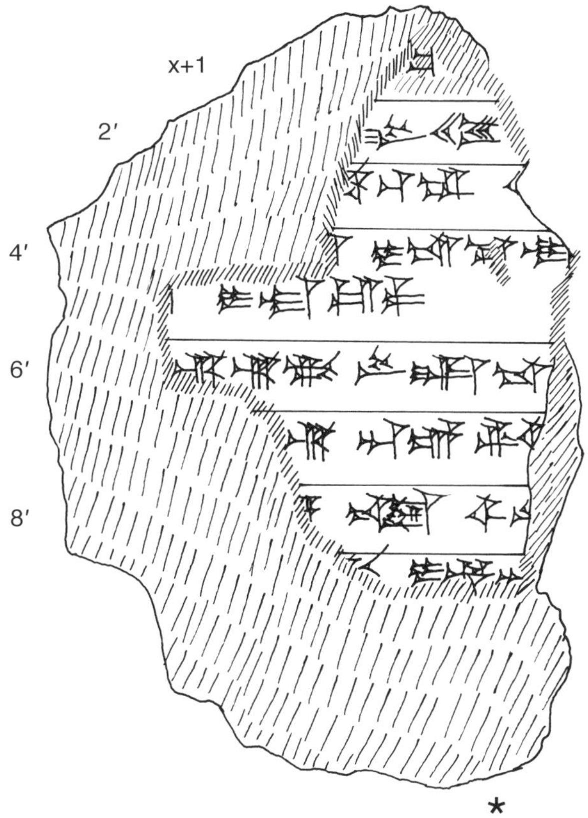

Text 254

AnAr 8917

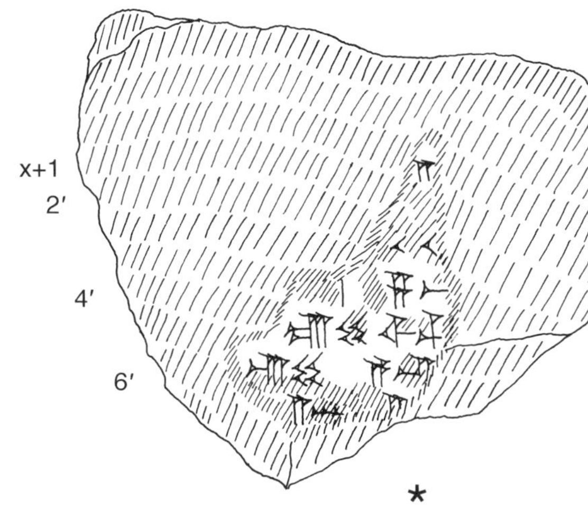

Text 255

AnAr 9167

arkayüz / reverse

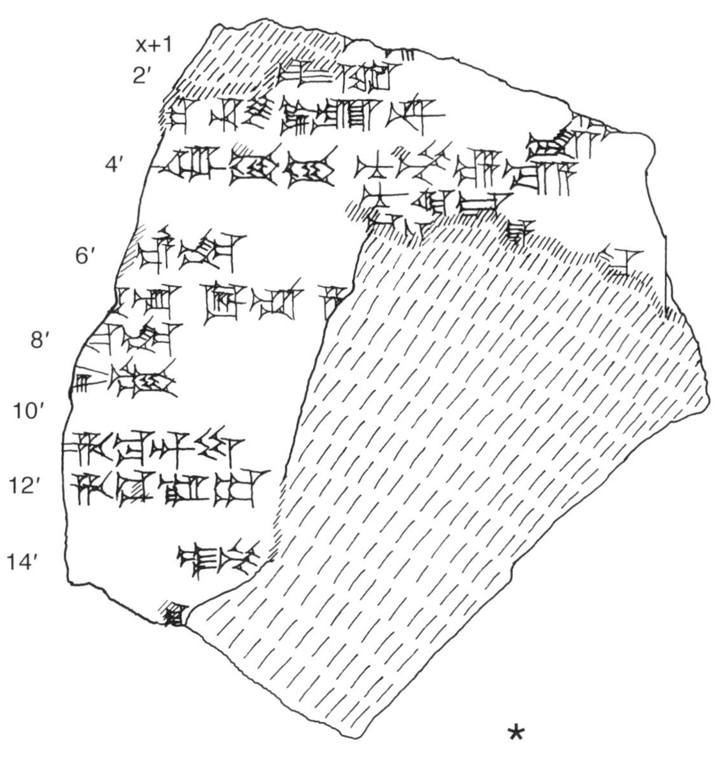

Text 256

AnAr 10321

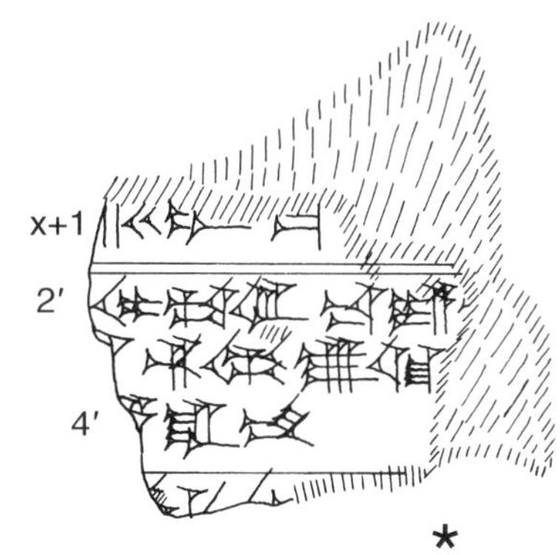

Text 257

AnAr 8360 d

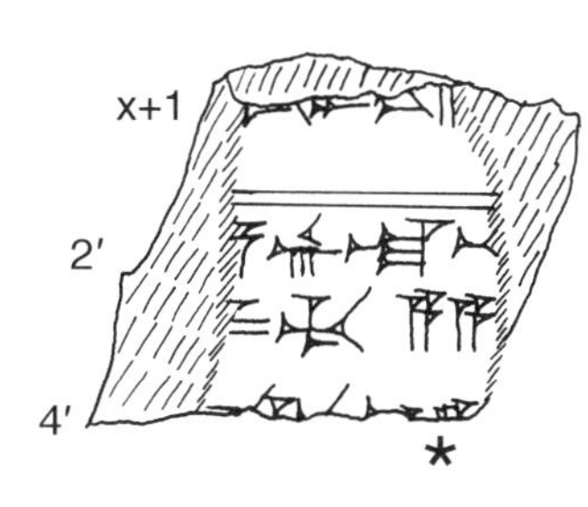

Text 258

AnAr 10873

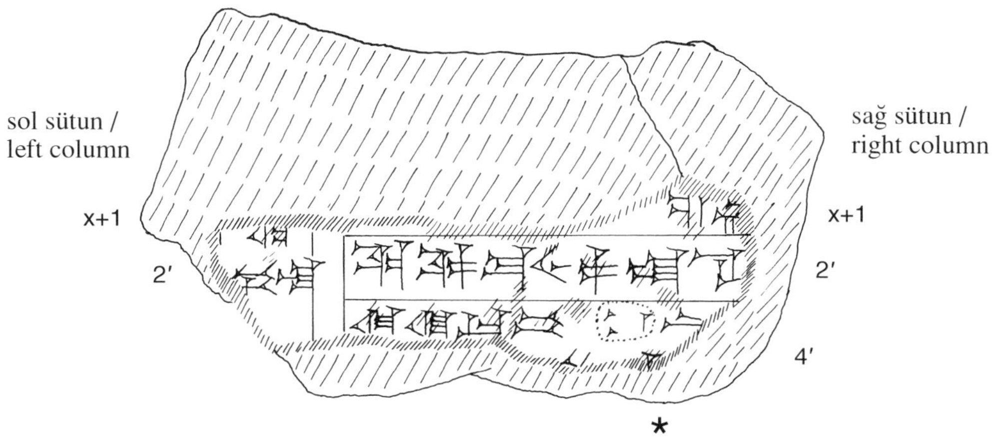

Text 259

AnAr 11246 ı

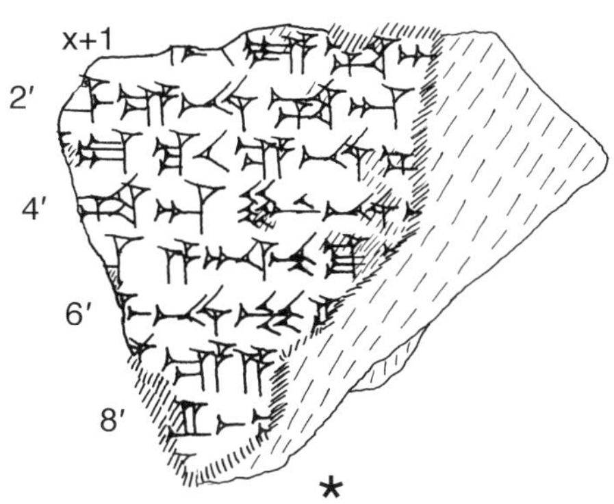

Text 260

AnAr 11617 b

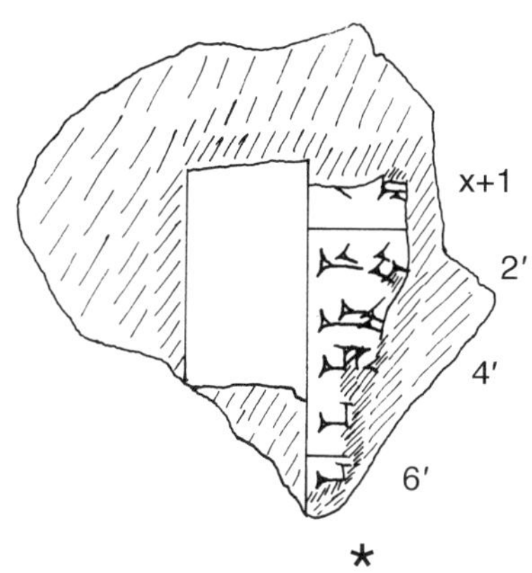

Text 261

AnAr 11616 c

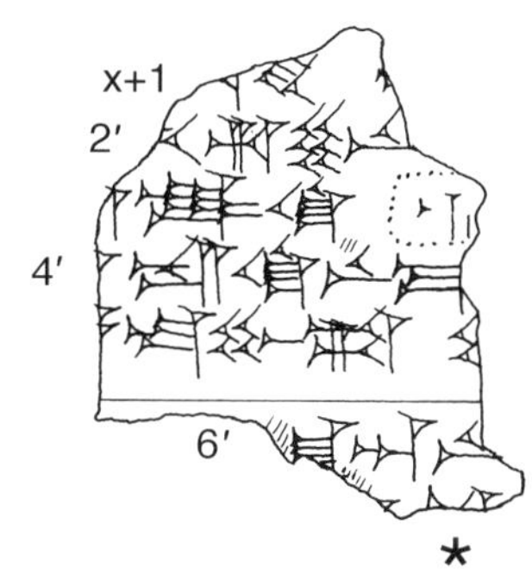

Text 262

AnAr 11619 c+e

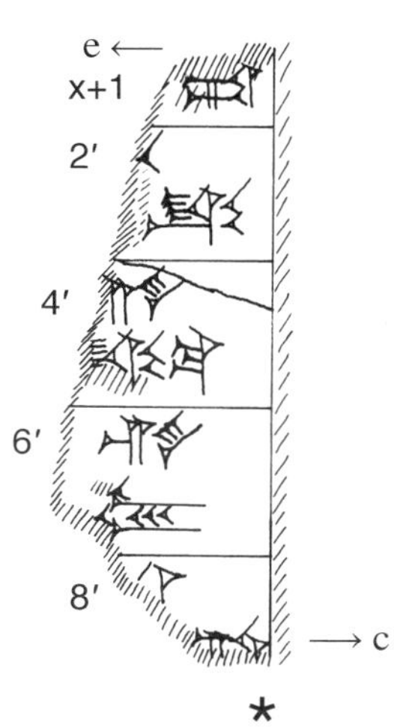

Text 263

AnAr 14935

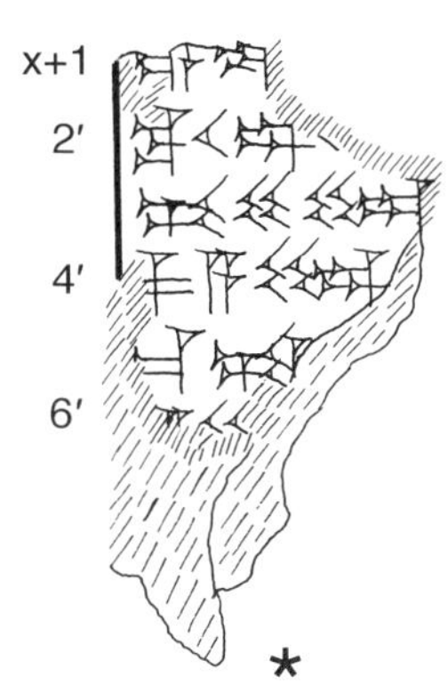

Text 264

AnAr 6966

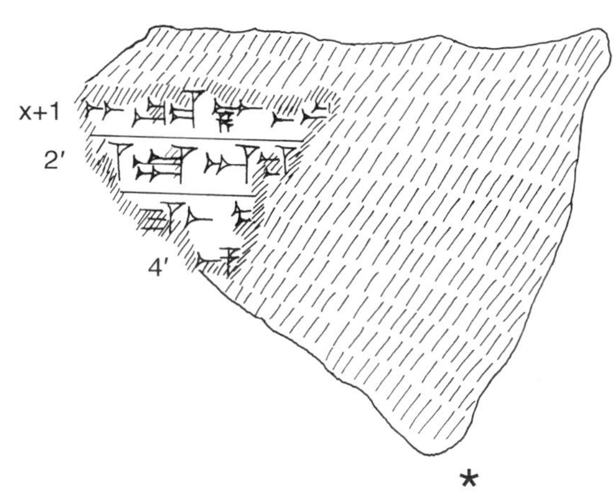

Text 265

AnAr 6968

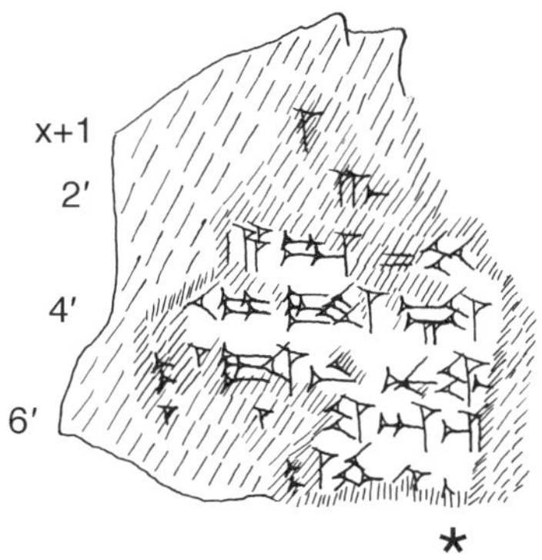

Text 266

AnAr 6988

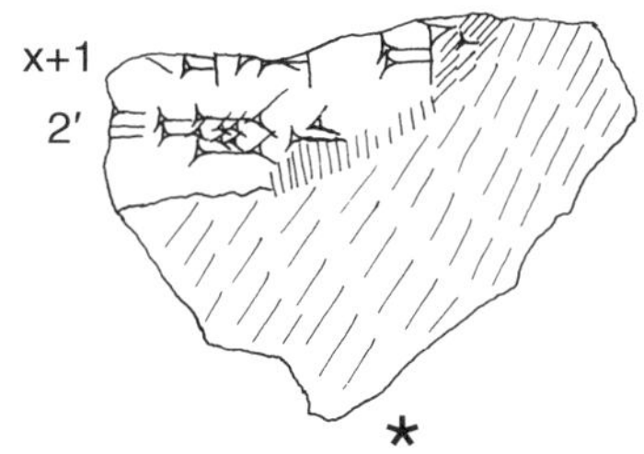

Text 267

AnAr 6996

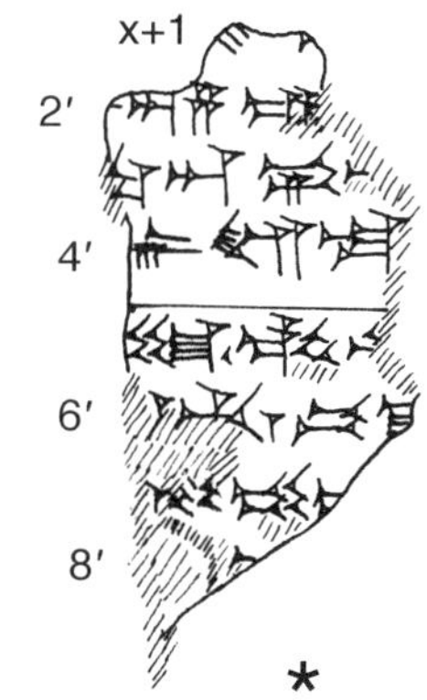

Text 268

AnAr 7002

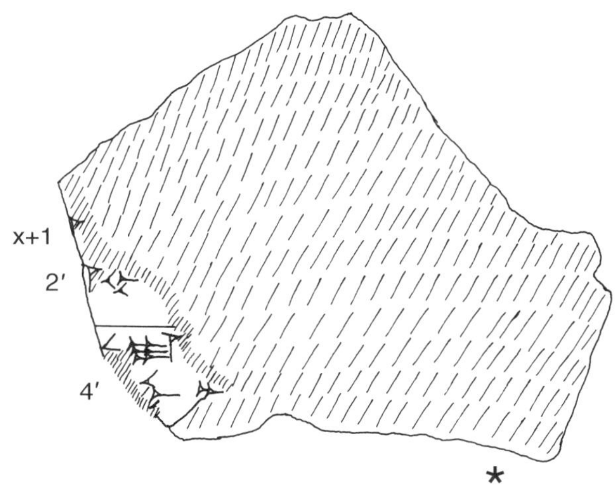

Text 269

AnAr 7004

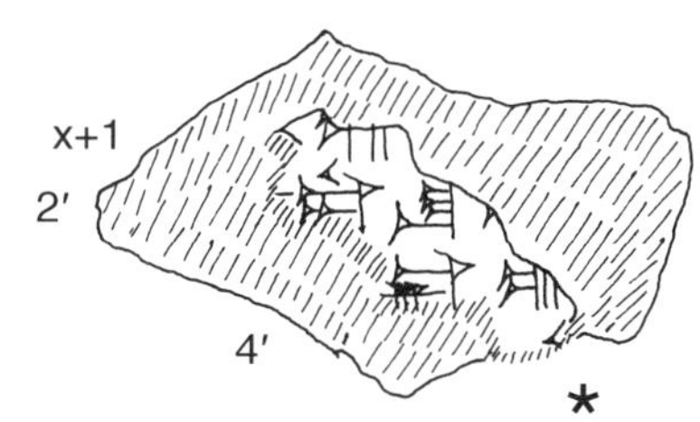

Text 270

AnAr 8354

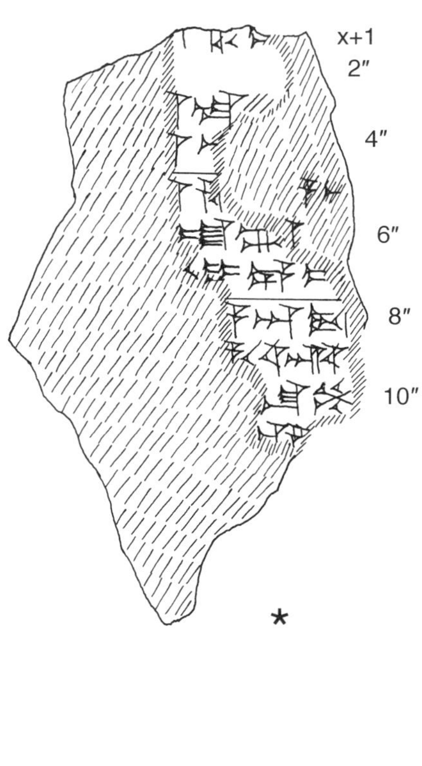

Text 271

AnAr 8355

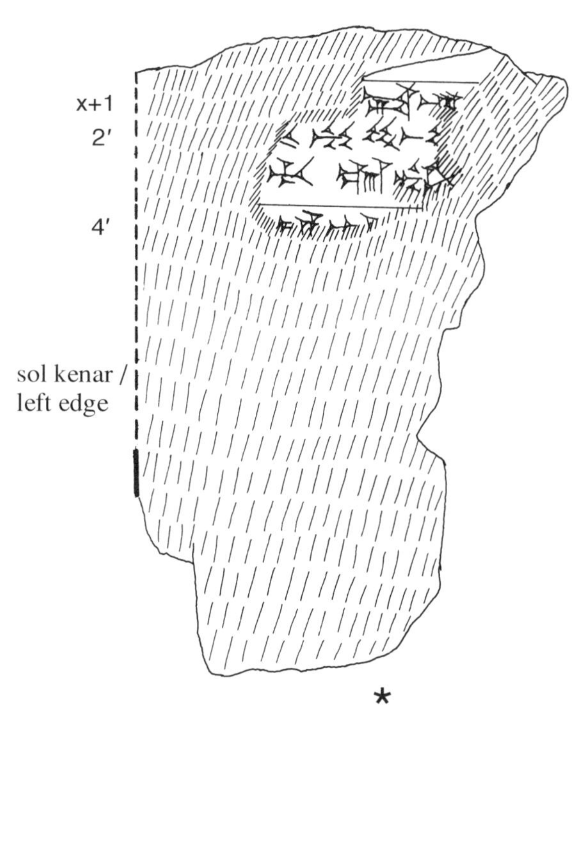

Text 272

AnAr 8358 c

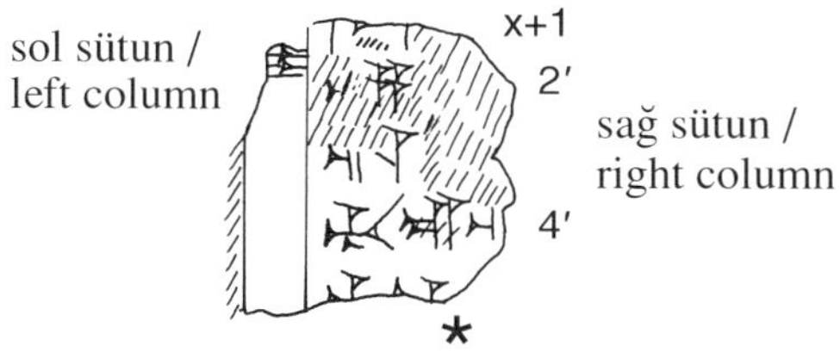

Text 273

AnAr 8360 b

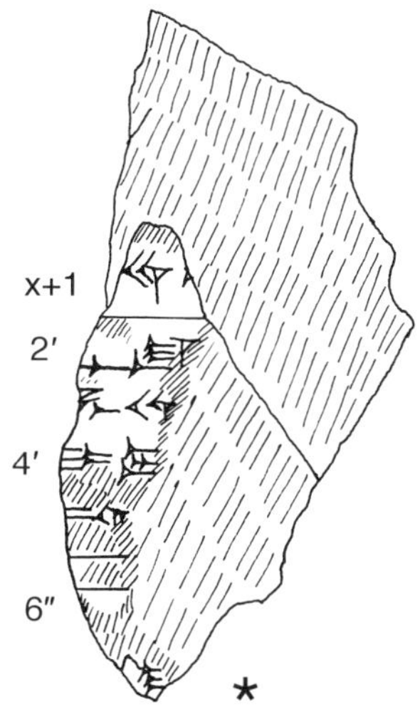

Text 274

AnAr 8360 ç

önyüz / obverse

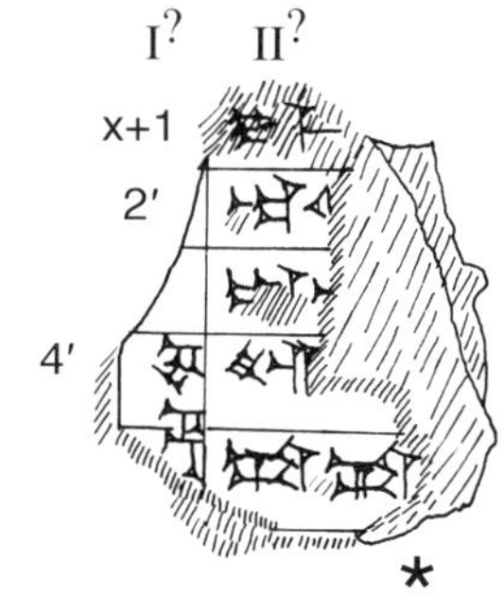

Text 275

AnAr 8360 e

önyüz / obverse

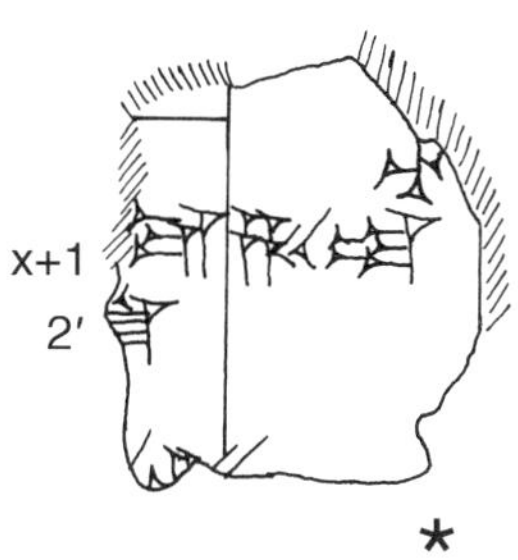

Text 276

AnAr 8360 g

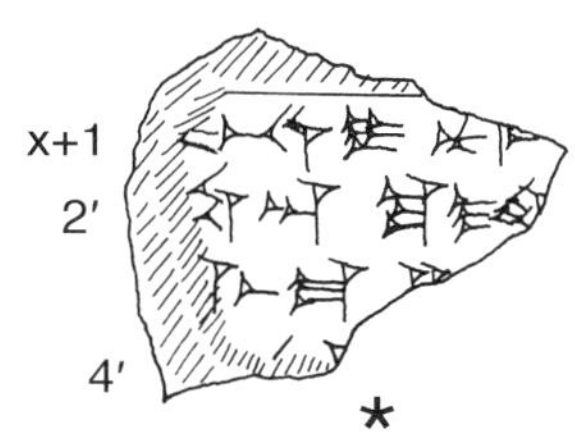

Text 277

AnAr 8360 j

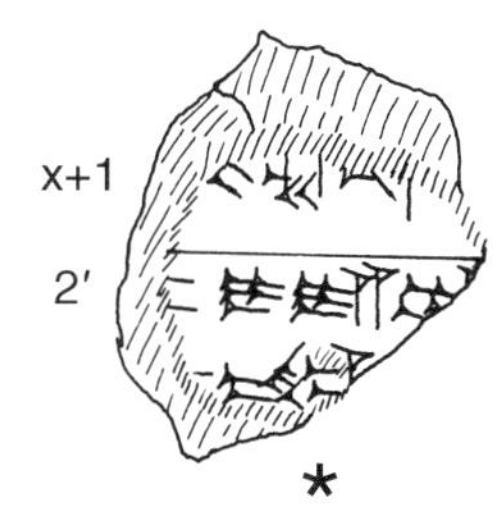

Text 280

AnAr 8364

arkayüz / reverse

Text 278

AnAr 8360 k

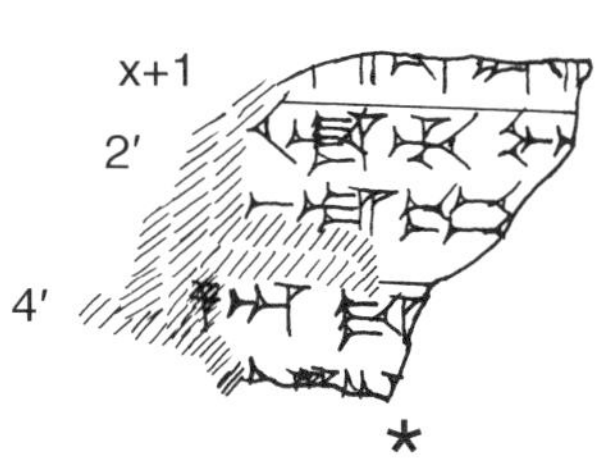

Text 279

AnAr 8360 r

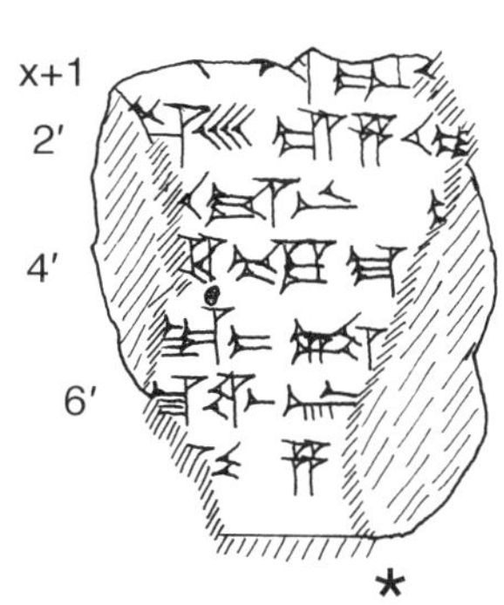

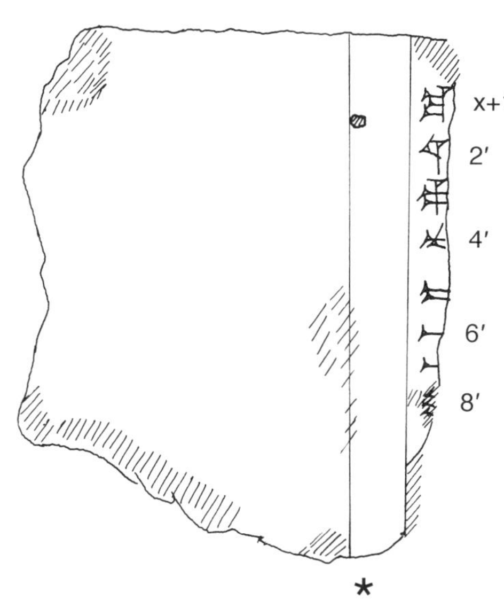

Text 281

AnAr 8365 a

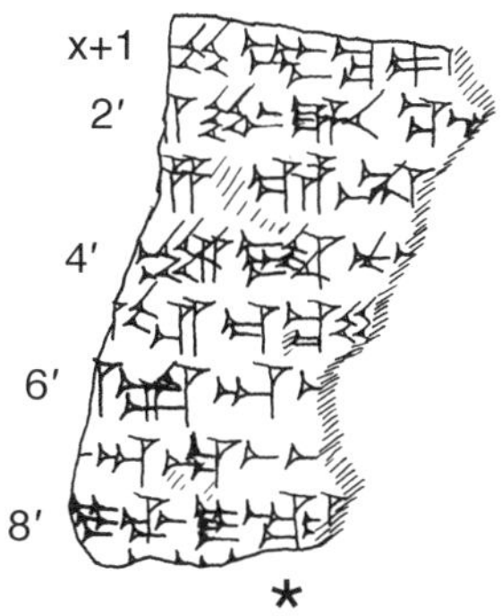

Text 282

AnAr 8365 ç

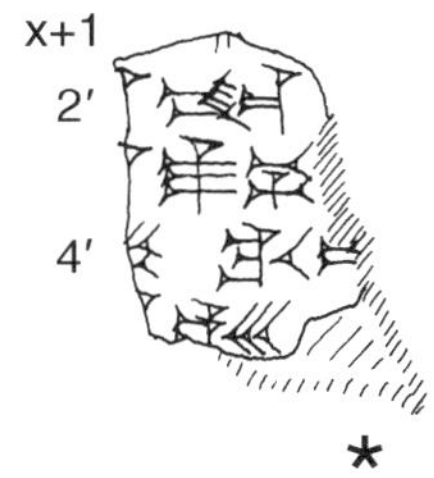

Text 283

AnAr 8365 ğ

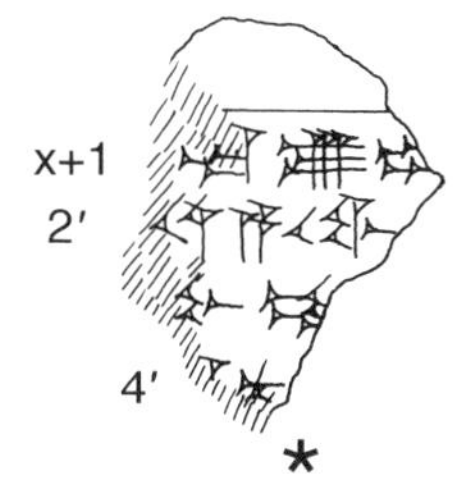

Text 284

AnAr 8844 a

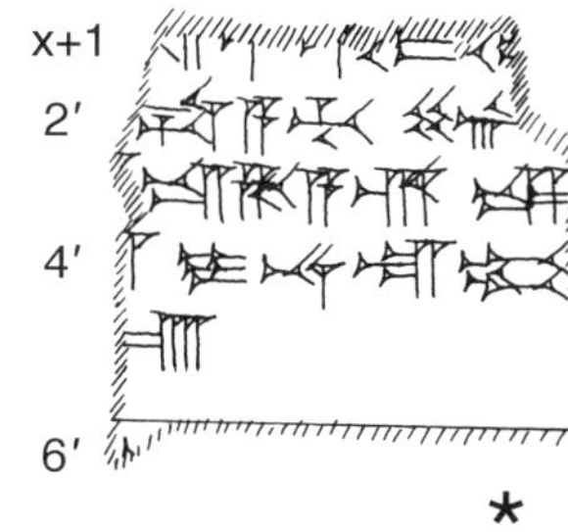

Text 285

AnAr 8844 c

Text 286

AnAr 8845

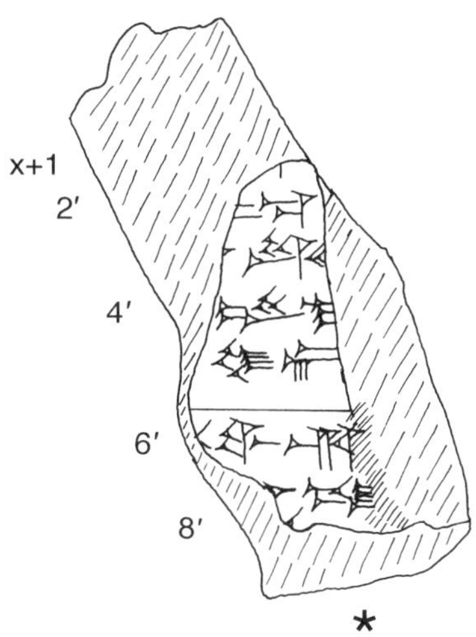

Text 287

AnAr 8846

önyüz / obverse

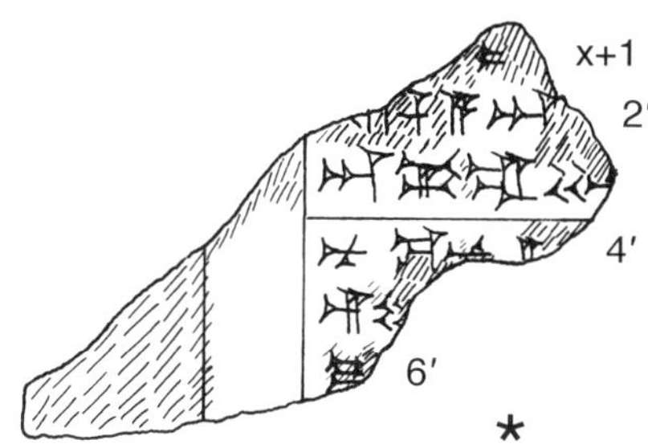

Text 288

AnAr 8850

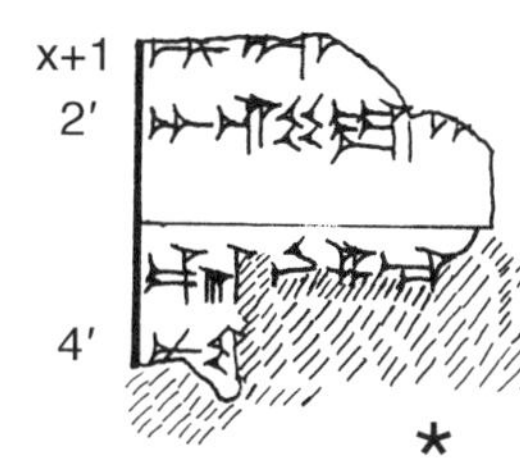

Text 289

AnAr 8852

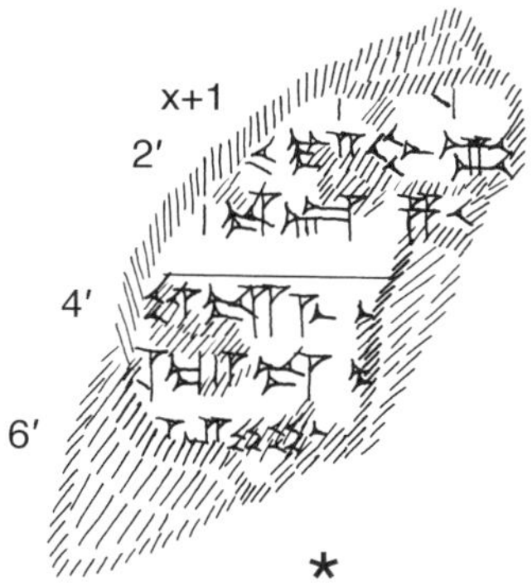

Text 290

AnAr 8853

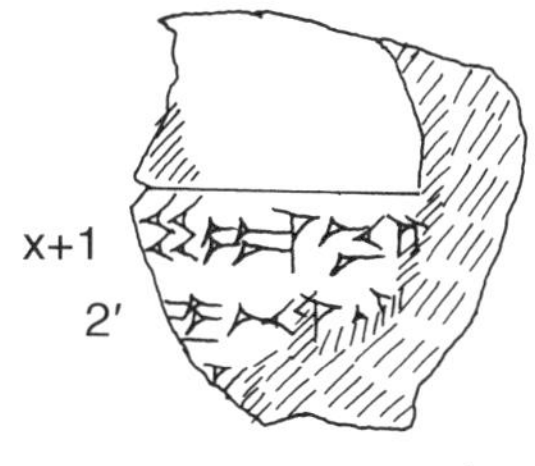

Text 291

AnAr 8856

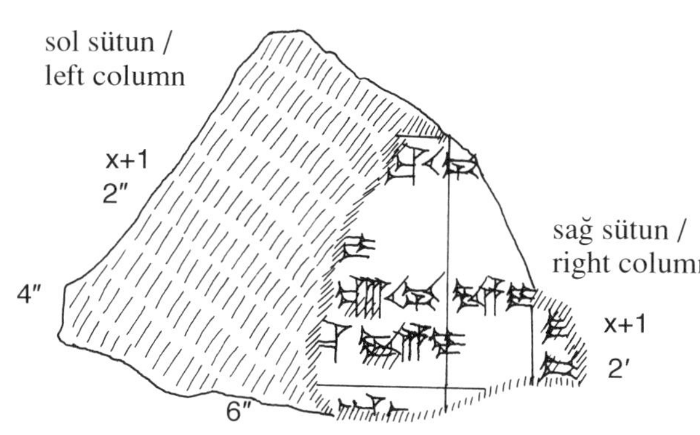

Text 292

AnAr 8913

önyüz / obverse

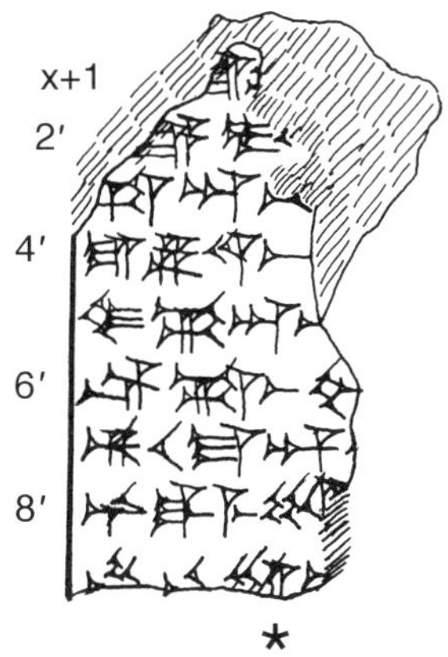

Text 293

AnAr 8920

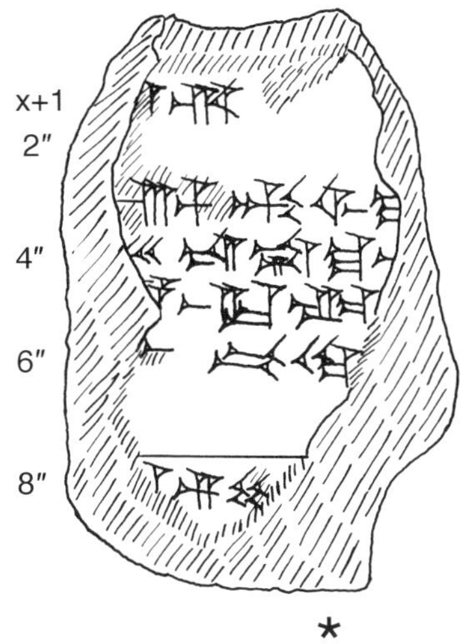

Text 294

AnAr 8921

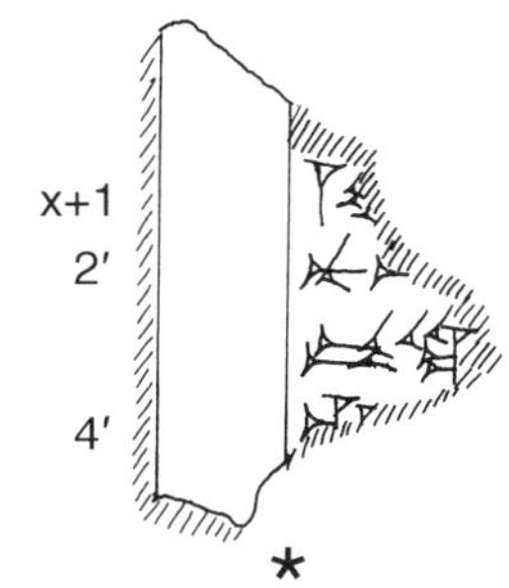

Text 295

AnAr 8922

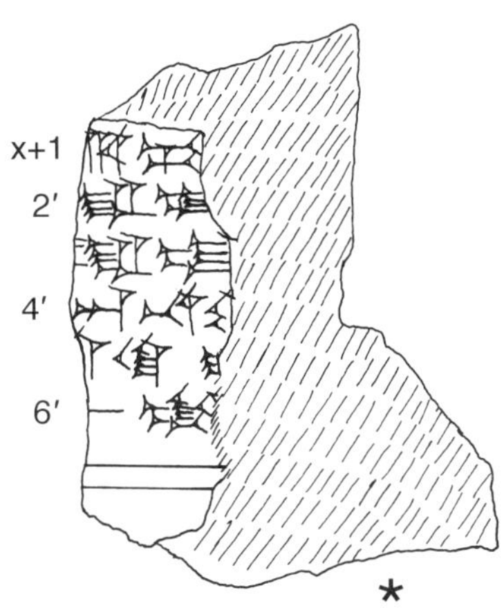

Text 296

AnAr 9143

önyüz / obverse

arkayüz / reverse

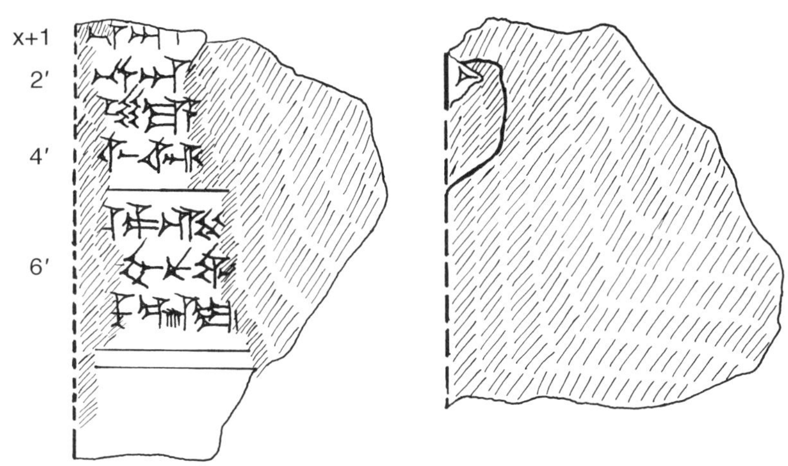

Text 297

AnAr 9144

arkayüz / reverse

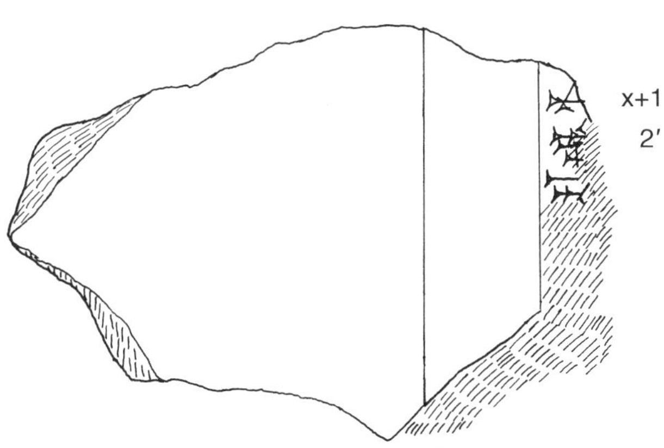

Text 298

AnAr 9460

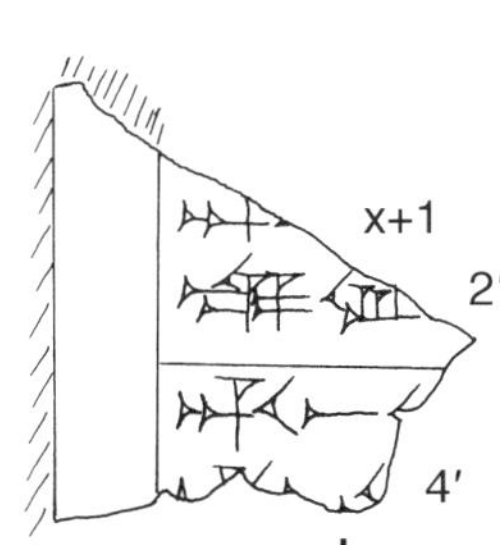

Text 299

AnAr 9461

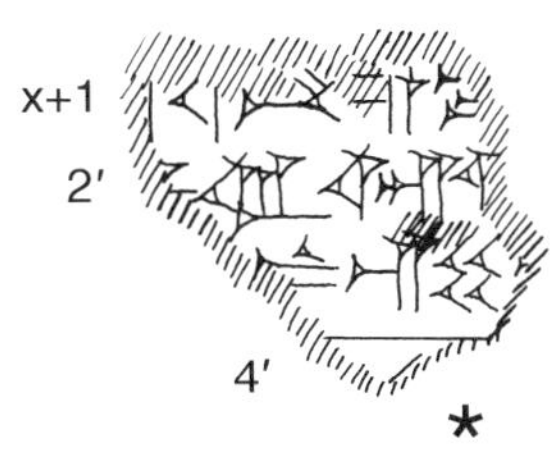

Text 300

AnAr 9462

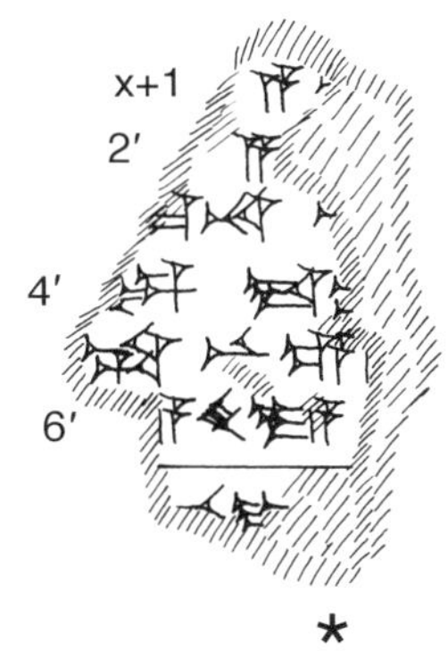

Text 301

AnAr 9463

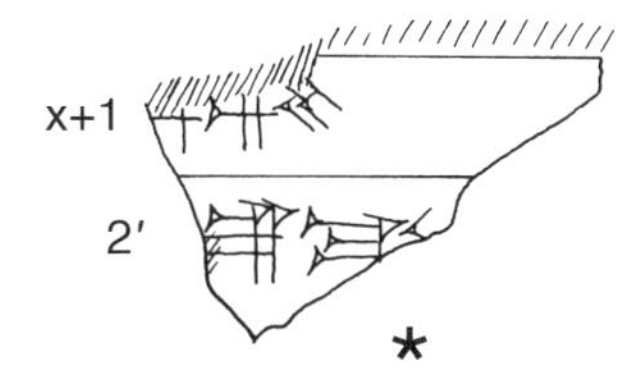

Text 302

AnAr 9467

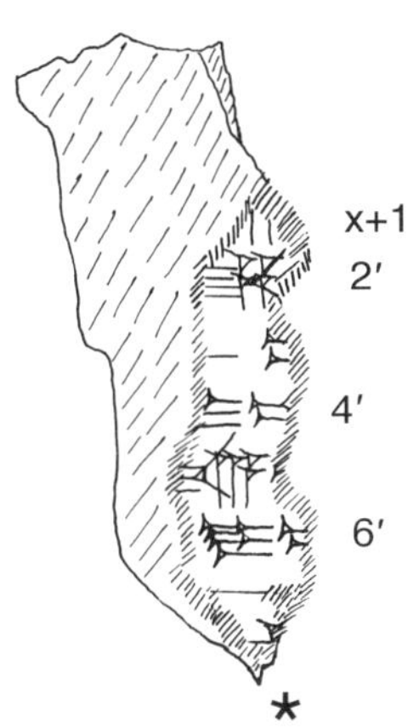

Text 303

AnAr 9470

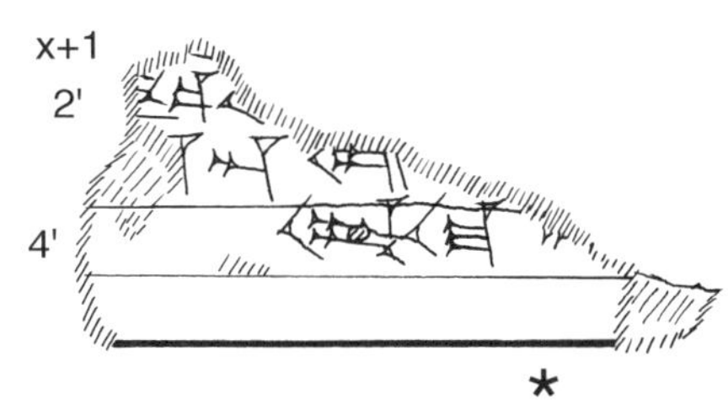

Text 304

AnAr 9718

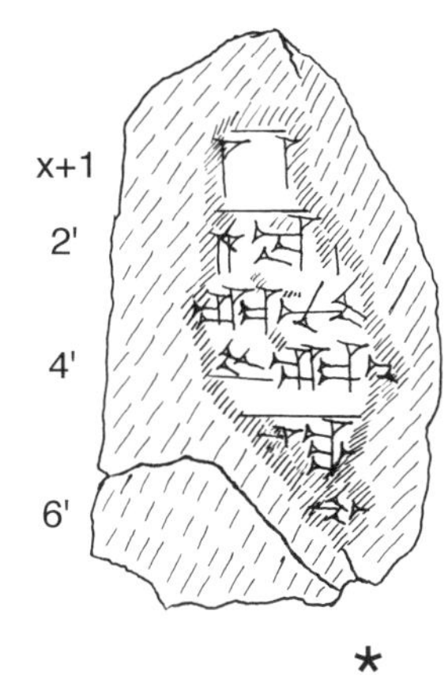

Text 305

AnAr 9719

arkayüz / reverse

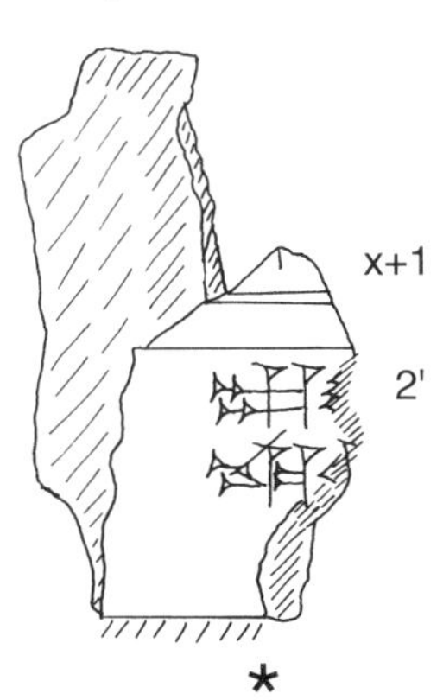

Text 306

AnAr 9728

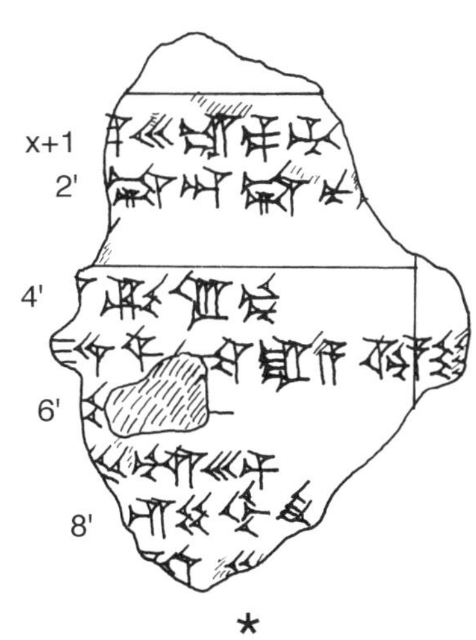

Text 307

AnAr 9729

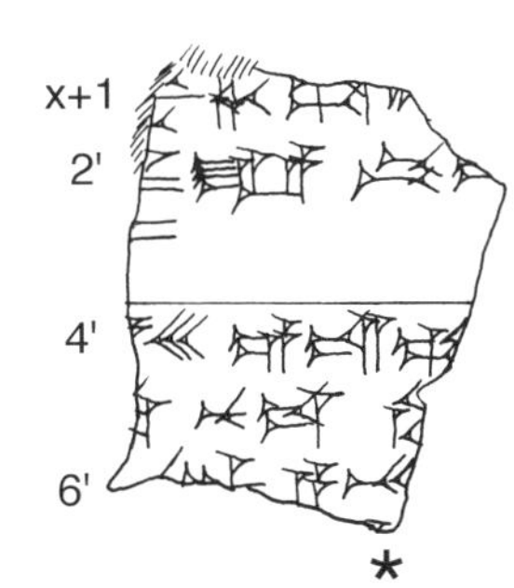

Text 308

AnAr 9731

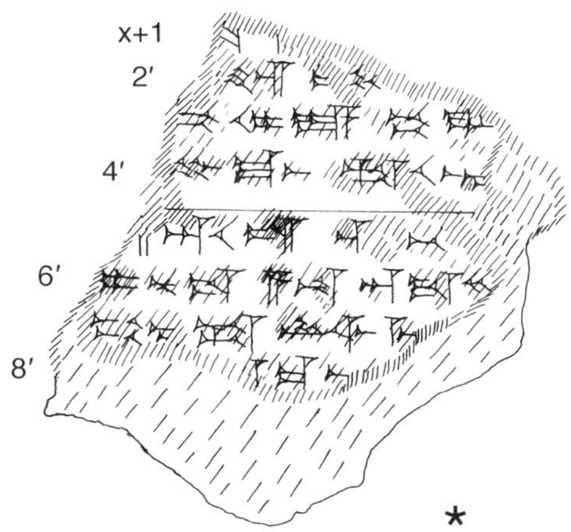

Text 309

AnAr 9732

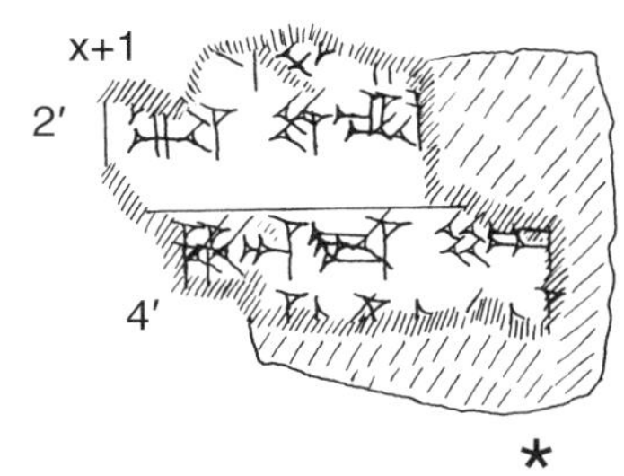

Text 310

AnAr 10314

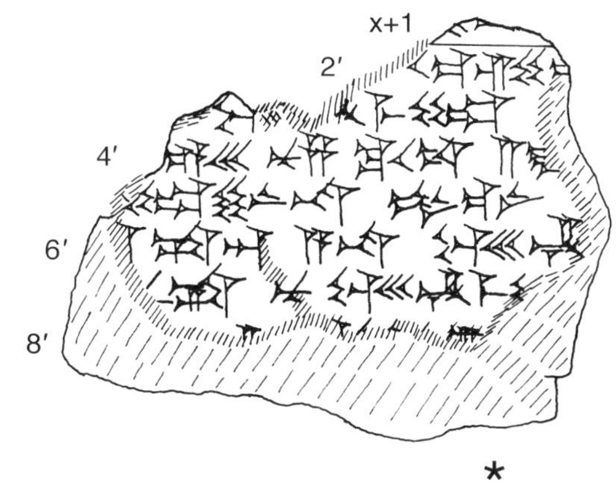

Text 311

AnAr 10316

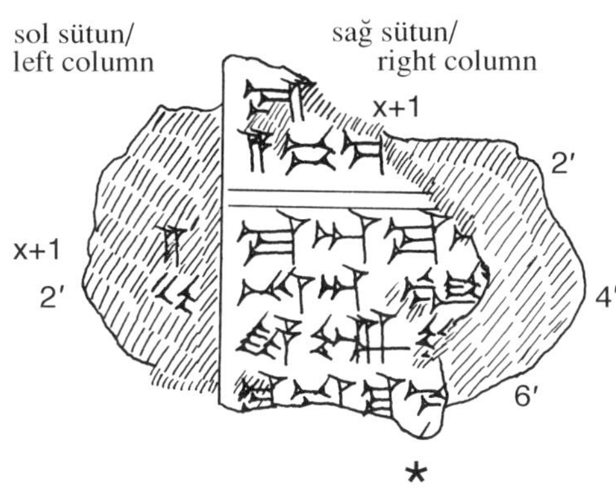

Text 312

AnAr 10317

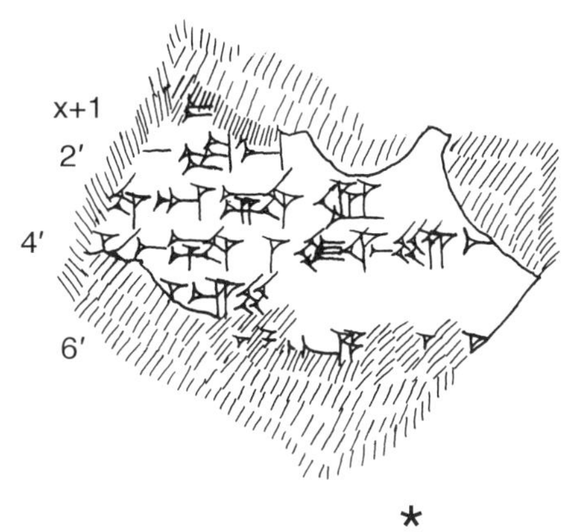

Text 313

AnAr 10323

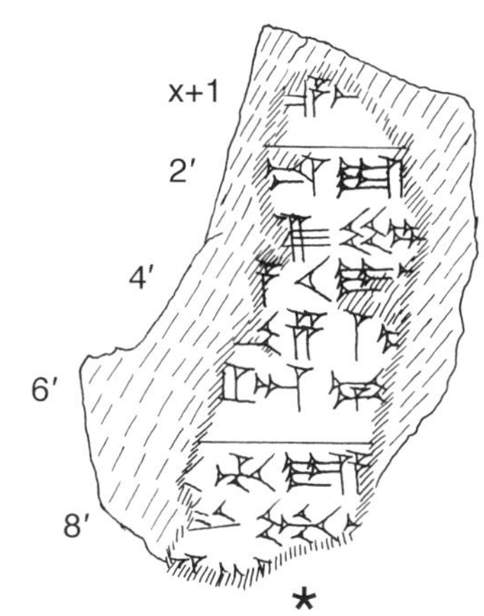

Text 314

AnAr 10324

arkayüz / reverse

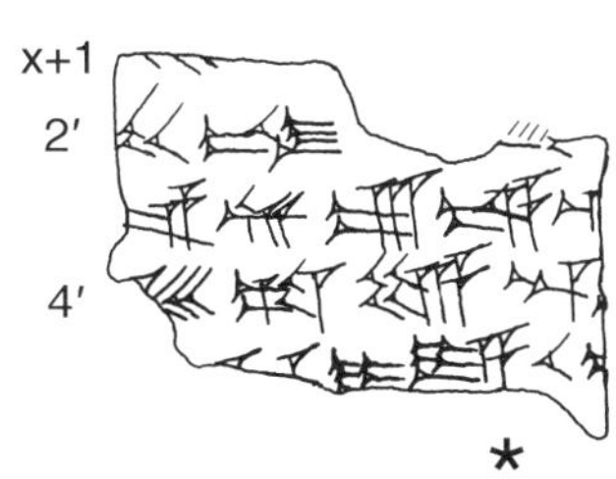

Text 315

AnAr 10601 a

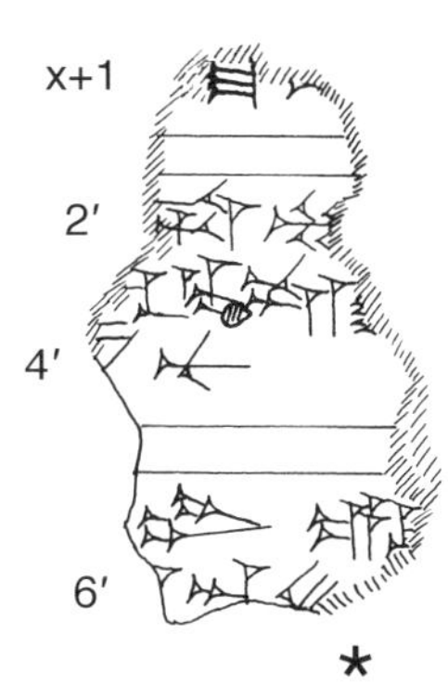

Text 316

AnAr 10601 b

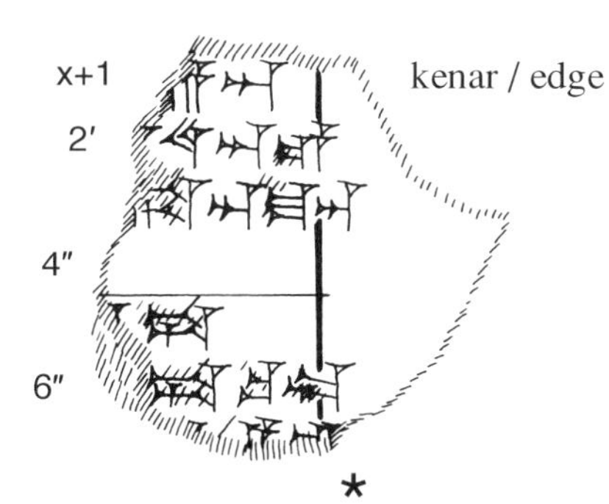

Text 317

AnAr 10607

önyüz / obverse

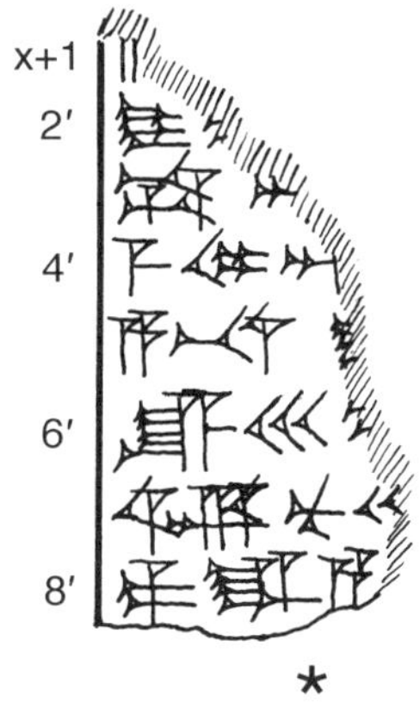

Text 318

AnAr 10608

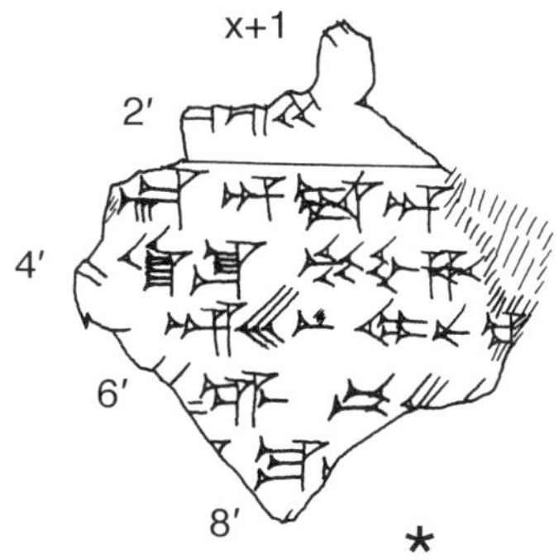

Text 319

AnAr 10759

önyüz / obverse

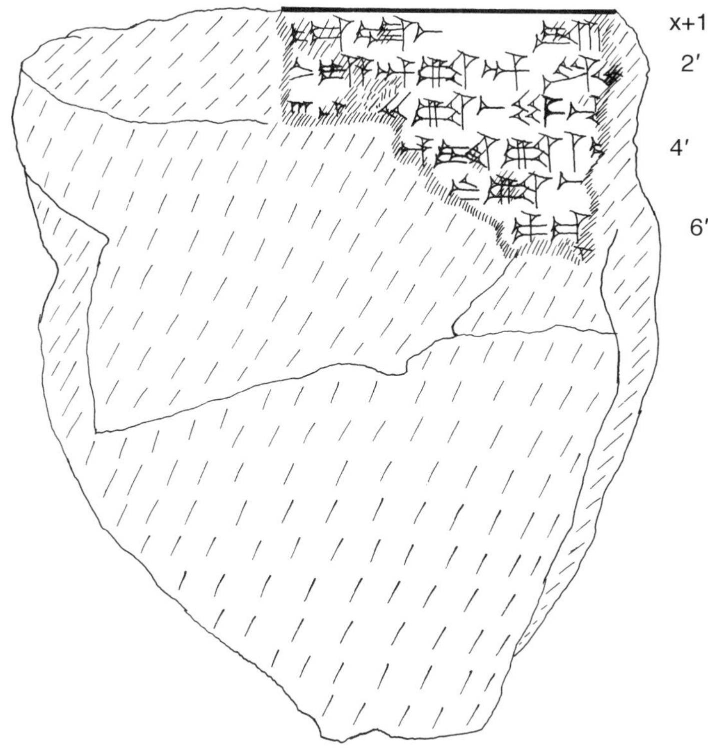

arkayüz / reverse

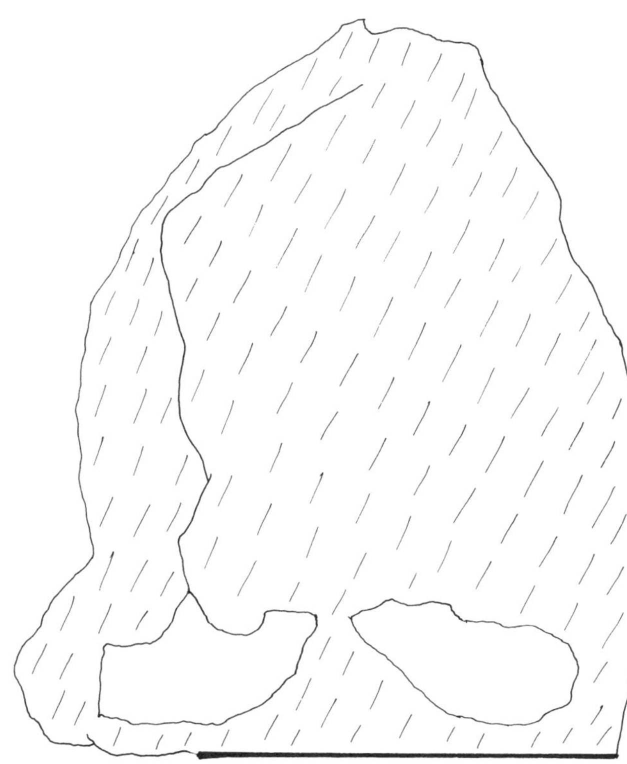

yazısız / uninscribed

Text 320

AnAr 11240 a

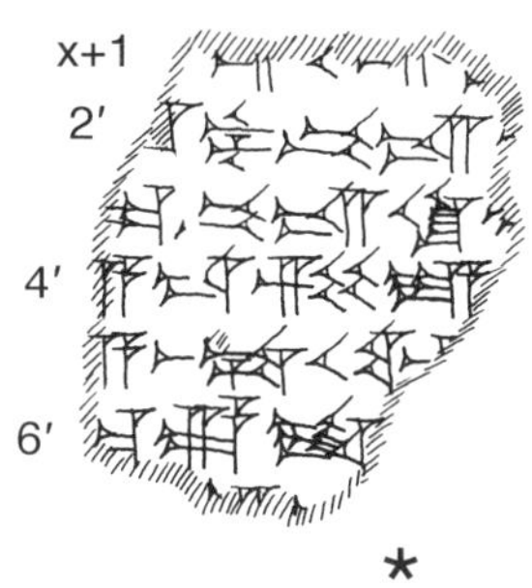

Text 321

AnAr 11240 b

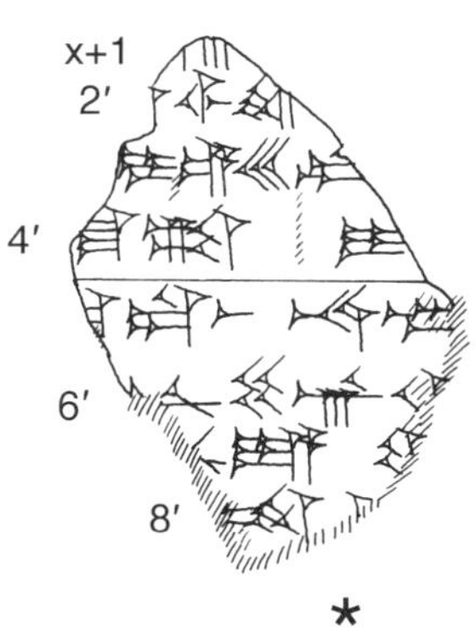

Text 322

AnAr 11246 f

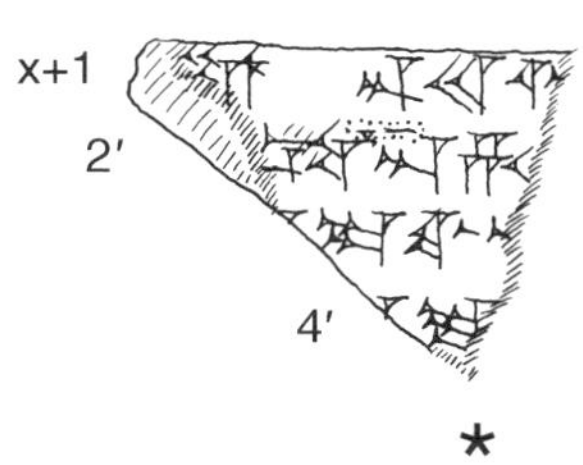

Text 323

AnAr 11246 i

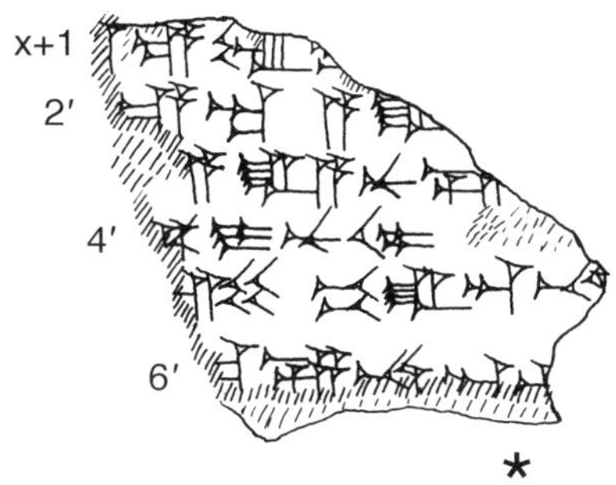

Text 324

AnAr 11385 a

önyüz / obverse

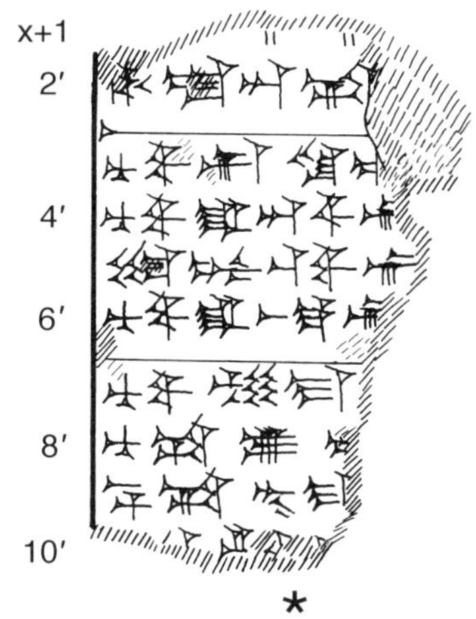

Text 325

AnAr 11390

sol sütun / left column

sağ sütun / right column

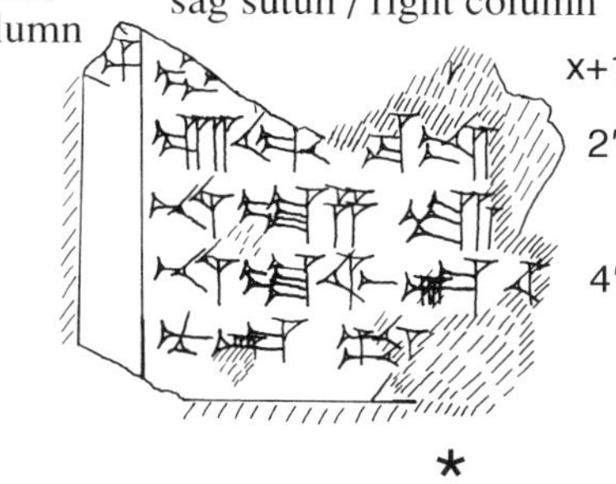

Text 326

AnAr 11392

arkayüz? / reverse?

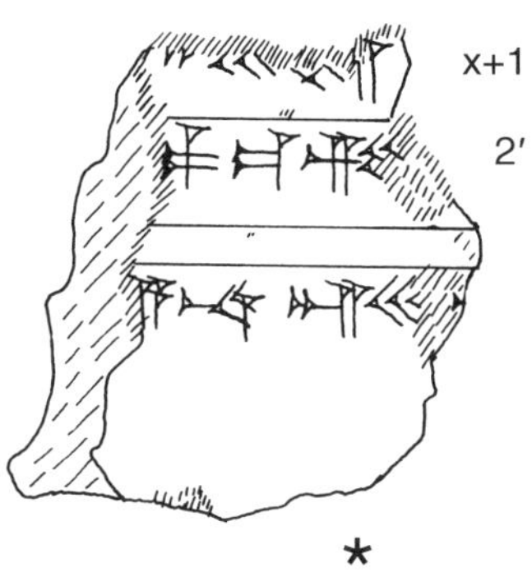

Text 327

AnAr 11393

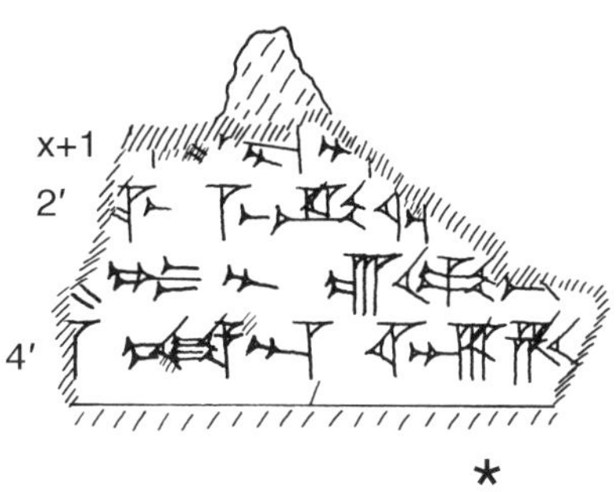

Text 328

AnAr 11404

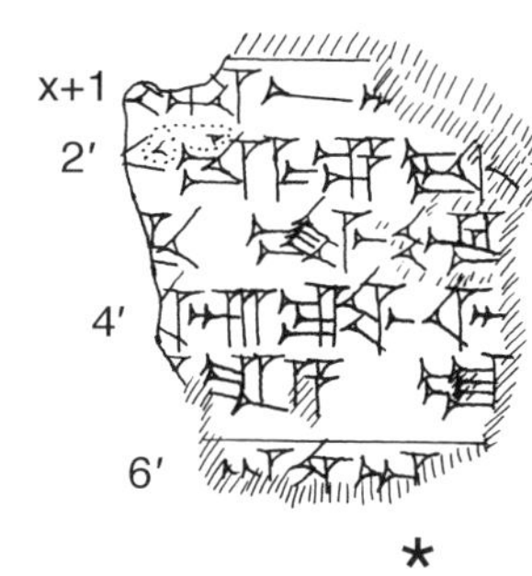

Text 329

AnAr 11500

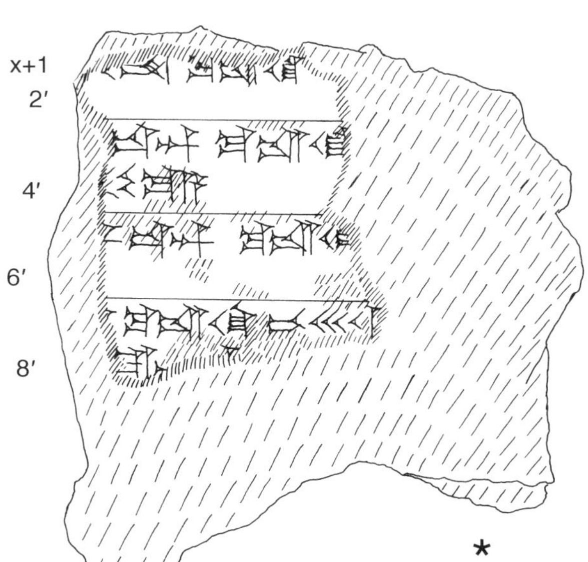

Text 330

AnAr 11617 a

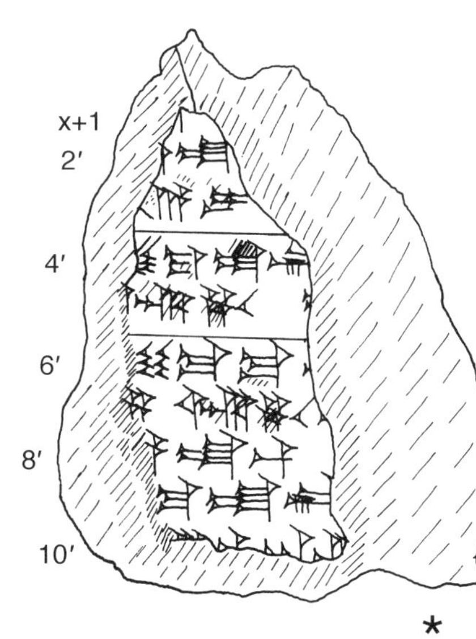

Text 331

AnAr 11621 e

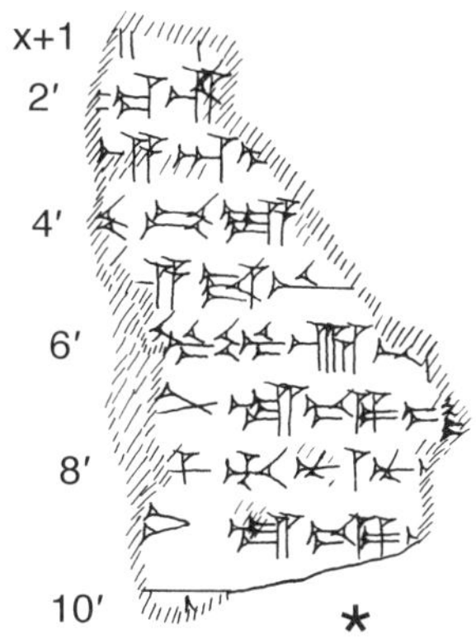

Text 332

AnAr 12131 g

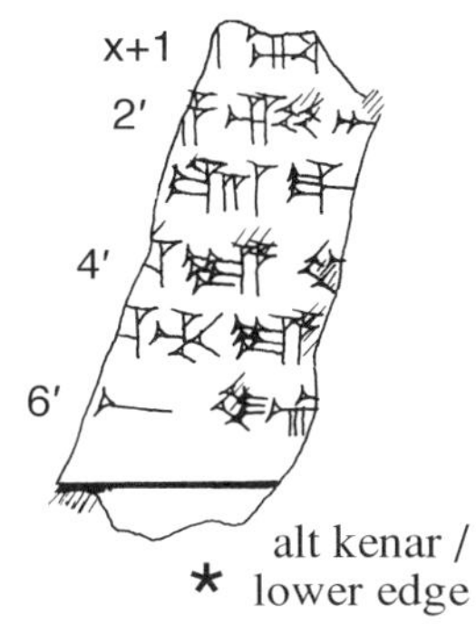

Text 333

AnAr 12163

arkayüz? / reverse?

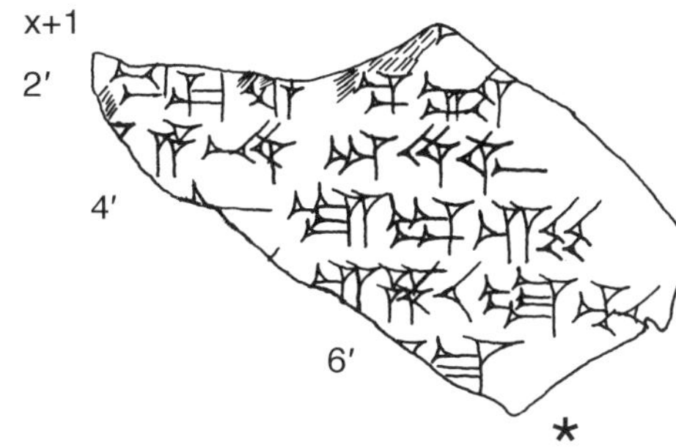

Text 334

AnAr12180

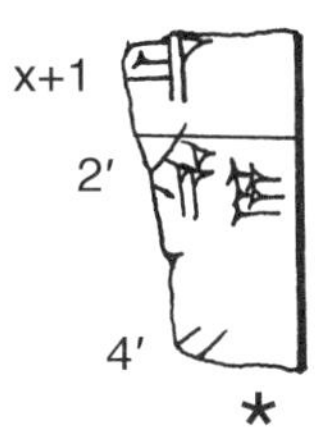

Text 335

AnAr 12181

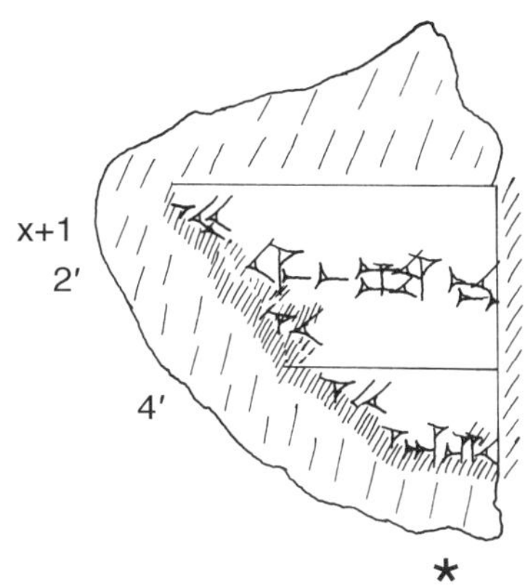

Text 336

AnAr 12182

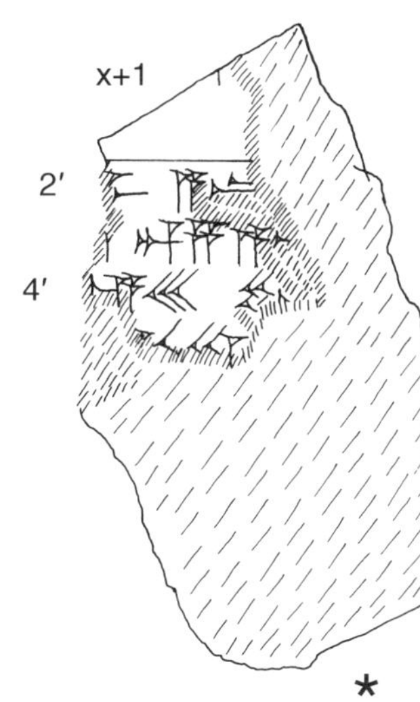

Text 337

AnAr 12189

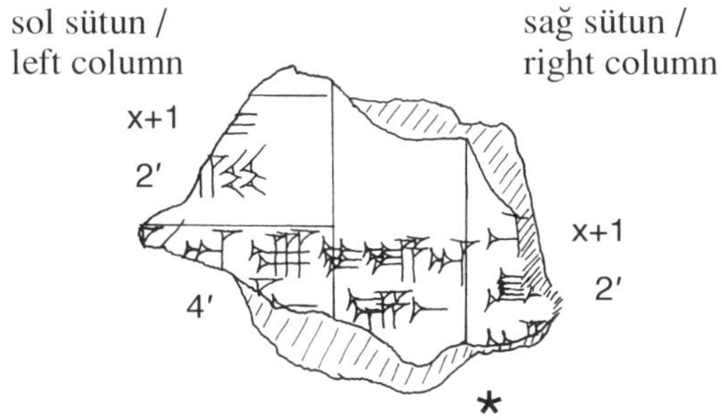

Text 338

AnAr 12196

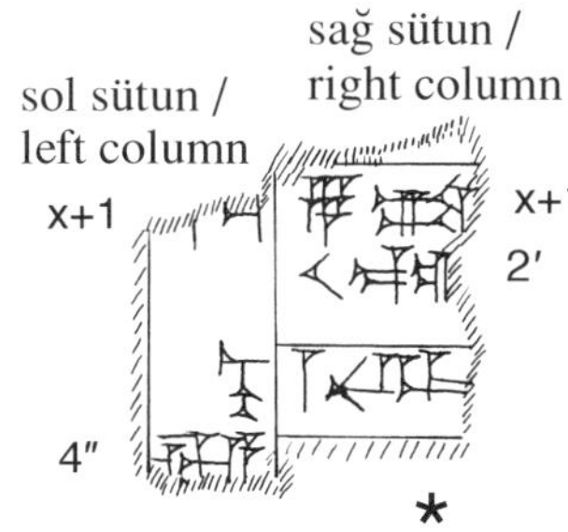

Text 339

AnAr 12197

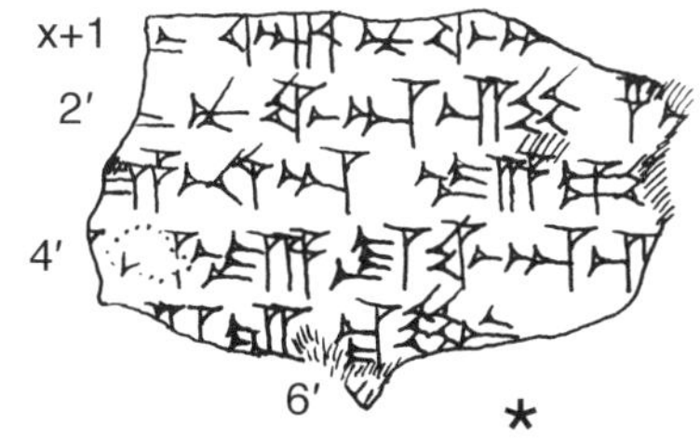

Text 340

AnAr 14455

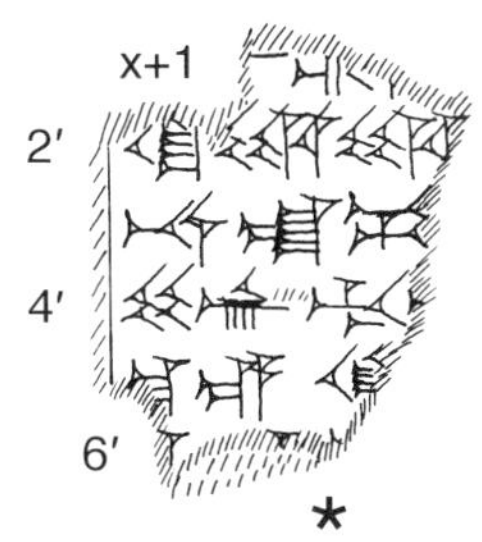

Text 341

AnAr 14924

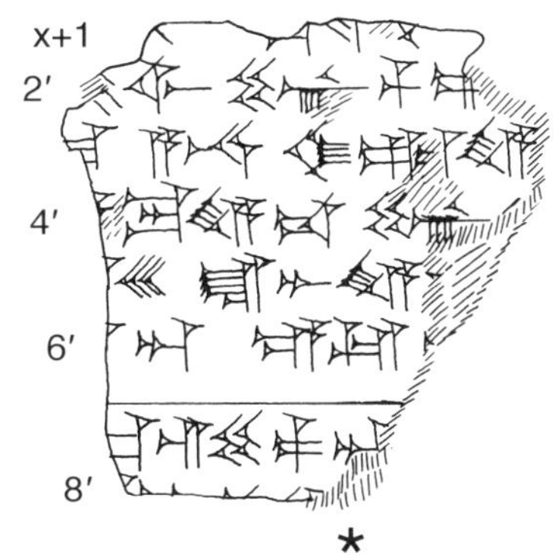

Text 342

AnAr 14925

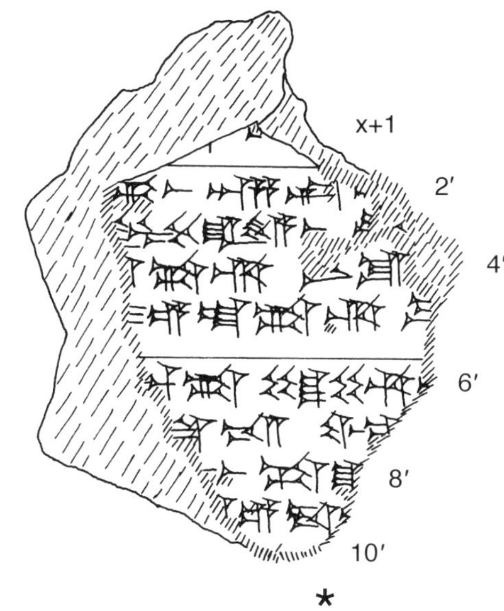

Text 343

AnAr 14929

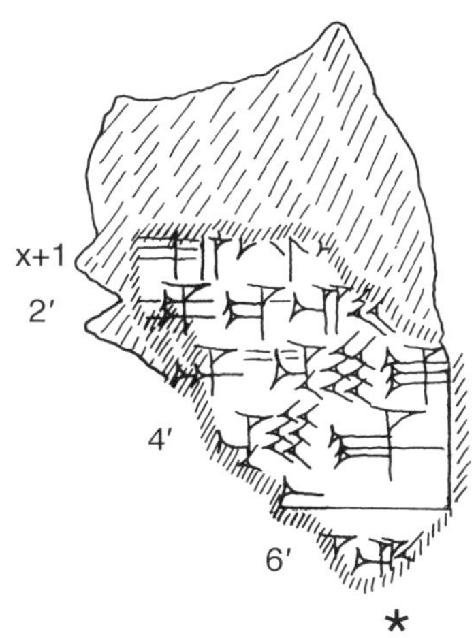

Text 344

AnAr 14930

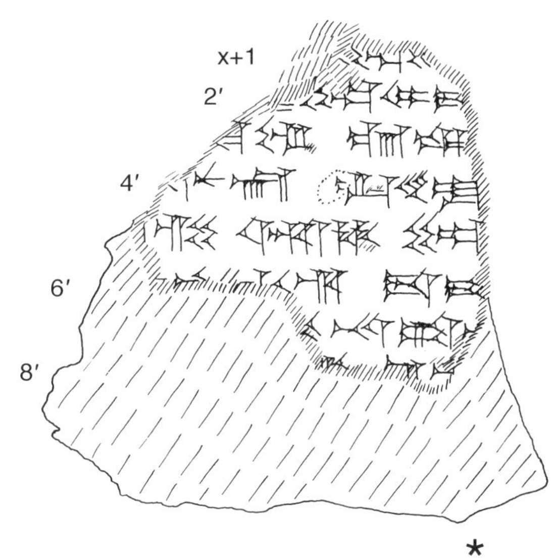

Text 345

AnAr 14937

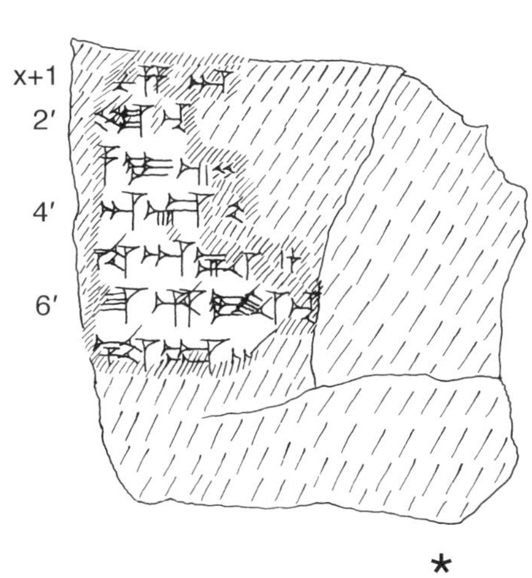

Text 346

AnAr 14938

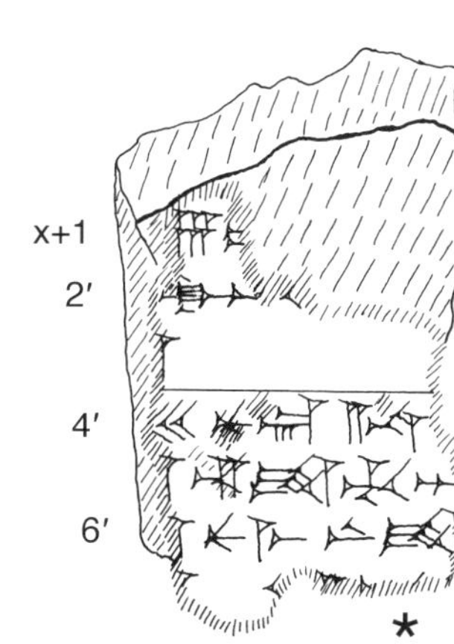

Text 347

AnAr 14941

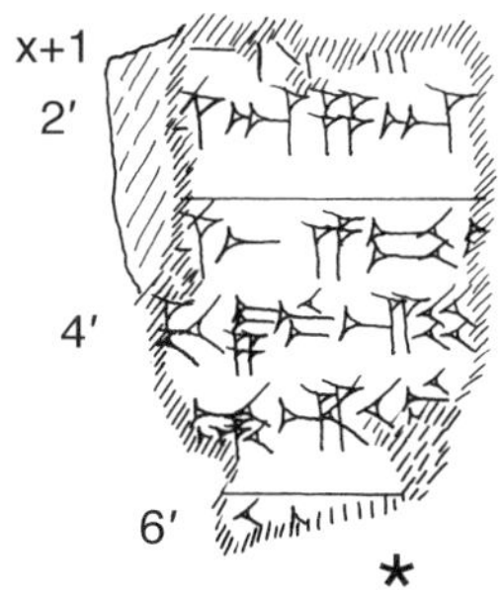

Text 348

AnAr 14944

önyüz / obverse

arkayüz / reverse

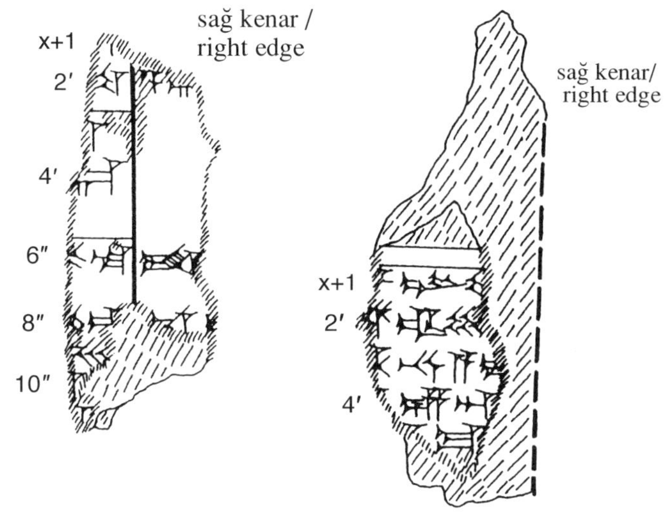

Text 349

AnAr 14947

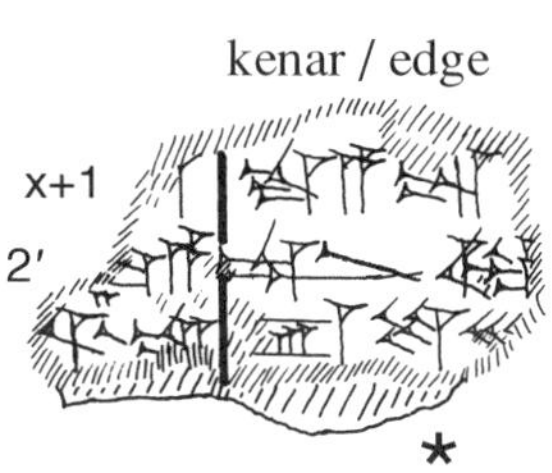

Text 350

AnAr 14954

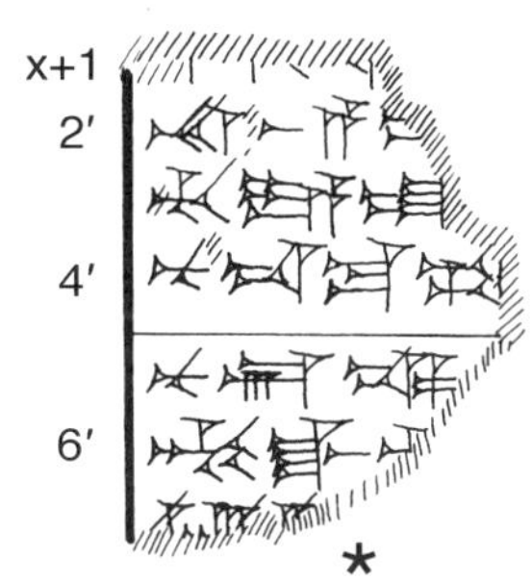

Text 351

AnAr 14957

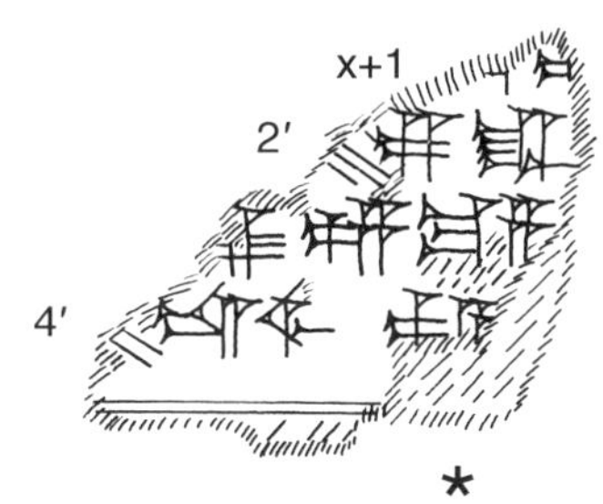

Text 352

AnAr 14964

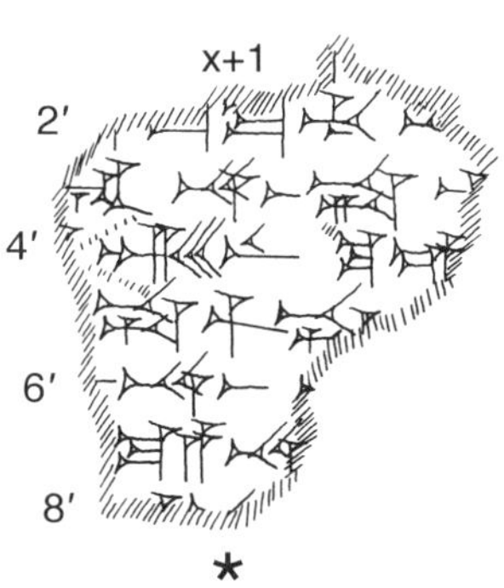

Text 353

AnAr 14968

önyüz / obverse

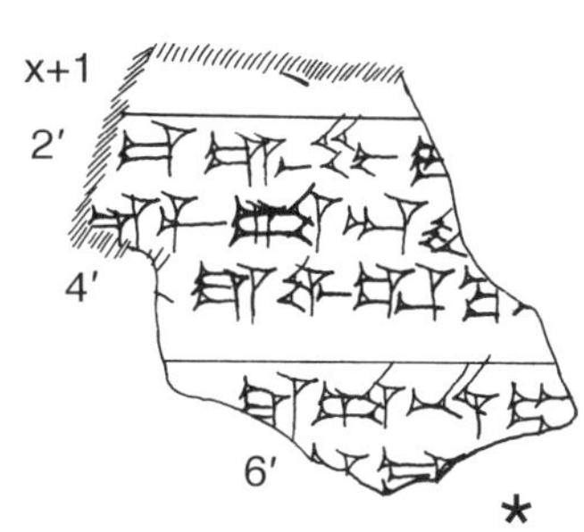

Text 354

AnAr 14969

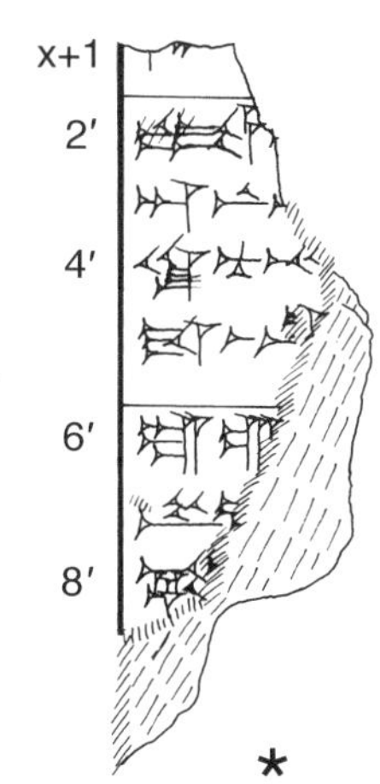

Text 355

AnAr 14974

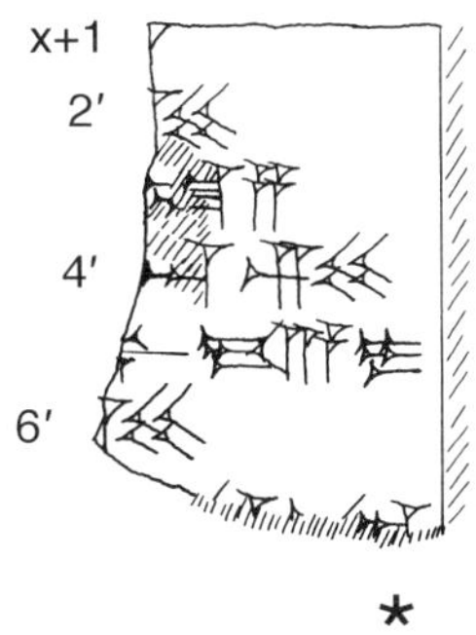

Text 356

AnAr 14975

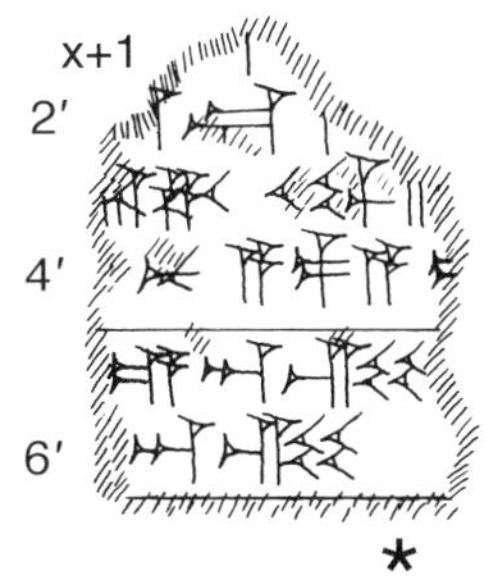

Text 357

AnAr 14978

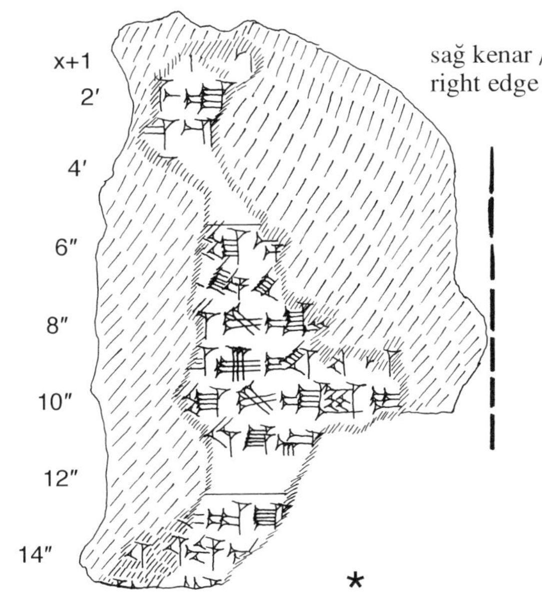

Text 358

AnAr 14981

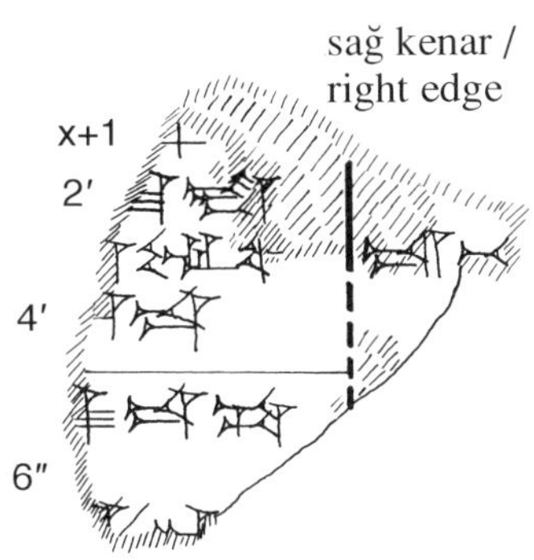

Text 359

AnAr 14982

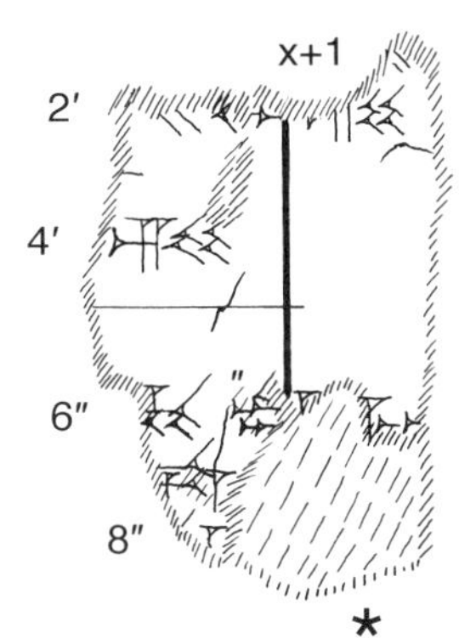

Text 360

AnAr 14983

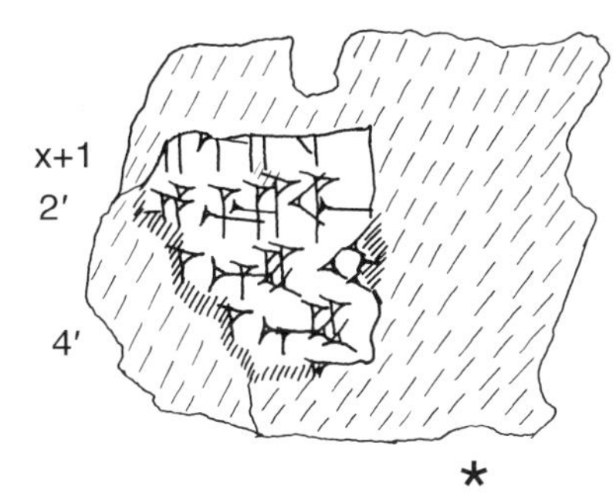

Text 361

AnAr 15154

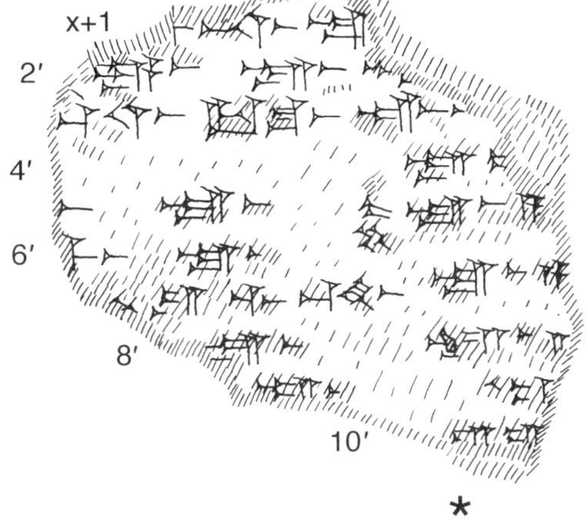

Text 362

AnAr 15156

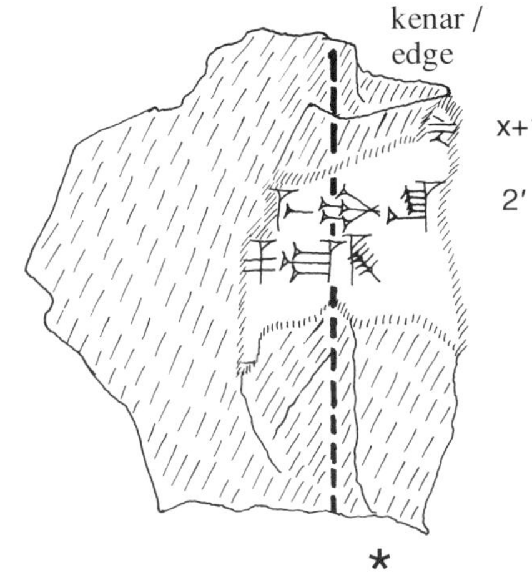

Text 363

AnAr 15159

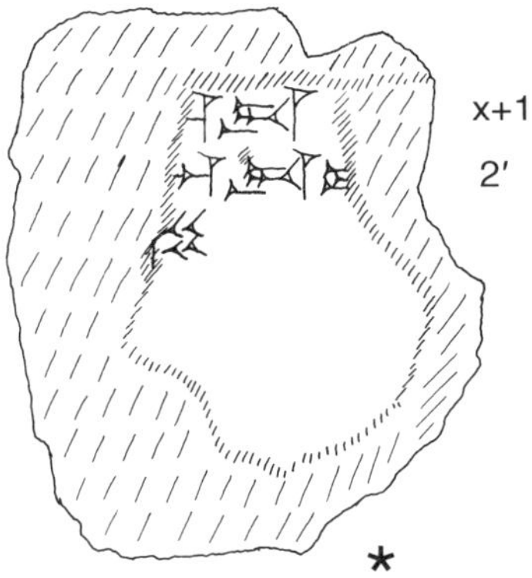

Text 364

AnAr 15161

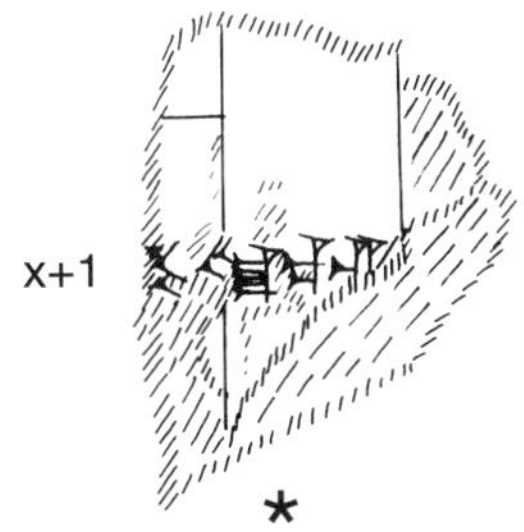

Text 365

AnAr 21624

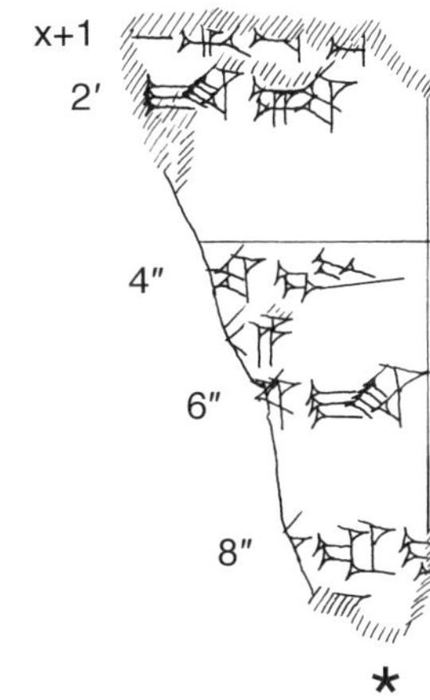

Text 366

AnAr 21625

Text 367

AnAr 21720

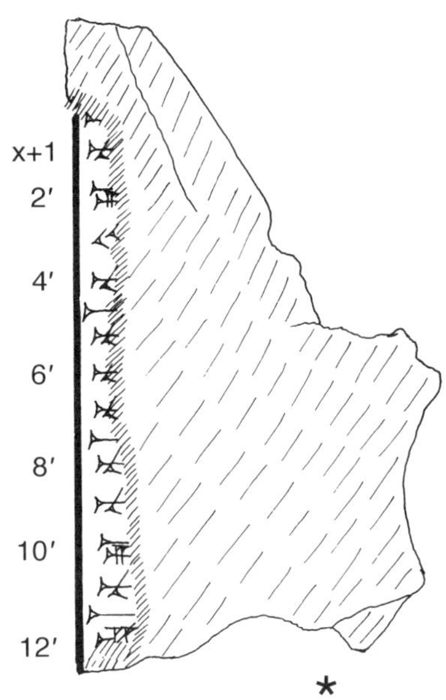

Text 368

AnAr 21721

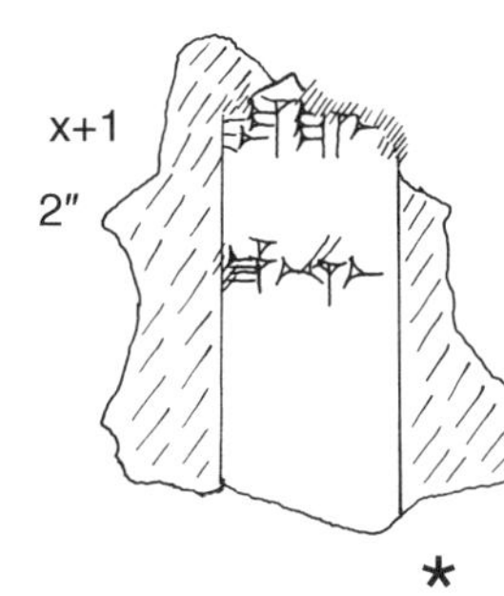

Text 369

AnAr 21731

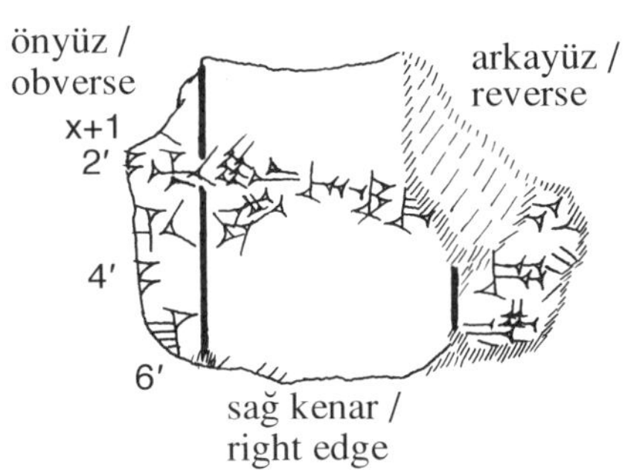

Text 370

AnAr 21733

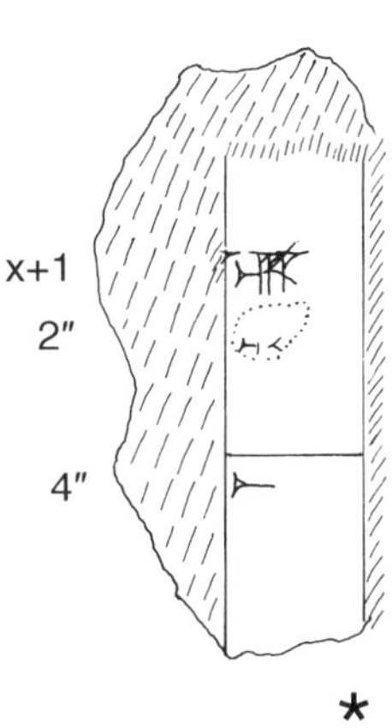

Text 371

AnAr 21740

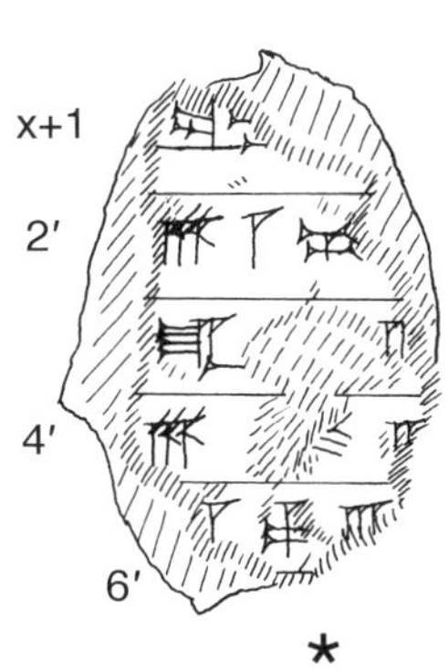

Text 372

AnAr 21766

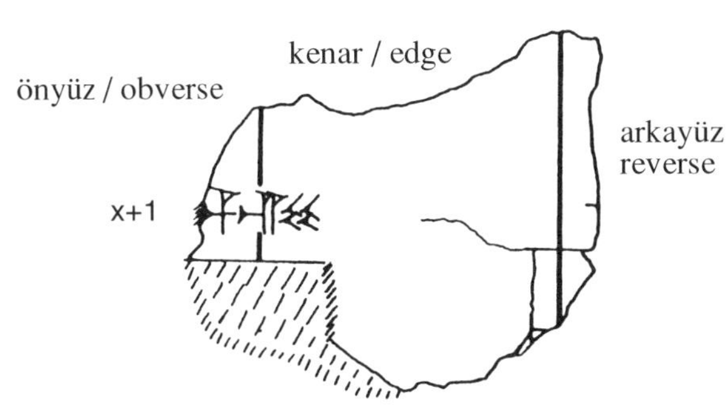

Text 373

AnAr 21771

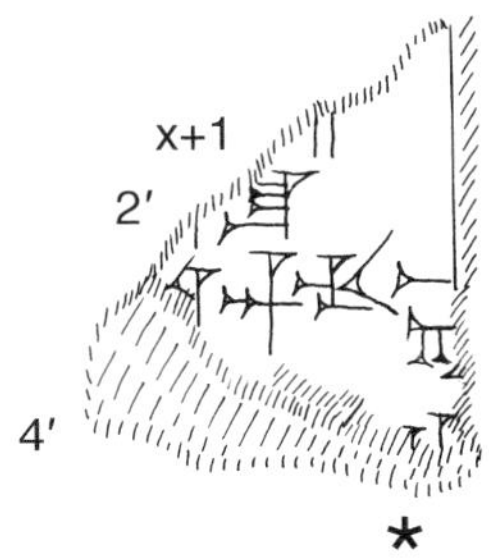

Text 374

AnAr 21829

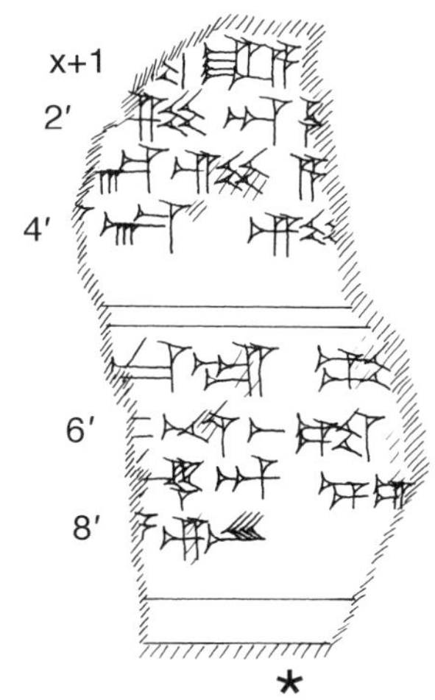

Text 375

AnAr 4220 b

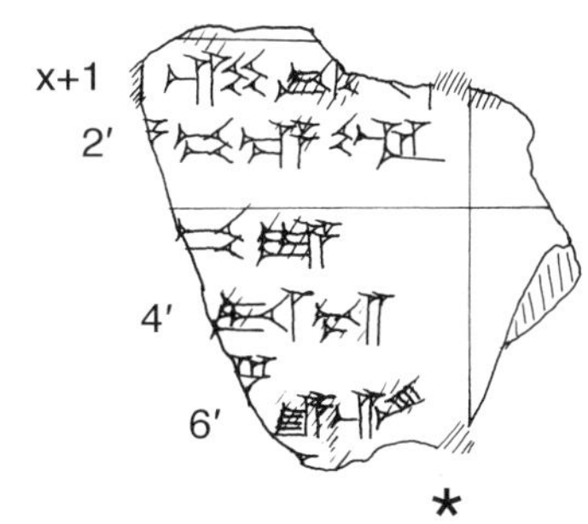

Text 378

AnAr 4220 k

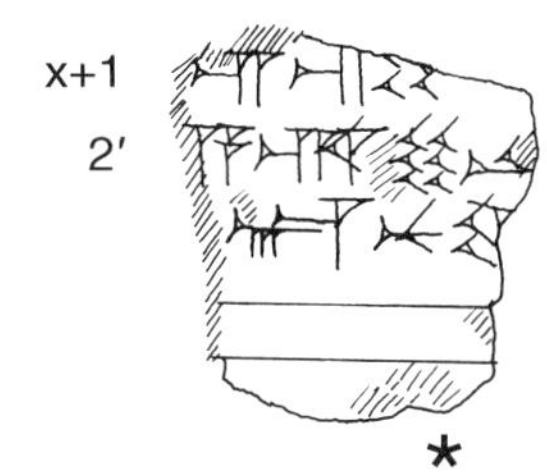

Text 376

AnAr 4220 c

önyüz / obverse

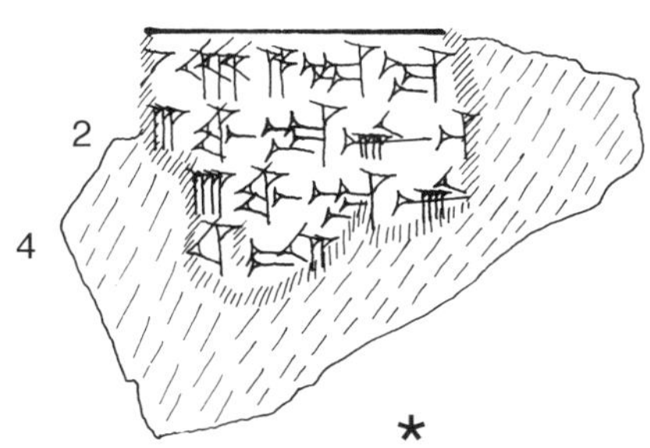

Text 377

AnAr 4220 h

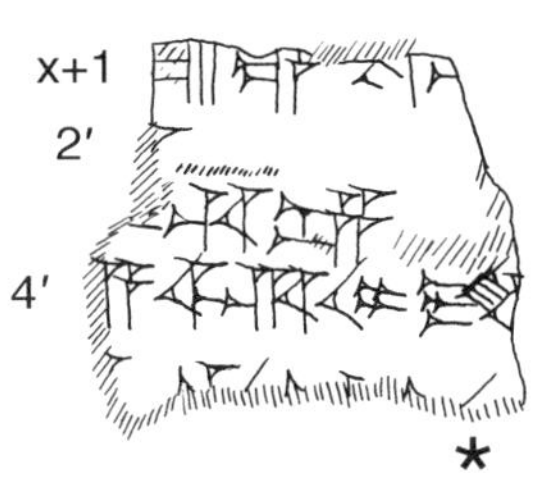

Text 379

AnAr 4220 ö

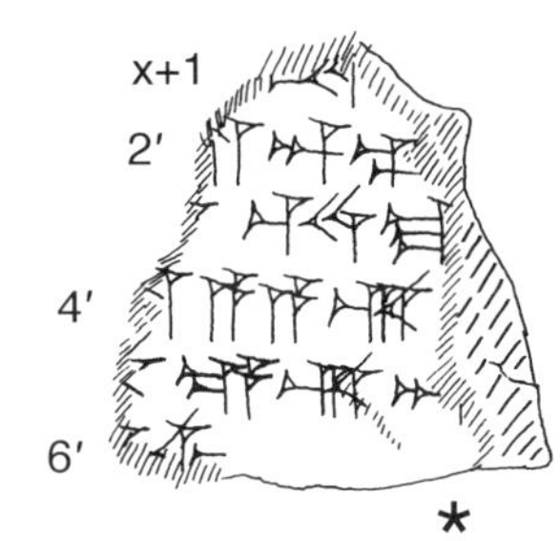

Text 380

AnAr 68-3-65

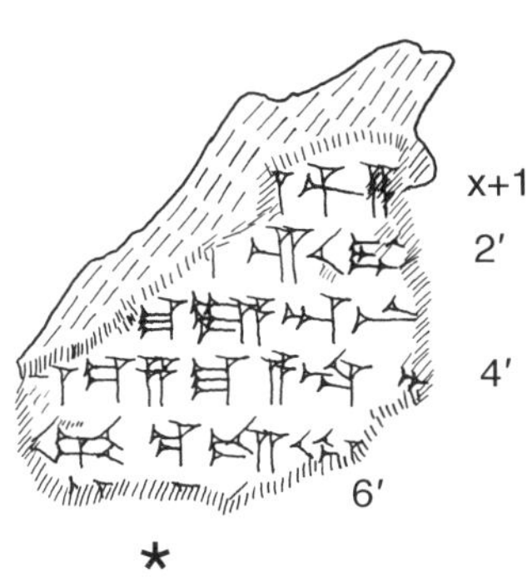

Text 381

AnAr 28-2-66

arkayüz? / reverse?

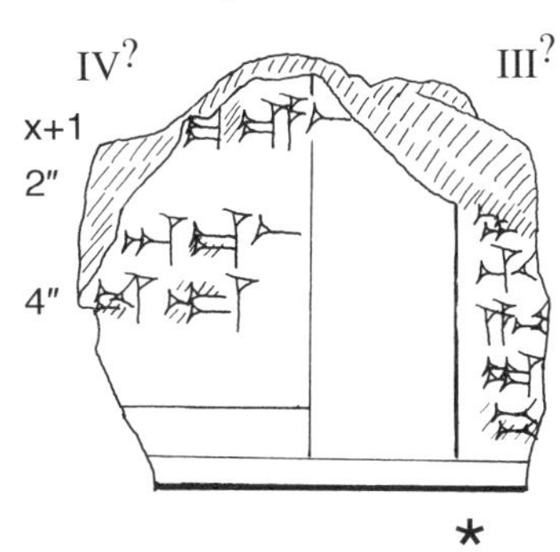

Text 382

AnAr 26-2-68

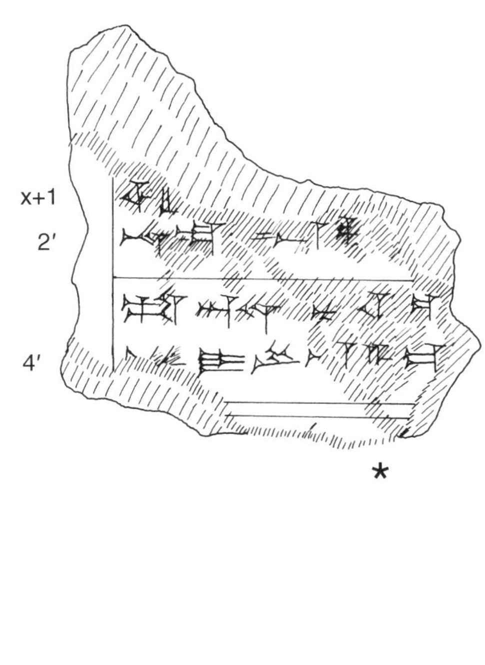

Text 383

AnAr 26-3-68

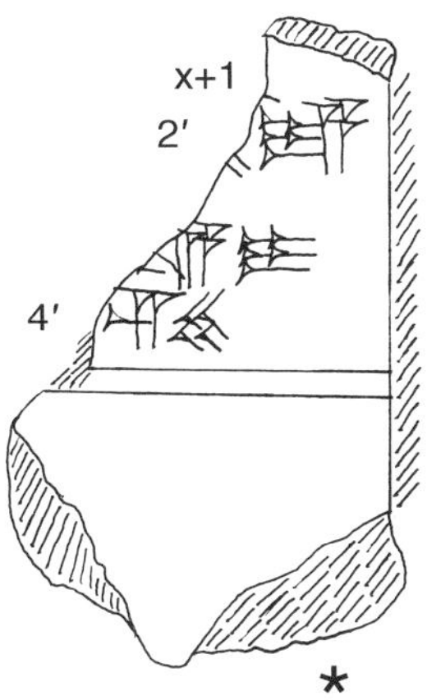

Text 384

AnAr 90-5-68

Text 385

AnAr 90-7-68

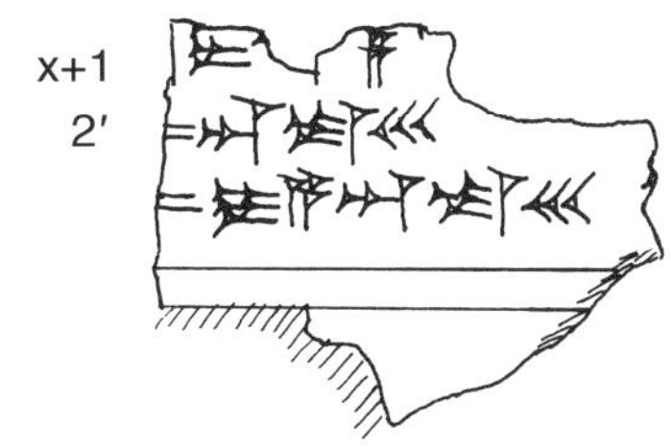

Text 386

AnAr 80-2-74

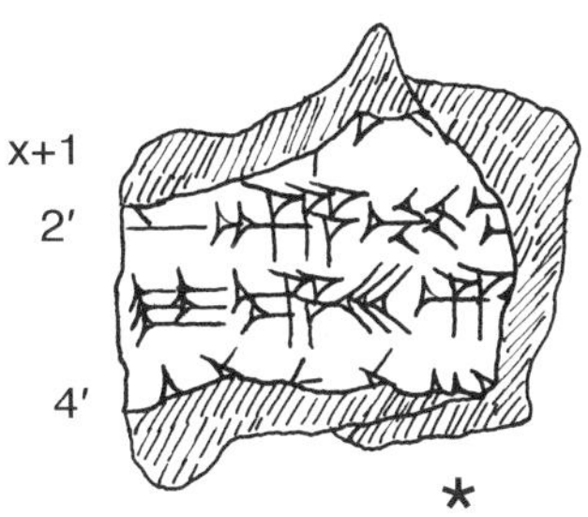

Text 387

AnAr 80-3-74

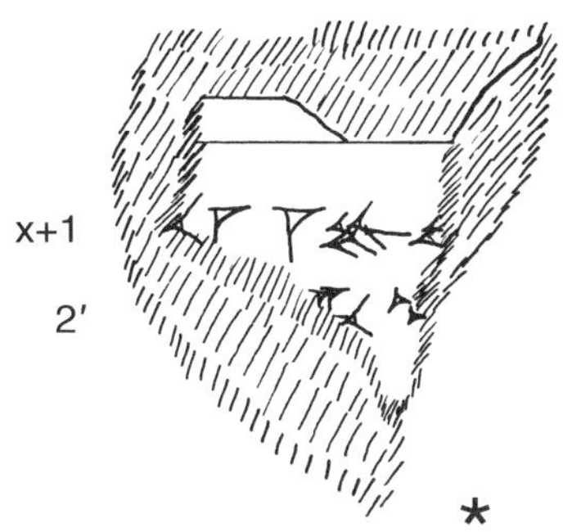

Text 388

AnAr 96-3-76

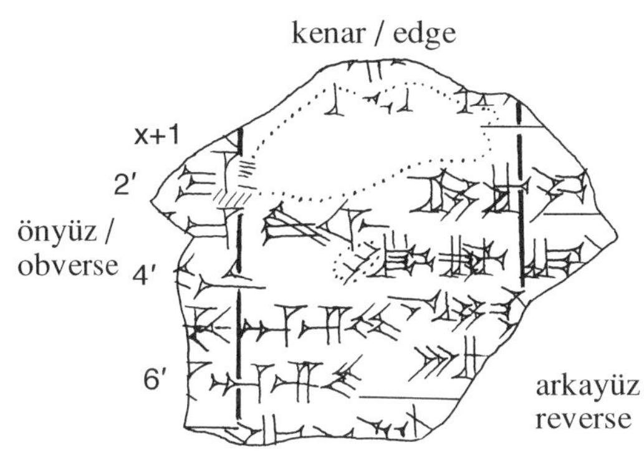

Text 389

AnAr 96-4-76

önyüz / obverse

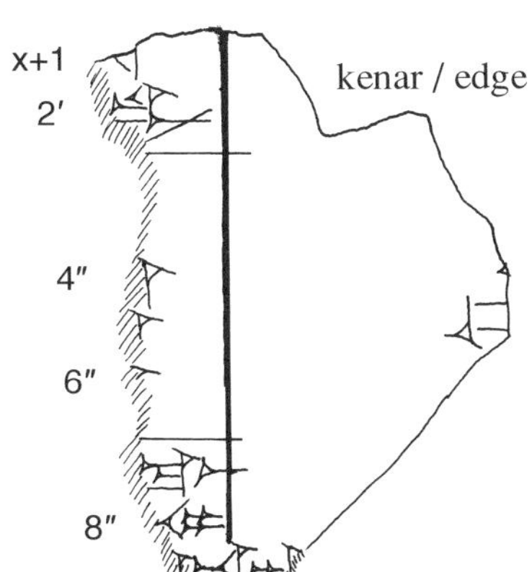

Text 390

AnAr 96-5-76

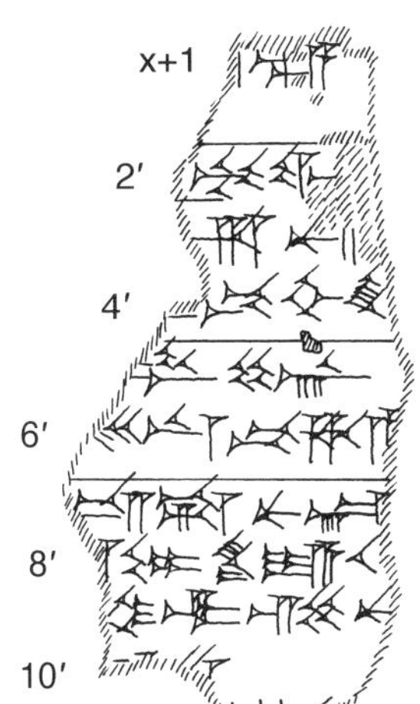